Angelika Fischer

Gefühle brauchen frische Luft

Ehrlich und gesund mit Ärger,
Angst und Traurigkeit umgehen

ANGELIKA FISCHER

GEFÜHLE

brauchen frische Luft

Ehrlich und gesund mit Ärger, Angst und Traurigkeit umgehen

Hänssler

2. Auflage 2025

Max-Eyth-Straße 41 · 71088 Holzgerlingen
www.haenssler.de

Lektorat: Esther Schuster
Titelbild: stocksy (Catherine MacBride, Ireland)
Autorenfoto: Michaela Wohlleber
Gesamtgestaltung: Kathrin Spiegelberg, www.spika-design.de
Druck und Bindung: Dimograf
Gedruckt in Polen
ISBN 978-3-7751-6121-3
Bestell-Nr. 396.121

Inhalt

Vorwort

Dass es dieses Buch gibt, ist für mich ein kleines Wunder und immer noch eine große Überraschung. Denn es stand nie auf meiner »Löffel-Liste« (Sie wissen schon: die Liste der Dinge, die man noch tun oder erleben will, bevor man »den Löffel abgibt«), ein Buch zu schreiben. Als die Gelegenheit dazu aber plötzlich »vor meiner Tür stand und laut und deutlich anklopfte«, habe ich mich entschieden, sie hereinzubitten und willkommen zu heißen. Und mir war nach kurzer Zeit klar: *Wenn* ich schon die Gelegenheit dazu habe, dann schreibe ich auch über mein absolutes Herzens-Thema, das mir persönlich, beruflich, im Freundeskreis und in Gemeinden immer wieder begegnet und so etwas wie ein Feuer in mir anzündet: »Wie kann ich als Christin oder Christ ehrlich, authentisch und gesund mit meinen Gefühlen umgehen?«

Ich kenne gläubige Menschen, die diese Frage überhaupt nicht verstehen, weil es für sie völlig selbstverständlich ist, wütend, traurig oder ängstlich sein zu dürfen – auch als Christin oder Christ. Sie können sich sehr glücklich schätzen! Viel häufiger begegnen mir aber Glaubensgeschwister, die sich damit schwertun, weil sie denken, dass diese Gefühle nicht mit einem tiefen Glauben, einer guten Gottesbeziehung oder einer Nachfolge im Sinne Jesu vereinbar sind. Nächstenliebe, Barmherzigkeit, Hoffnung, Freude, Glaube, Trost … *das* sind doch die Kernthemen unseres Glaubens. Ärger, Angst und Traurigkeit haben da nichts zu suchen! Mit dieser Haltung, die oft auch noch durch Bibelverse untermauert wird, geraten Menschen in ernsthafte psychische Nöte, weil sie sich verbieten, das zu empfinden, was sie empfinden. Sie fühlen sich dann schlecht, schuldig oder minderwertig in ihrem Glauben, hinterfragen ihre

Gottesbeziehung, schämen sich oder setzen sich unter Druck, mehr beten oder in der Bibel lesen zu müssen. Mir blutet das Herz – nicht nur als Mensch und Christin, sondern auch als Psychotherapeutin –, wenn ich erlebe, wie Menschen unter ihrer Frömmigkeit leiden und auf Dauer hart, bitter, verkrampft oder sogar depressiv werden, weil sie Gefühle »wegsperren« und vor sich selbst und vor Gott nicht zu 100 Prozent ehrlich sind.

In diesem Buch möchte ich eine Brücke bauen zwischen Psychologie und Seelsorge, zwischen Psychotherapie und gelebtem Christsein. Eine Brücke, die hoffentlich einen Weg zu einem gesunden Leben als Christin oder Christ bahnt und dazu ermutigt, auch unangenehme Gefühle anzunehmen, wertzuschätzen und ehrlich auszudrücken. Ich wünsche mir, dass Sie es als Einladung verstehen, manche festgefügte Überzeugung zu hinterfragen oder sogar zu verändern, um einen neuen Blick auf Ihr (Gefühls-)Leben zu gewinnen. Und ich würde mich sehr freuen, wenn meine persönliche Erfahrung, die überhaupt erst meine Leidenschaft für dieses Thema geweckt hat, auch für Sie eine Ermutigung wäre, regelmäßig »Ihr Herz zu lüften«. Denn Gefühle brauchen frische Luft!

Angelika Fischer

Neue Schöpfung, alte Gefühle?

Es ist Sonntag, kurz vor 10 Uhr morgens, und ich sitze in der Gemeinde. Gleich beginnt der Gottesdienst. Ich habe mich heute überwinden müssen zu kommen, denn eigentlich war mir gar nicht danach. Die Vorstellung, viele Leute zu treffen und vielleicht sogar noch angesprochen zu werden – »Hey, schön, dich zu sehen! Alles gut bei dir?« –, hat mir Bauchschmerzen bereitet. Es ist gerade gar nicht »alles gut« bei mir. Ich bin traurig. Bedrückt. Nachdenklich. Viele Gedanken kreisen in meinem Kopf, die mir Sorgen machen, die ich aber nicht abstellen kann. Ich weiß, dass diese Gedanken mir nicht guttun. Sie helfen nicht, sie machen nichts besser, teilweise sind sie sogar vollkommen übertrieben und irrational. Aber ich kriege sie nicht weg.

Heute Morgen nach dem Aufstehen habe ich mit mir gerungen: Soll ich wirklich zum Gottesdienst gehen? Mir ist so gar nicht nach Singen zumute. Ich fühle mich nicht nach »Halleluja – du begeisterst mich«[1], nach »Lobe den Herrn«[2] oder »Oh Happy Day«[3]. Ich möchte auch eigentlich gar nicht groß gesehen werden und erst recht nicht nach dem Gottesdienst noch bei Kaffee und Keksen mit anderen »nett plaudern«. Aber ich habe eine kleine Hoffnung in mir, dass die Predigt mich vielleicht aus meinen Grübelgedanken und meiner Niedergeschlagenheit herausholen könnte. Dass ich irgendetwas mitnehmen kann, was mich ermutigt, aufbaut oder stärkt. Also sitze ich jetzt hier und harre der Dinge, die da kommen werden. Ich habe mir einen Platz hinten und am Rand der Reihe gesucht und beobachte, wie die anderen Gemeindemitglieder gut gelaunt hereinkommen und sich fröhlich begrüßen. Es wird gelacht, sich umarmt,

Komplimente werden ausgetauscht – »Gut siehst du aus! Du strahlst ja richtig heute!« –, und ich war noch nie so froh darüber, von niemandem wahrgenommen zu werden. Wenig später hat jeder seinen Platz gefunden, der Gottesdienst beginnt und ich lasse die Begrüßung der Moderatorin an mir vorbeiziehen: »Was für ein herrlicher Sonntagmorgen ...«, »ein Privileg, miteinander Gottesdienst feiern zu dürfen ...« Schon oft habe ich solchen Worten von Herzen zugestimmt, aber heute empfinde ich den Morgen nicht als herrlich, den Gottesdienst nicht als Privileg, und in Feierlaune bin ich sowieso nicht.

Die Lobpreislieder, die dann von der ganzen Gemeinde geschmettert werden, sind mir fast ein bisschen zu laut, zu begeistert und sprechen mir so gar nicht aus der Seele. Ich stehe mit allen anderen auf, um mir nichts anmerken zu lassen, bringe aber keinen Ton heraus. Hinter vielen Aussagen in den Liedern steht für mich heute ein großes Fragezeichen: »Komm und lobe den Herrn, meine Seele sing«[4], »Ich lieb dich, Herr«[5], »Ich kann nicht anders, als zu singen«[6] – wirklich? Alle um mich herum gehen vollkommen auf in der Musik. Sie singen laut mit, klatschen, tanzen oder haben wenigstens ein breites Lächeln im Gesicht. Was ist nicht in Ordnung mit mir? Was stimmt nicht mit mir, dass ich es nicht hinkriege, mitzusingen, Gott zu loben und ihm zu danken? Er ist es doch wert und ich glaube doch an ihn! Was steht denn zwischen mir und ihm, dass mein Herz so zugeschnürt ist und ich mich überhaupt nicht über Gott und seine Liebe freuen kann? Eines haben die Lieder auf jeden Fall verändert: Die Sorgen und Grübelgedanken, mit denen ich gekommen war, sind nun völlig in den Hintergrund gerückt. Stattdessen grübele ich jetzt darüber nach, ob ich nicht richtig glaube oder was ich falsch mache, sodass es mir gerade so geht, wie es mir geht. Und dann denke ich, dass diese Fragen an sich schon falsch sind! Wie kann ich nur im Gottesdienst so egozentrisch um mich und um meine Befindlichkeiten kreisen?! Ich sollte meinen Blick doch auf Gott richten und endlich mit diesem Selbstmitleid aufhören – dann würde es mir bestimmt sofort besser gehen!

Kurz bevor ich an meinen eigenen Gedanken irrewerde, ist der Lobpreisblock endlich vorbei, und der Prediger tritt nach vorne. Wir setzen uns, und noch durstiger als zu Beginn warte ich auf ein paar erfrischende Tropfen Ermutigung oder Trost – irgendetwas, was mein inneres Chaos zur Ruhe kommen lässt und meinen Gedanken eine neue, positive Richtung gibt. »Der Vers, um den es heute gehen soll, steht in Philipper 4,4. Dort heißt es: ›Freut euch im Herrn allezeit! Wiederum will ich sagen: Freut euch!‹«

Wow, das hat gesessen! Wie ein sauberer, kraftvoller Faustschlag direkt in meine Magengrube! Die weiteren Ausführungen des Predigers kommen gar nicht mehr bei mir an. Ich habe jetzt endgültig zugemacht und kämpfe mit den Tränen. Ich kann das nicht! Vielen anderen Aufforderungen könnte ich problemlos folgen: Ich könnte ohne Weiteres Geld für das Straßenkinderprojekt in Brasilien spenden. Ich könnte für den Gemeindebasar nächsten Monat einen Kuchen backen – von mir aus auch gerne zwei. Ich könnte die ältere Dame aus der Gemeinde besuchen, deren Mann gerade gestorben ist. Ja, von mir aus könnte ich sogar ab und zu im Kindergottesdienst aushelfen oder den Küchendienst koordinieren. Aber was ich *nicht* kann, ist, mich jetzt und hier »im Herrn zu freuen«!

Wahrscheinlich bin ich hier einfach fehl am Platz. Wahrscheinlich habe ich die »Frohe Botschaft« noch gar nicht verstanden. Wahrscheinlich habe ich einen zu kleinen Glauben. Wahrscheinlich lese ich zu wenig in der Bibel. Wahrscheinlich mache ich viel zu wenig »Stille Zeit«. Wahrscheinlich steht noch irgendeine Sünde zwischen mir und Gott … Ich harre irgendwie bis zum Ende des Gottesdienstes aus und stehle mich dann schnell und unauffällig davon. Wahrscheinlich … bleibe ich nächstes Mal einfach besser zu Hause!

Kennen Sie so etwas? Dass eine Predigt, ein Bibelvers oder fröhliche Lobpreismusik genau das Gegenteil von dem bewirkt, was wir uns eigentlich erhoffen – und was augenscheinlich bei allen anderen funktioniert? Ich persönlich habe das nicht nur einmal erlebt. Und wenn ich genau hinschaue, dann hatte es immer mit etwas zu tun, das ich den »frommen Anspruch an unsere Gefühlswelt« nennen möchte. Je nachdem, wie wir geprägt sind, stellen wir an uns und andere bestimmte Ansprüche, wie man als Christ oder Christin handeln, sprechen, denken und fühlen sollte. Überlegen Sie doch einmal, wie Sie folgenden Satz weiterführen würden: »Als Christin bzw. Christ will ich/sollte ich/muss ich nicht/darf ich nicht …« Auf diese Weise entdecken Sie vielleicht Ihre eigenen bewussten oder auch unbewussten Ansprüche an Menschen, die sich als Christin oder Christ bezeichnen.

Es würde ein ganz eigenes Buch füllen, wollte man sich fragend mit den Geboten, Regeln und Normen im Leben eines Christen oder einer Christin auseinandersetzen. Ich möchte aber hier gerne den Fokus auf einen Bereich richten, der nach meinem Empfinden noch etwas komplexer ist. Es ist nicht besonders schwierig für mich, als Christin nicht zu betrügen, hilfsbereit zu sein oder niemanden absichtlich zu verletzen. Das kostet mich zwar manchmal vielleicht Überwindung oder Zurückhaltung, aber ich kann mich dazu entscheiden und danach handeln. Doch was mache ich mit all den Erwartungen und Ansprüchen an meine Gefühle? Wenn ich mich einfach entscheiden könnte, mich »allezeit zu freuen«, würde ich das ja gerne tun – und wer würde das nicht? Aber ich kann nun mal nicht meine Gefühle wie an einem Mischpult regeln, wo ich die Tiefen herunter- und die Höhen hochdrehen kann. Die Frage ist allerdings: Muss ich das überhaupt? Bin ich als Christin verpflichtet, mich immer gut zu fühlen? Ist eine Christin per definitionem immer zufrieden, fröhlich, positiv oder wenigstens dankbar? So zugespitzt gefragt würde es wahrscheinlich niemand bejahen. Aber wie komme ich überhaupt auf so eine Frage?

Auf meinem bisherigen Lebens- und Glaubensweg habe ich die unterschiedlichsten christlichen »Landschaften« gesehen und kennengelernt: die katholische Kirche, evangelische Landeskirchen und viele verschiedene freikirchliche evangelische Gemeinden. Und sosehr sie sich auch in ihrer Theologie, ihren Strukturen und in der Form ihrer Gottesdienste unterschieden – so bin ich doch überall Menschen begegnet, die seit ihrer Entscheidung für Jesus scheinbar nur noch schöne, positive Dinge erlebten. Ich hörte sie niemals klagen, und wenn wir uns unterhielten, hatten sie immer Grund zu Freude und Dankbarkeit. Immer ein Loblied auf den Lippen, immer erfüllt von Gottes Liebe! Sie beriefen sich dabei oft auf Bibelverse wie »Freut euch im Herrn allezeit! Wiederum will ich sagen: Freut euch!« (Philipper 4,4), »Sagt in allem Dank! Denn dies ist der Wille Gottes in Christus Jesus für euch« (1. Thessalonicher 5,18), »Dies ist der Tag, den der HERR gemacht hat! Seien wir fröhlich und freuen wir uns in ihm!« oder »Seid nicht bekümmert, denn die Freude am Herrn ist eure Stärke« (Nehemia 8,10; LUT), um nur einige Beispiele zu nennen. Ich mag solche Verse. Sehr sogar! Und ich habe sie schon häufig selbst zitiert oder in Postkartenform verschenkt. Oft geht mir dabei das Herz auf und ich fühle eine tiefe, echte Freude.

Dann gibt es aber auch diese Momente wie in dem eben beschriebenen Gottesdienst, wo es mir bei solchen Aussagen innerlich alles zuschnürt. Fast reflexartig hole ich dann oft tief Luft und atme kräftig durch. Das passiert genau dann, wenn ich den Eindruck habe, dass die schönen, positiven Worte mit aller Kraft auf eine Situation »draufgepresst« werden, zu der sie eigentlich nicht passen. Es fühlt sich verkrampft, gewollt und irgendwie künstlich an. Vielleicht kennen Sie diesen Effekt auch von Menschen, die – ob gläubig oder nicht – scheinbar *immer* positiv denken und selbst in der größten Katastrophe noch ein »Ja, aber schau mal: Das Gute ist doch, dass ...« auf der Zunge haben. Was bewirkt das bei Ihnen? Wird die Katastrophe für Sie dann tatsächlich kleiner? Nimmt es Ihnen die empfundene Last von den Schultern? Oder kommt vielleicht sogar noch eine zweite Last hinzu, weil Sie sich unter Druck gesetzt fühlen, positiv und leichtfüßig mit der Sache umzugehen und nicht so sehr unter ihr zu leiden?

Meine Erfahrung ist, dass eher das Zweite passiert – sowohl bei mir selbst als auch bei den Menschen, mit denen ich spreche. In einem psychotherapeutischen Ansatz, auf den ich im dritten Kapitel genauer zu sprechen komme, unterscheidet man zwischen »sauberem Leid« und »schmutzigem Leid«. Das »saubere Leid« entsteht durch Schmerzen, Verlust, Ungerechtigkeit usw., gehört also unmittelbar zu dem Erlebnis dazu. Das »schmutzige Leid« wiederum entsteht, wenn wir versuchen, dem Schmerz auszuweichen, ihn zu vermeiden, zu unterdrücken oder bestimmte Gefühle nicht zu fühlen. Und dieses Leid quält uns sehr viel mehr als das ursprüngliche »saubere Leid«. Später werde ich auf diesen spannenden Ansatz noch ausführlich eingehen.

Erst einmal ist es ganz natürlich, dass wir Menschen alles Unangenehme vermeiden wollen und das Angenehme suchen.

So sind wir »gebaut«. Allerdings scheint mir, dass Christinnen und Christen das besonders intensiv und engagiert tun. Als wäre der Glaube eine Versicherung gegen Traurigkeit, Unzufriedenheit, Ärger, Einsamkeit und Angst und gleichzeitig eine Garantie für Freude, Mut und Zufriedenheit.

Wenn ich das beobachte oder manchen meiner Glaubensgeschwister zuhöre, wie sie so ausnahmslos positiv gestimmt sind, dann finde ich mich in einer großen Spannung wieder: Einerseits ist der Glaube an Gott und meine Beziehung zu ihm auch für mich die zentrale ermutigende Kraft in meinem Leben. Ich fühle mich von ihm beschenkt und gesegnet, freue mich über vieles, was Gott für mich schon getan hat und weiterhin tut, und habe »zehntausend Gründe«[7], ihn zu loben und ihm zu danken! Andererseits passieren auch in meinem Leben und vor allem in der Welt jenseits meines Tellerrandes sehr viele Dinge, denen ich wirklich nichts Positives abgewinnen kann. Dinge, die mir wehtun, mich traurig machen, die mir Angst machen oder mich verärgern. Und was mache ich dann mit der Aufforderung, mich »allezeit zu freuen«? Ein Glaube, der mich langfristig durchtragen und in meinem Alltag eine wichtige Rolle spielen soll, muss für mich vereinbar sein mit meiner Lebensrealität! Er muss auch einen Raum bieten für schmerzhafte Erfahrungen und unangenehme Gefühle. Genauso, wie ich, wenn ich einen Gottesdienst besuche, nicht »meinen Verstand an der Garderobe abgeben« möchte, so möchte ich auch nicht vor der Kirchentür erst einmal mein schweres Herz in den Müllcontainer entleeren müssen, bevor ich dann mit leichtem, fröhlichem Herzen und einem »erlösten« Gesichtsausdruck eintreten darf. Dieses Anliegen treibt mich seit Jahren um, und neben meinen eigenen Erfahrungen haben mich dabei vor allem Gespräche mit gläubigen Patientinnen und Patienten im Rahmen meiner psychotherapeutischen Tätigkeit geprägt.

Das Problem der Christinnen und Christen mit »negativen« Gefühlen

Nach meinem Psychologiestudium war ich fast zehn Jahre an einer psychosomatischen Klinik tätig, deren Konzept es war und ist, wissenschaftlich fundierte Psychotherapie auf der Basis eines aktiv gelebten christlichen Glaubens anzubieten. Der absolut überwiegende Teil der Patientinnen und Patienten, die zu einer stationären Behandlung in die Klinik kamen, war deshalb christlich sozialisiert und hatte sich ganz bewusst für dieses Konzept entschieden. Es war ihnen wichtig, nicht nur für Körper und Seele eine gute Behandlung zu erfahren, sondern auch geistlich aufzutanken, ihre Gottesbeziehung neu zu beleben oder bei Therapiegesprächen auch für Glaubensfragen ein mündiges Gegenüber zu haben. In den fast zehn Jahren als sogenannte Bezugstherapeutin habe ich dort also unzählige Menschen kennengelernt, die bei aller Unterschiedlichkeit hinsichtlich Lebenssituation, Störungsbild, Biografie usw. alle eines gemeinsam hatten: Sie waren bekennende Christinnen und Christen, lebten im Vertrauen auf Gott *und* fühlten sich gleichzeitig psychisch so sehr belastet, dass sie professionelle Hilfe suchten. Viele sagten von sich, dass sie im Glauben großen Trost, Kraft und Halt erlebten, dass sie aber trotzdem massiv mit Ängsten, Depressionen oder Erschöpfung kämpften.

Für mich war das überhaupt keine Überraschung, denn genauso wie tiefgläubige Christinnen und Christen von Autoimmunerkrankungen, Infektionen oder Krebs betroffen sein können, können sie natürlich auch psychische Erkrankungen entwickeln, wenn die entsprechenden Faktoren zusammenkommen. Keine Sorge: Ich werde hier nicht den Versuch wagen zu erklären, warum das so ist und warum Gott seine Kinder nicht vor solchen Schicksalen bewahrt. Das ist für mich eines der großen Geheimnisse, die ich Gott überlassen möchte, und es wäre anmaßend von mir, es auflösen zu wollen. Mir geht es vielmehr darum anzuerkennen, dass psychische Erkrankungen auch da auftreten, wo Menschen einen starken Glauben haben, eifrig in der Bibel lesen, intensiv mit Gott im Gespräch sind und ihm ihr Leben anvertrauen. Was mich in Therapiegesprächen oft betroffen gemacht hat, waren Zwischentöne von Scham und Schuldgefühlen in Bezug auf ihre psychische Problematik: »Ich weiß ja, ich soll mir keine Sorgen machen, weil Gott für mich sorgt, aber trotzdem werde ich diese furchtbaren Ängste nicht los. Wahrscheinlich habe ich einfach einen zu kleinen Glauben.« Oder: »Gott ist so gut zu mir und ich weiß, ich sollte dankbar sein und mich freuen. Aber irgendwie bin ich trotzdem traurig. Ich müsste wahrscheinlich viel mehr Lobpreis machen. ›Loben zieht nach oben‹ ...«

Das Muster ist dabei immer dasselbe: Ich nehme ein »negatives« Gefühl in mir wahr (Angst, Traurigkeit oder auch Ärger). Demgegenüber steht ein Anspruch oder ein Konzept, wie ich sein und was ich fühlen oder nicht fühlen sollte. Auf dieser Grundlage bewerte ich dann das Gefühl als unangemessen, schlecht oder falsch. Und nicht nur das: Ich verurteile mich selbst dafür, dass ich dieses Gefühl habe, obwohl es doch »gar keinen Grund« dafür gibt oder ich es besser wissen sollte. Und ich stelle eine neue Anforderung an mich, was ich besser machen muss, um dieses »negative« Gefühl zu überwinden oder loszuwerden.

Vielleicht fragen Sie sich, warum ich das Wort »negativ« immer in Anführungszeichen setze. Traurigkeit, Angst, Ärger usw. sind doch wohl negative Gefühle – oder etwa nicht? Ich halte diese Bezeichnung für problematisch, weil damit automatisch eine schlechte Bewertung verknüpft ist. Etwas mit dem Label »negativ« ist in den meisten Fällen etwas, was ich ablehne und was »im unteren Bereich einer Werteordnung angesiedelt«[8] ist, wie es der Duden sagt. Und damit schieben wir viele unserer Gefühle in eine Ecke, die sie nicht verdienen. Sie bekommen dadurch einen »Pfui«-Stempel oder werden zum Tabu erklärt, obwohl sie äußerst wertvoll und wichtig für uns sind. Wir werden uns noch ausführlich anschauen, worin der unschätzbare Wert solcher Gefühle liegt und warum wir dringend das »Negativ«-Label von ihnen nehmen sollten. Vielleicht können wir uns darauf verständigen, diese Gefühle von nun an als unangenehm zu bezeichnen, denn das sind sie allemal. Ich kenne niemanden, der Traurigkeit, Angst oder Ärger als besonders angenehm erlebt und genießt. Nein, sie sind ungemütlich, stören oder quälen uns und drängen darauf, dass wir auf sie reagieren und irgendwie mit ihnen umgehen. Ich habe weiter vorne schon erwähnt, dass es in der Natur von uns Menschen liegt, unangenehme Erlebnisse vermeiden zu wollen. Was aber ist das besondere Problem von Christinnen und Christen mit unangenehmen Gefühlen? Mein Eindruck ist, dass sie mehr als andere Menschen ihre unangenehmen Gefühle verurteilen und als etwas ansehen, was in ihrem Leben nicht (mehr) vorkommen sollte. Sie können vielleicht noch dazu stehen, dass sie vor ihrer Bekehrung mutlos, ängstlich, verzweifelt oder traurig waren. Dass sie manchmal wütend wurden und schimpften oder ihre Gefühle »nicht im Griff« hatten. Aber spätestens seit sie mit Gott leben, müsste so etwas doch Geschichte sein und dürfte sie nicht länger gefangen nehmen, glauben sie.

Ich erinnere mich noch sehr gut an ein Gespräch mit einer Patientin, die in ihrem Leben schon viel Ungerechtigkeit erlebt hatte. Sie war wiederholt Opfer von Aggressionen und Gewalt geworden, erlebte in Beziehungen immer wieder, dass ihre Grenzen überschritten wurden, und litt seit Jahren an Depressionen. Sie war eine tiefgläubige Frau mit einem großen

Herzen für Jesus und für ihre Mitmenschen. Ihre Stimme war ebenso ruhig wie ihr gesamtes Auftreten und sie zeigte sich immer freundlich und zugewandt. Das, was man vordergründig als sehr angenehm wahrnehmen könnte, hatte für mich aber einen »Beigeschmack«, denn die Frau wirkte auf mich nicht frei, nicht entspannt oder in sich ruhend. Und nicht umsonst war sie ja auch in die Behandlung gekommen, denn immerhin kämpfte sie mit Depressionen und psychosomatischen Beschwerden. In den Gesprächen mit ihr, vor allem wenn sie aus ihrer Lebensgeschichte erzählte, spürte ich manchmal einen Ärger in mir aufsteigen, während die Patientin selbst ziemlich unberührt wirkte. Es ist übrigens gar nicht selten, dass Therapeutinnen und Therapeuten im Gespräch Gefühle empfinden, die eigentlich zu ihren Patientinnen und Patienten gehören, von diesen aber nicht ausgedrückt oder gezeigt werden. Da es für die Therapie ungeheuer wichtig ist, so etwas bewusst wahrzunehmen und zu reflektieren, sprach ich es irgendwann an und fragte die Patientin: »Bei all dem, was Ihnen angetan wurde, kann man schon wirklich wütend werden. Wo ist denn eigentlich Ihre Wut?« Die Patientin schaute mich etwas irritiert an und sagte: »Wieso Wut? Ich bin nicht wütend. Jesus ist doch für meine Wut gestorben.«

Es ist schon Jahre her, aber dieser Satz hat sich bei mir eingebrannt: »Jesus ist für meine Wut gestorben.« Bis dahin war mir die Aussage geläufig: »Jesus ist für meine *Schuld* gestorben.« Es klang so, als seien Wut und Schuld für die Patientin austauschbar. Tatsächlich betrachtete sie Wut bzw. Ärger als etwas Verwerfliches, Sündhaftes, das im Leben einer Christin nichts zu suchen hat. Und sie stand mit dieser Überzeugung nicht alleine da. Inzwischen habe ich viele Menschen mit einer solchen Haltung getroffen – nicht nur im therapeutischen Kontext, sondern auch in meinem privaten Bekanntenkreis. Es scheint eine sehr weit verbreitete Überzeugung zu sein, dass jemand, der mit Jesus lebt, so von Liebe, Geduld, Barmherzigkeit und Vergebungsbereitschaft erfüllt sein sollte, dass Ärger dort überhaupt keinen Platz mehr hat. Und wenn sich doch einmal Ärger in mir regt, ist das offenbar ein sicheres Zeichen für eine falsche Herzenshaltung, und ich muss dringend Buße tun …

Damit ich nicht falsch verstanden werde: Dieses Buch ist keine Einladung zu Jähzorn oder hemmungslosem Ausleben von Aggressionen und auch kein Freibrief, sich wie die berühmte »Axt im Walde« zu benehmen und verbal um sich zu schlagen. Ich möchte aber eine Sensibilität dafür wecken, zwischen dem Gefühl von Ärger und dem aggressiven »Wüten« zu unterscheiden. Ohne Zweifel kann Ärger zu Verhaltensweisen führen, die verletzend und brutal sind und zerstörerische Kraft haben. Das Gefühl von Ärger für sich genommen ist aber ein sehr wichtiges und kostbares Gefühl mit sogar kreativem, konstruktivem Potenzial. Wir werden später noch erfahren, was es damit genau auf sich hat.

Dadurch, dass wir mit Ärger häufig Aggression und Verletzungen verbinden, liegt es also nahe, dass wir dieses Gefühl als Christinnen und Christen besonders ablehnen (zu Unrecht, wie wir noch sehen werden). Aber auch Angst und Traurigkeit werden »in frommen Kreisen« häufig negativ bewertet und der betroffenen Person angekreidet. Zugegeben, es geschieht subtiler und weniger explizit. Das Ergebnis ist aber dasselbe: Ich fühle mich schlecht oder sogar schuldig dafür, dass ich traurig bin oder Angst habe, denn es kann ja nur damit zu tun haben, dass mit meiner Beziehung zu Gott etwas nicht in Ordnung ist.

Viele Christinnen und Christen gehen selbstverständlich davon aus, dass Gottvertrauen und Angst sich gegenseitig ausschließen müssen: Entweder ich glaube und ich vertraue auf Gottes Schutz und seine Liebe, oder ich tue genau das nicht und habe Angst. »Wer auf Gott vertraut, braucht sich nicht zu fürchten«, heißt es auch in einem Lied[9], und darin wird Psalm 91 zitiert: »Denn er hat seinen Engeln befohlen, dass sie dich behüten auf allen deinen Wegen« (Psalm 91,11; LUT). Auch der folgende Vers wird oft zitiert, um aufzuzeigen, dass Angst ein Beweis für meine mangelnde Gottesbeziehung ist: »Furcht ist nicht in der Liebe, sondern die vollkommene Liebe treibt die Furcht aus« (1. Johannes 4,18). Wenn ich also Angst habe, bedeutet das, dass ich Gott nicht liebe oder seine Liebe nicht annehme – und beides darf eigentlich nicht sein! Das ist zumindest eine weitverbreitete Überzeugung. Nicht zuletzt hat Angst für viele Christinnen und Christen auch etwas mit Ungehorsam zu tun. Immerhin lesen wir über 120-mal in der Bibel »Fürchte dich nicht« oder »Hab keine Angst«. Das ist doch eine unmissverständliche Aufforderung, oder? Wenn ich trotzdem Angst habe und mich fürchte, erfülle ich also nicht den Willen Gottes und mache mich ihm gegenüber schuldig! Und ehe ich überhaupt meine Angst verstehe oder ihr sinnvoll begegnen kann, habe ich zusätzlich zu meiner Angst auch noch eine ordentliche Portion Schuldgefühle.

Ich wünschte, diese Gedanken wären alle nur meiner Fantasie entsprungen, aber leider gehen sie auf viele Gespräche und Begegnungen mit Glaubensgeschwistern zurück. Es macht mich richtig traurig zu sehen, wie hart Menschen mit sich ins Gericht gehen, nur weil sie bestimmte Gefühle erleben, die sie sich und anderen nicht erlauben.

Apropos traurig: Was ist mit dem dritten unserer drei unangenehmen Gefühle? Warum fällt es vielen Christinnen und Christen schwer, Traurigkeit zuzulassen? Wie für jeden anderen Menschen ist Traurigkeit ein sehr schmerzhaftes Gefühl, das sich sogar in körperlichen Schmerzen (z. B. in der Herzgegend) niederschlagen kann. Natürlich wollen wir auch Traurigkeit gerne vermeiden – genauso wie Angst. Aber der zusätzliche innere Konflikt für Christinnen und Christen entsteht hier auch wieder durch die Annahme, dass der Glaube an Gott mich über alles hinwegtrösten müsste. Ich bin traurig über eine zerbrochene Beziehung und fühle mich einsam? Ach was, ich habe doch Jesus! »Jesus, du allein bist genug, du bist alles für mich …«[10] – so singen wir gerne in einem bekannten Lobpreislied. Wenn Jesus allein genug ist, wenn er alles für mich ist, dann gibt es doch keinen Grund für mich, irgendetwas zu vermissen, mich traurig oder einsam zu fühlen, oder?

Vor vielen Jahren ist meine Großmutter gestorben, die ich sehr geliebt habe. Ich habe damals noch studiert und war gerade im Praktikum 400 km entfernt von zu Hause. Somit konnte ich in den letzten Tagen nicht bei ihr sein. Vor Beginn des Praktikums hatte ich mich schon von ihr verabschiedet in dem Wissen, dass wir uns in diesem Leben nicht mehr wiedersehen würden. Insofern war ich in gewisser Weise vorbereitet, und trotzdem machte mich – als es so weit war – die Nachricht meiner Eltern über ihren Tod unfassbar traurig. An diesem Abend saß ich, um nicht alleine zu sein, mit ein paar anderen Praktikantinnen der Einrichtung zusammen. Als ich weinend erzählte, was passiert war, nahm mich eine von ihnen lächelnd in den Arm und sagte: »Ach, sei nicht traurig! Jetzt ist sie im Himmel – da ist es viel lustiger!« Es war sicherlich lieb gemeint und im Rückblick deute ich es als missglückten Versuch, mir etwas Tröstendes zu sagen. Aber es hat sich in dem Moment angefühlt wie eine Ohrfeige und hat alles eigentlich noch schlimmer gemacht. »Sei nicht traurig!«? – Entschuldigung, wir reden hier nicht darüber, dass es für die Kinovorstellung heute Abend leider keine Karten mehr gibt! Wir reden über meine 97-jährige Oma, die mich mein ganzes Leben lang begleitet hat und die ich geliebt habe!

Ich denke, diese unbeholfene Reaktion der jungen Frau sollte der Situation die Schwere nehmen, und sie steht außerdem für eine Haltung, die in christlichen Kreisen im Umgang mit Trauer oft zu spüren ist: »Wir glauben doch an die Ewigkeit! Der Mensch ist nicht verstorben, sondern ›nach Hause gegangen‹, deshalb sollten wir uns eigentlich mit ihm und für ihn freuen.« Ich habe sogar schon gehört, Trauer um einen Verstorbenen sei egoistisch, weil ich meinen Schmerz damit wichtiger nehme als die Tatsache, dass dieser Mensch nun in der Herrlichkeit Gottes sein darf! Und schon passiert dasselbe wie bei der Angst: Ich habe auf einmal zwei Lasten zu schultern – die Trauer über den Verlust und das Schuldgefühl, weil ich egoistisch bin und trauere, statt meinem Nächsten die Herrlichkeit Gottes zu gönnen.

Ich bin überzeugt: Wir Menschen sind als fühlende Wesen geschaffen. Von Geburt an und unabhängig von Kultur und Bildungsstand kennen wir alle Traurigkeit, Angst und Ärger. Im nächsten Kapitel gehe ich darauf genauer ein. Und wie wir noch sehen werden, kennt Gott selbst auch Gefühle! Warum also versuchen wir manchmal so angestrengt, sie zu unterdrücken, oder halten es für besonders »geistlich«, sie zu überwinden? Warum halten so viele Christinnen und Christen an der Überzeugung fest, »der neue Mensch« (Epheser 4,24) müsse über unangenehme Gefühle erhaben sein, und fühlen sich schlecht, wenn sie sie doch noch immer wieder überraschen? Ich behaupte: Wenn Scham, Schuldgefühle und Selbstverdammnis die Früchte meiner Glaubensüberzeugung sind, dann ist an der Wurzel etwas gewaltig faul! Dann folge ich nicht dem Willen Gottes, sondern allenfalls religiösen Regeln und Gesetzen, die

Gottes Wesen sehr verzerrt abbilden. Möglicherweise ist Gott unseren Gefühlen gegenüber sehr viel aufgeschlossener als wir selbst und kann deutlich mehr aushalten, als wir ihm zumuten.

Stellen Sie sich doch einmal vor, ein Gitarrenbauer verkauft Ihnen eine Gitarre und betont mit ernster Miene, dass Sie nur die drei hellen Nylonsaiten spielen dürfen. Die tiefen Frequenzen der Basssaiten schaden angeblich dem Holz und dürfen auf keinen Fall angeschlagen werden. Sie würden sich doch sehr wundern! Sie würden sofort denken, dass dann etwas ganz Wichtiges im Klang fehlt, und vielleicht würden Sie den Gitarrenbauer fragen, warum er überhaupt alle sechs Saiten aufgezogen hat, wenn nur die drei oberen gespielt werden dürfen. Oder Sie kaufen einen Farbkasten und finden darin den Hinweis, dass die Farben Grau, Schwarz und Braun auf keinen Fall verwendet werden dürfen, weil von ihnen giftige Dämpfe ausgehen. Sie würden doch daran zweifeln, ohne diese Farben ein interessantes Bild gestalten zu können, und Sie würden sich wundern, warum Farben in den Kasten eingesetzt werden, die »verboten« sind.

Wenn ich Gott als Schöpfer ernst nehme und den Menschen in seinem ganzen Sein als Gottes Geschöpf ansehe, dann gehören Gefühle zu unserer Grundausstattung, die der Schöpfer uns gegeben hat. Wie könnte er dann von uns wollen, einen Teil davon nicht anzurühren oder zur Seite zu drängen?

Vielleicht regt sich in Ihnen jetzt eine Stimme, die sagt: »Aber es steht doch nun einmal so deutlich im Wort Gottes, dass wir uns nicht fürchten sollen, dass wir lieben und nicht hassen sollen, dass wir getröstet sind usw. Das kann man doch nicht alles wegdiskutieren!« – Das will ich auch gar nicht. Wir beschäftigen uns noch ausführlich damit, welchen Umgang mit Gefühlen wir aus der Bibel lernen können. Im Zweifelsfall finden wir jedoch eine Auflösung der Spannung im »Sowohl-als-auch« und nicht im »Entweder-oder«. Es verlangt uns vielleicht in manchen Punkten ein gewisses Umdenken ab, einen Abschied von alten Denkgewohnheiten und Grundüberzeugungen und den Mut zu einer neuen Perspektive. Aber es lohnt sich, diesen Weg auszuprobieren! Wie schön wäre es, wenn wir in Zukunft ganz gelassen und entspannt unseren unangenehmen Gefühlen begegnen könnten. Wenn wir sie ganz selbstverständlich mit in den Hauskreis und in den Gottesdienst bringen, offen mit Menschen und mit Gott darüber reden und sogar wertvolle Früchte daraus wachsen sehen könnten!

»Herr, ich komme zu dir und ich steh vor dir so, wie ich bin«[11], »Jesus, zu dir kann ich so kommen, wie ich bin«[12] – wunderschöne Lieder, die viele von uns kennen und schon oft gesungen haben. Ich lade Sie ein, diese Texte wörtlich zu nehmen und Ihren Ärger, Ihre Angst und Ihre Traurigkeit auch im Gottesdienst, im Gebet und im Gespräch mit anderen herzlich willkommen zu heißen.

Gefühle – unsere verkannten Schätze

»Herr Meier, möchten Sie uns ein wenig an Ihren Gefühlen teilhaben lassen?« – »Äh … ja, ich habe das Gefühl, unsere Waschmaschine gibt bald ihren Geist auf.« So oder so ähnlich könnte man wunderbar eine Gruppentherapiesitzung parodieren und dabei alle Klischees bedienen: das der Therapeutin, die mit einfühlsamer, sanfter Stimme nach den Gefühlen ihres Patienten fragt, und das des Mannes, der nicht über Gefühle spricht und mit der Frage nichts anfangen kann.

In meiner psychotherapeutischen Arbeit – mit Gruppen oder auch in Einzelgesprächen – fällt mir immer wieder auf, wie schwer die meisten Menschen sich damit tun, Gefühle zu benennen. Auf die Frage »Wie fühlen Sie sich?« folgt als Antwort meistens »gut«, »nicht so gut«, »schlecht«, »ganz okay« oder Ähnliches. Meine Gesprächspartner geben damit eine Bewertung für ihr Befinden ab, fast so, als würden sie Schulnoten vergeben. Ein Patient hat die Frage tatsächlich immer mit Zensuren beantwortet: »Hm, heute geht es mir so Drei minus.« Man hat als Gegenüber dann zwar eine grobe Ahnung von der eher positiven oder negativen Stimmungslage des anderen, aber über seine Gefühle erfährt man eigentlich nichts. Auch intensives Nachfragen führt oft nicht weiter, und es wird deutlich: Obwohl wir tagtäglich mit Gefühlen unterwegs sind und sie existenziell zu unserem Leben gehören, können wir sie oft gar nicht richtig greifen. Fast so, als wüssten wir überhaupt nicht, womit wir es da eigentlich genau zu tun haben.

Ich behaupte: In den allermeisten Sätzen, die das Wort »Gefühl« beinhalten, wird genau genommen überhaupt kein Gefühl angesprochen. »Ich habe das Gefühl, gleich kommt ein Gewitter«, »Ich habe das Gefühl, du hörst mir überhaupt nicht zu«, »Nach meinem Gefühl ist das ziemlicher Blödsinn«, »Ich habe das Gefühl, meine Kollegin kann das besser als ich« usw. Oder auch in dem berühmten Loriot-Sketch »Das Ei«, wo die Hausfrau es angeblich »im Gefühl« hat, »wann das Ei weich ist«.[13] Tatsächlich ist das, was hier jeweils zur Sprache kommt, kein Gefühl, sondern eine Ahnung, eine Meinung, eine Intuition, eine Sichtweise oder ein Gedanke. Aber was genau sind dann Gefühle?

Wenn man sich im Internet oder in Büchern mit dem Thema beschäftigt, ist man schnell verwirrt, weil mehrere unterschiedliche Begriffe verwendet werden. Da gibt es »Gefühle«, »Emotionen«, »Stimmungen«, »Affekte« … und es wird bald deutlich, dass jeder diese Begriffe unterschiedlich gebraucht. Manchmal scheint es, als seien es verschiedene Wörter für dasselbe Phänomen, manchmal wird aber auch Wert darauf gelegt, sie sauber voneinander zu unterscheiden. Selbst in psychologischen Fachbüchern gibt es nicht *die* eine Redeweise oder Definition.

Ich habe mich in diesem Buch für folgenden Weg entschieden: Wenn ich von einem *Gefühl* spreche, meine ich etwas, was in Fachbüchern eigentlich »Emotion« genannt wird: eine persönliche Empfindung, die durch eine bestimmte Situation ausgelöst wird und sich auf mehreren Ebenen unseres Erlebens abspielt. Sie beinhaltet unwillkürliche Körperreaktionen, eine Körperhaltung und einen damit verbundenen Ausdruck, einen Impuls, wie man sich verhalten möchte, und auch eine Bewertung der Situation. In unserem alltäglichen Denken und Sprechen sind wir mit dem Begriff der »Emotion« allerdings nicht sehr vertraut und auch in meinen Ohren klingt er sehr sachlich, technisch und distanziert. Wenn wir uns in Begegnungen öffnen und persönlich werden, dann sprechen wir nicht über unsere »Emotionen«, sondern über »Gefühle«. Und da ich Sie mit diesem Buch zu einer Art Begegnung mit sich selbst einladen möchte, halte ich mich überwiegend an das »Gefühl« und erlaube mir, Gefühle und Emotionen als austauschbare Begriffe zu behandeln. Je nach Zusammenhang (Wissenschaft/Psychologie oder persönliches Erleben) werde ich die Begriffe flexibel wählen und dabei immer dasselbe meinen:

- eine Empfindung
- mit einem Anfang und einem Auslöser,
- die Körperreaktionen und eine Körperhaltung hervorruft,
- die über Mimik und Gestik ausgedrückt werden möchte
- und sowohl einen Handlungsimpuls
- als auch eine Bewertung beinhaltet.

Sieben Grundemotionen

Ich liebe es, meinen beiden Nichten im Kindergartenalter Geschichten vorzulesen und mit ihnen Bilderbücher anzuschauen. Manchmal frage ich sie, ohne die Geschichte zu kennen: »Schau dir mal diesen Jungen hier an. Was meinst du, wie er sich fühlt?« Und sie antworten mir: »Er hat Angst«, »Ich glaube, er ist traurig«, oder: »Er freut sich.« Wir lesen oder erzählen dann die Geschichte und finden heraus, dass sie es genau richtig erkannt haben! Niemand hat meinen kleinen Nichten beigebracht, worauf man achten muss, um zu analysieren, wie sich jemand fühlt, aber ganz intuitiv machen sie es richtig. Und wenn ich die Bilder Kindern im Kongo, in New York City, in der Mongolei oder auf Hawaii zeigen würde, würde ich genau dasselbe erleben.

Der US-amerikanische Psychologe Paul Ekman (geb. 1934)

hat sich in seinen Forschungsprojekten sehr intensiv mit nonverbaler Kommunikation und v. a. mit emotionalen Gesichtsausdrücken beschäftigt. Dabei kam er durch zahlreiche Untersuchungen, Beobachtungen und Auswertungen zu dem Ergebnis, dass es sieben Emotionen gibt, die von allen Menschen auf der ganzen Welt empfunden und erkannt werden können – unabhängig von Sprache, Kultur, Gesellschaftsform oder Bildung.[14] Bei diesen sieben Grundemotionen (oder auch Basisemotionen, wie sie manchmal genannt werden) handelt es sich um:

- Freude
- Ekel
- Verachtung
- Überraschung
- Angst
- Ärger
- Traurigkeit

In Studien konnten Studierende in den USA und in Japan diese Emotionen ebenso richtig erkennen und ausdrücken wie Einwohner eines Stammes in Papua, der seit Jahrzehnten keinen Kontakt zur Zivilisation hatte.[15] Kurz gesagt: Die Menschen hatten keinerlei Berührungspunkte und keine Gemeinsamkeiten – außer ihrem Menschsein und der Aufgabe, die ihnen gestellt wurde. Auf der Grundlage dieser Forschungsergebnisse ist man sich heute darüber einig, dass diese sieben Emotionen zur »Grundausstattung« eines jeden Menschen gehören und genetisch in uns angelegt sind. Ausgelöst durch bestimmte Reize oder Situationen, laufen »Programme« in uns ab, die unsere Empfindungen und Gedanken, unser Verhalten und unsere Körperreaktionen beeinflussen, ohne dass wir irgendetwas davon bewusst steuern würden. Man braucht kein logisches Denken, kein Abstraktionsvermögen, kein vorausschauendes Denken und keine Fähigkeit, über sich selbst nachzudenken, um diese Emotionen zu erleben. Es würde viel zu weit führen, hier auf die Details der Neurobiologie von Emotionen einzugehen. Aber wenn man sich damit beschäftigt, ist es ungeheuer faszinierend, wie perfekt und ausgeklügelt biologische, chemische und physikalische Prozesse zusammenwirken, wenn wir Trauer, Freude, Ärger, Ekel usw. erleben. Skizzenhaft möchte ich Ihnen nun die sieben Grundemotionen vorstellen, bevor wir uns später dreien von ihnen sehr ausführlich zuwenden:

FREUDE

Freude bzw. Glück hebt sich von den anderen Grundemotionen ab, indem dieses Gefühl ausschließlich als positiv und angenehm empfunden wird. Wir erleben Freude, wenn wir ein Ziel erreichen oder wenn ein Bedürfnis bzw. ein Wunsch erfüllt wird. Technisch ausgedrückt tritt Freude dann auf, wenn uns ein angenehmer Reiz zugefügt oder ein unangenehmer Reiz entzogen wird (»Wie schön, wenn der Schmerz nachlässt«). Dieses Glücksgefühl wirkt wie eine Belohnung für unser Verhalten, durch das wir das Glücksgefühl erzeugt haben, und motiviert uns, uns zukünftig wieder so zu verhalten. Für diesen Belohnungseffekt ist ein komplexer Schaltkreis in unserem Gehirn verantwortlich, der verschiedene Regionen im Mittel- und Frontalhirn einbezieht und in dem die Botenstoffe Dopamin und Serotonin eine wesentliche Rolle spielen.

Freude ist ein wichtiger Antreiber und Motivator für uns. Sehr vieles von dem, was wir alltäglich tun, tun wir letztendlich, um eine Art von Freude zu erleben.

Die typische körperliche Reaktion bei Freude zeichnet sich

durch einen schnelleren Herzschlag und eine beschleunigte Atmung aus. Manchmal nehmen wir das bewusst wahr, z.B. wenn die Freude so intensiv ist, dass wir jubeln, tanzen oder in die Luft springen könnten, oft läuft es aber etwas subtiler ab. Messungen von Puls und Atmung zeigen jedoch oftmals eine deutliche Beschleunigung, wenn wir Freude empfinden. Das bedeutet: Bei Freude ist viel Energie im Spiel, und diese wird von uns als positiv und sehr angenehm erlebt.

EKEL

Bei Ekel empfinden wir eine sehr starke Abneigung, die sich auch körperlich in Unwohlsein und Übelkeit ausdrückt. Diese Emotion hat den Sinn, uns von Dingen fernzuhalten, die schädlich oder giftig für uns sein könnten. Unser Verdauungssystem reagiert, die Anspannung in der Muskulatur ist erhöht, Atmung und Herzschlag werden beschleunigt. Was wir jeweils als »ekelhaft« empfinden, ist höchst unterschiedlich – sowohl individuell als auch kulturell. Ich hätte auf einem traditionellen Markt in Thailand sehr große Mühe, wenn ich dort verschiedenste »Delikatessen« probieren müsste, denn ich empfinde starken Ekel beim Gedanken an frittierte Mehlwürmer, Heuschrecken oder Frösche. Viele Menschen genießen diese Speisen aber regelrecht und ekeln sich wiederum vor Dingen, die für mich völlig normal sind. Was also Ekel auslöst, ist sehr stark von unseren Prägungen und Gewohnheiten abhängig, die Ekelreaktion als solche ist aber immer dieselbe: Unser Körper signalisiert uns unmissverständlich durch Aktivierung, Anspannung und Unwohlsein, dass wir etwas nicht anfassen oder nicht zu uns nehmen sollten, und es ist sehr schwierig, dieses Signal zu ignorieren bzw. zu überwinden.

VERACHTUNG

Zunächst hatte Paul Ekman nicht zwischen Ekel und Verachtung unterschieden, weshalb man in vielen Veröffentlichungen auch noch von sechs Grundemotionen liest. Verachtung war dem Ekel sozusagen zugeordnet. Im mimischen Ausdruck unterscheiden sich die beiden Emotionen auch nicht sehr stark: Die Nase wird gerümpft, die Oberlippe wird leicht angehoben. Bei Ekel passiert das jedoch symmetrisch, also in beiden Gesichtshälften gleich stark, bei Verachtung nehmen wir eher einen asymmetrischen Gesichtsausdruck an.

Das Gefühl der Verachtung ist eine sehr stark ausgeprägte Ablehnung und Geringschätzung. Sie kann sich auf eine Person, ein Verhalten oder eine Äußerung beziehen, ist mit einer negativen Beurteilung bzw. Verurteilung verbunden und drückt eine vermeintlich moralische Überlegenheit oder auch Überheblichkeit aus.

ÜBERRASCHUNG

Es wird Sie kaum überraschen, dass diese Emotion dann wachgerufen wird, wenn etwas Unerwartetes passiert: Auf der Straße geht eine Autoalarmanlage an, im Büro finden Sie auf Ihrem Schreibtisch ein kleines Geschenk Ihrer Kollegin, unerwarteter Besuch steht plötzlich vor der Tür oder Sie bekommen einen Bußgeldbescheid, weil Sie geblitzt worden sind, ohne es zu merken. Überraschung ist an sich weder negativ noch positiv, sondern ist zunächst nur die Reaktion auf etwas Neues, auf das wir gedanklich nicht eingestellt waren. Im ersten Moment sind wir gar nicht in der Lage, klar zu denken, und es fühlt sich an, als sei unser Gehirn kurz »angehalten« worden. Dementsprechend bringen wir dann oft auch nicht viel intelligentere Äußerungen zustande als »Huch«, »Oh« oder »Äh«. Das liegt daran, dass die ganze Gehirnkapazität zur Verfügung stehen soll, um den neuen, unerwarteten Reiz schnell zu erfassen, zu erkennen und einzuordnen. Der Herzschlag ist in dem Moment verlangsamt, die Atmung tiefer, und die Muskulatur ist angespannt. Auf die Überraschung folgt dann nach wenigen Sekunden meist eine zweite Emotion. Diese kann, je nachdem ob Sie ein Geschenk oder einen Bußgeldbescheid bekommen haben, Freude oder Ärger sein, genauso aber auch Traurigkeit (z.B. beim Entdecken einer Todesanzeige eines Bekannten in der Zeitung) oder Angst (z.B. wenn Sie beim Arzt einen unerwarteten, ungünstigen Befund erhalten).

ANGST

Dieses Gefühl ist von uns im wahrsten Sinne des Wortes stark gefürchtet und gleichzeitig auch überlebenswichtig! Angst bewirkt eine sehr starke Aktivierung unseres Organismus und fühlt sich für uns sehr unangenehm an. Die Ausschüttung von Adrenalin sorgt dafür, dass Puls und Atmung sich schlagartig beschleunigen, die Atmung wird zudem flach und hektisch. Die Muskelanspannung im ganzen Körper nimmt rapide zu, wir beginnen zu schwitzen, zu zittern und haben nur einen Gedanken: »Weg hier!« Angst bereitet uns innerhalb kürzester Zeit darauf vor, eine potenziell gefährliche Situation zu verlassen oder zu vermeiden, um unser Überleben oder unsere körperliche und seelische Unversehrtheit zu sichern. Sie ist dadurch enorm wichtig und wir sollten froh sein, dass wir sie haben, damit wir uns nicht in große Gefahren begeben.

ÄRGER

Ärger ist ebenfalls ein sehr starkes Gefühl mit einer hohen Aktivität im Organismus. Auch hier spielt die Ausschüttung von Adrenalin eine große Rolle und bewirkt ähnliche körperliche Reaktionen wie bei Angst. Allerdings ist der Auslöser hier nicht eine potenzielle oder tatsächliche Gefahr, sondern eine wie auch immer geartete Frustration. Der Ärger stellt uns Energie zur Verfügung, um aktiv mit dieser Frustration umzugehen – zu kämpfen, uns zu wehren oder etwas an der Situation zu verändern.

TRAURIGKEIT

Im Gegensatz zu Angst und Ärger ist die Traurigkeit ein vergleichsweise »leises« Gefühl, aber trotzdem gehört es zu denen, die wir am liebsten vermeiden wollen, weil es für uns sehr unangenehm ist. »Leise« ist es deshalb, weil unsere körperliche Aktivität heruntergefahren wird. Wir ziehen uns zurück und werden eher still. Auf diese Weise versucht der Organismus, mit seinen Kräften und Ressourcen zu haushalten.

Die letzten drei Emotionen habe ich hier vergleichsweise kurz abgehandelt, weil sie später noch ausführlich betrachtet werden.

Vielleicht sind Sie verwundert darüber, dass es insgesamt nur sieben Grundemotionen geben soll. Vielleicht fallen Ihnen auch spontan noch andere Gefühle ein, die Sie in der Auflistung vermissen. Was ist z. B. mit Scham, Neid, Schuld oder Eifersucht? Sind das nicht auch intensive und wichtige Gefühle, die zu unserem Leben dazugehören? Ohne Frage spielen auch sie eine große Rolle in unserem Erleben und Verhalten. Sie werden allerdings nicht mehr zu den Grundemotionen gezählt, sondern als »komplexe Emotionen« oder auch »reflexive Emotionen« bezeichnet. Denn im Gegensatz zu den Grundemotionen erfordern sie differenzierte gedankliche Prozesse wie z. B. das Nachdenken über eine Beziehung, über mich und mein Selbstbild usw. Um Angst zu haben, mich zu freuen oder traurig zu sein, brauche ich keine bestimmte Prägung, Lernerfahrung oder intellektuellen Hintergrund, wie die Untersuchungen von Ekman gezeigt haben. Scham oder Schuld kann ich aber nur empfinden, wenn ich einen Moralbegriff, ein Verständnis von »Richtig« und »Falsch«, habe. Neid und Eifersucht gibt es erst, wenn ich irgendeine Vorstellung davon habe, was mir zusteht, was gerecht ist usw. Diese »komplexen« oder »reflexiven« Emotionen wie Hoffnung, Unsicherheit, Scheu, Scham, Schuld, Einsamkeit, Stolz und Eifersucht sind also eher Ergebnisse von kultureller Prägung und sozialem Lernen.

Damit wir uns hier nicht im Universum der Gefühle verlieren, richten wir unseren Fokus auf die Grundemotionen, genauer gesagt auf drei von ihnen: Ärger, Angst und Traurigkeit. Sie sind die Gefühle, die uns im Alltag die meisten Probleme bereiten oder mit denen wir – auch vor dem Hintergrund unserer Glaubenshaltung – oft nicht gut umzugehen wissen. Ich werde auf diese drei Gefühle, ihren Ursprung und ihr Wesen, noch genauer eingehen. Zunächst genügt es zu wissen: Gefühle gehören vom ersten Tag unseres Lebens zu uns. Sie sind uns vom Schöpfer gegeben als Teil eines »Starterkits«, mit dem jeder Mensch ausgestattet ist, egal, wo und wann er geboren wird. Wir können schon allein deshalb davon ausgehen, dass Gefühle, auch wenn sie unangenehm sind, eine ganz wichtige Bedeutung und Funktion haben. Welche, wird sicherlich noch klarer sein, nachdem wir einen kurzen Abstecher zum Thema »Bedürfnisse« gemacht haben.

Vier Grundbedürfnisse

Ebenso, wie wir mit Grundemotionen ausgestattet sind, die uns allen – unabhängig von Geschlecht, Nationalität, Kultur, Bildung usw. – gleichermaßen gegeben sind, gibt es auch Bedürfnisse, die wir Menschen alle miteinander teilen. Das sind zum einen biologische Grundbedürfnisse, die unser Überleben sichern, wie Sicherheit, Nahrung und Fortpflanzung, zum anderen aber auch psychologische oder soziale Grundbedürfnisse. Der Psychotherapeut und Psychotherapieforscher Klaus Grawe (1943-2005) hat sie herausgearbeitet, und sie gelten in der Psychologie als unumstritten und zentral für das Verständnis menschlichen Verhaltens[16]:

BINDUNG

»Und der HERR, Gott, sprach: Es ist nicht gut, dass der Mensch allein ist; ich will ihm eine Hilfe machen, die ihm entspricht« (1. Mose 2,18). Unser Schöpfer, der in sich schon eine Gemeinschaft ist (Vater, Sohn und Heiliger Geist), hat den Menschen nicht als Einzelkämpfer erschaffen. Wir sind Beziehungswesen, dürfen einander ergänzen, bereichern und unterstützen. Und weil es der Plan Gottes war, uns auf Gemeinschaft und Beziehung mit ihm und miteinander hin zu erschaffen, ist es auch nur naheliegend, dass er ein starkes Bedürfnis nach Beziehungen in uns hineingelegt hat. Wir Menschen brauchen Kontakte und nahe Bezugspersonen, die nicht ohne Weiteres auswechselbar sind. Wir sehnen uns nach verlässlichen Bindungen, nach Geborgenheit, Aufgehobensein und Zugehörigkeit. Umso schmerzhafter ist es deshalb, wenn wir die Erfahrung machen müssen, ausgegrenzt zu werden und nicht dazuzugehören.

KONTROLLE/ORIENTIERUNG

Stellen Sie sich vor, Sie kommen zu einer Gruppe dazu, die gerade in ein gemeinsames Spiel vertieft ist. Alle sind hoch konzentriert und niemand hat Zeit oder Lust, Ihnen ausführlich die Regeln zu erklären. Nach einiger Zeit werden Sie wahrscheinlich trotzdem in der Lage sein mitzuspielen, weil Sie das Geschehen beobachtet und sich die Regeln erschlossen haben (»Aha, wenn man eine Stopp-Karte zieht, muss man aussetzen, und bei einer Smiley-Karte erhält man die doppelte Punktzahl«).

So ähnlich geht es uns Menschen, wenn wir von frühester Kindheit an versuchen, die »Spielregeln« des Lebens zu verstehen. Wir haben ein großes Bedürfnis nach Orientierung: Was ist richtig, was ist falsch? Was ist wichtig, was ist unwichtig? Wie funktioniert das Leben? Was ist der Sinn in allem und wofür lohnt es sich einzusetzen? Darüber hinaus suchen wir nach Möglichkeiten, das Leben »in die Hand zu nehmen«, zu gestalten und sowohl uns selbst als auch unser Umfeld zu verstehen. Es tut uns gut, Zusammenhänge zu erkennen, Konsequenzen unseres Handelns abschätzen und Verhaltensweisen anderer erahnen zu können, denn es vermittelt uns ein Gefühl von Kontrolle. Dazu gehört es auch, durch eigenen Einsatz Ziele zu erreichen oder effektiv und wirkungsvoll Grenzen zu setzen.

SELBSTWERTERHÖHUNG/SELBSTWERTSCHUTZ

»Ich preise dich darüber, dass ich auf eine erstaunliche, ausgezeichnete Weise gemacht bin. Wunderbar sind deine Werke, und meine Seele erkennt es sehr wohl« (Psalm 139,14). Ich persönlich kenne niemanden, der so selbstverständlich und frei heraus von sich sagt, dass er »erstaunlich« und »wunderbar« gemacht ist. Deshalb bin ich immer wieder neu beeindruckt vom Selbstbewusstsein Davids, das in diesem Gebet zum Ausdruck kommt. Tatsächlich spricht er damit aus, wonach wir Menschen uns von Geburt an sehnen. Wir haben ein starkes Bedürfnis, uns wertvoll, kompetent, wertgeschätzt und geliebt zu fühlen. Und wir tun so einiges dafür, um von anderen Menschen derartige Rückmeldungen zu bekommen. Wir versuchen zu gefallen, zu beeindrucken und positiv auf uns aufmerksam zu machen. Dementsprechend haben wir auch ein starkes Bedürfnis, unseren Selbstwert vor Angriffen zu schützen. Wir möchten auf keinen Fall entwertet, verachtet, abgelehnt oder gering geschätzt werden und vermeiden es deshalb, z. B. zu stören, jemanden zu verärgern, uns zu blamieren oder Fehler und Schwächen zu zeigen.

LUSTGEWINN/UNLUSTVERMEIDUNG

Dieses Bedürfnis ist uns allen wahrscheinlich offensichtlich und sofort einleuchtend: Wir suchen angenehme Erlebnisse, die uns Spaß machen, die Freude bereiten, guttun und lustvoll sind. Wir brauchen Genuss, Entspannung und ein Wohlgefühl und möchten, so gut es geht, alles vermeiden, was unangenehm, anstrengend oder sogar mit Schmerzen verbunden ist.

Psychische Gesundheit und Lebenszufriedenheit hängen ganz wesentlich davon ab, wie gut oder schlecht diese Grundbedürfnisse bei uns gestillt sind. Idealerweise befinden sie sich alle in einem ungefähren Gleichgewicht. Mal ist das eine mehr gestillt, mal das andere, aber keines der Bedürfnisse sollte über lange Zeit vernachlässigt oder ungestillt bleiben.

In meiner psychotherapeutischen Weiterbildung haben wir uns in einem Selbsterfahrungsseminar auch mit diesen Grundbedürfnissen beschäftigt. Wir wurden eingeladen, eine Art

»Standortbestimmung« vorzunehmen und zu schauen, wie es aktuell um unsere Grundbedürfnisse bestellt ist. Hierzu wurden uns zu jedem Bedürfnis Fragen an die Hand gegeben, die es in sich hatten, und unsere Gedanken dazu durften bzw. sollten wir im Anschluss den anderen Kursteilnehmerinnen und Kurzteilnehmern vortragen. Wir waren dadurch also aufgefordert, konkret zu werden und Worte zu finden für etwas, wovon wir bisher vielleicht nur eine vage Vorstellung hatten. Ich fand diese Übung sehr herausfordernd und wertvoll und möchte Ihnen die Fragen hier weitergeben. Vielleicht haben Sie ja auch Lust, sich dafür einmal Zeit zu nehmen:

1. Bindung: Wer ist für mich da? Wer sind verlässliche, wichtige Bezugspersonen für mich? Wie bin ich sozial vernetzt und in welchen Beziehungen fühle ich mich aufgehoben und geborgen?

2. Kontrolle/Orientierung: Was ist mir in meinem Leben wichtig? Warum und wozu lebe ich? Was ist für mich der Sinn des Lebens? Was gibt meinem Leben Ziel und Richtung? Was sind meine »Leitplanken« und »Wegweiser«, an denen ich mich orientiere?

3. Selbstwerterhöhung/Selbstwertschutz: Was macht mich zu einem wertvollen Menschen? Was gibt mir Wert? Wie führe ich den Satz weiter: »Ich bin ein wertvoller Mensch, weil …«?

4. Lustgewinn/Unlustvermeidung: Wo nehme ich mir im Alltag Zeit für Lustvolles, Schönes, für Genuss? Was macht mir Spaß? Was tut mir gut? Wann und wie findet das in meinem Alltag statt?

Wie schon gesagt: Es ist das eine, über diese Fragen nachzudenken und ungefähre Ideen dazu zu haben. Etwas anderes ist es aber, Worte dafür zu finden und konkrete Antworten zu formulieren. Vor allem der Satz »Ich bin ein wertvoller Mensch, weil …« fühlt sich merkwürdig an, wenn man ihn vor anderen ausspricht und vervollständigt. Und glauben Sie mir: Da kann man noch so sehr Psychologin oder Psychotherapeutin sein – es kostet Mut, offen über diese und die anderen Fragen ins Gespräch zu kommen! Wenn Sie sich darauf einlassen, werden Sie aber merken, wie kostbar es für Sie und für Ihr Gegenüber ist und was es für eine neue Ebene in der Beziehung schafft. Warum also nicht die beste Freundin beim nächsten Kaffee mal fragen: »Was würdest du sagen, gibt deinem Leben Sinn? Und woran knüpfst du eigentlich deinen Wert?«

Ich habe bei dieser Übung festgestellt, dass ich – egal bei welcher Frage – nicht antworten konnte, ohne irgendwie meinen Glauben zur Sprache zu bringen. Und das nicht, weil ich so einen besonderen missionarischen Eifer hätte, sondern weil mein Glaube an Gott so zentral und fundamental zu meinem Leben gehört, dass ich bei der Beantwortung dieser wichtigen Fragen nicht an ihm vorbeikomme. Egal, ob es darum geht, wer mir Geborgenheit, Halt und Sicherheit gibt, wer oder was meinem Leben Sinn gibt, warum ich ein wertvoller Mensch bin oder was ich genieße – in meinen Antworten spielt Gott definitiv eine Rolle! Und letztlich hat es mich zu der Überzeugung gebracht, dass Gott als unser Schöpfer diese Bedürfnisse in uns hineingelegt hat, damit wir nach ihm fragen und ihn suchen. Er möchte ja in Beziehung mit uns leben und hat uns daher mit einem »Durst« geschaffen, der uns motiviert, nach der »Quelle mit frischem Wasser« zu suchen.

Das war meine ganz persönliche Erfahrung. Aber wie sehen Ihre Antworten aus? Wie steht es um Ihre Grundbedürfnisse? Welches ist aktuell »gesättigt«, welches ist weniger gestillt und braucht Ihre Aufmerksamkeit?

Gefühle als Botschafter der Bedürfnisse

Wir wissen nun: Es gibt einerseits universelle Emotionen, die wir alle kennen und im Gesicht unseres Gegenübers lesen können. Und es gibt andererseits universelle Bedürfnisse, mit denen wir Menschen auf die Welt kommen – ganz egal, in welche Familie, Kultur und in welches Klima wir hineingeboren werden. Wir haben also alle die gleiche psychische Grundausstattung, mit der uns unser Schöpfer ins Leben schickt. Und die hätten wir wohl nicht, wenn sie nicht eine wichtige Funktion hätte. Denn wenn wir uns den menschlichen Organismus anschauen, sehen wir: Die lebenswichtigen Organe sind bei jedem Menschen gleich aufgebaut, und die absolut notwendigen Prozesse (Herz-Kreislauf, Atmung, neuronale Informationsverarbeitung, Verdauung usw.) folgen alle dem gleichen Muster. Wir unterscheiden uns sehr deutlich in unserer Haar- und Hautfarbe, im Körperbau, in unseren Gesichtszügen, in der Anordnung von Muttermalen oder in der Struktur unserer Haut – was ja z. B. unseren Fingerabdruck zu einem unverwechselbaren Identitätsmerkmal macht. Hier hat Gott seiner Kreativität, Fantasie und seiner Freude an Vielfalt freien Lauf gelassen. Aber die »Bauteile« und Funktionen unseres Organismus, die wir alle, rund um den Erdball, gemeinsam haben, lassen wenig Variation zu und sind aus sehr gutem Grund genau so, wie sie sind.

Wenn wir also auch bestimmte Gefühle alle gemeinsam haben, dann können wir uns fragen: Was an unseren Gefühlen ist so wichtig, dass der Schöpfer sie in die Grundausstattung des Menschen hineingegeben hat? Wäre nicht ein Leben ohne Ärger, ohne Angst und ohne Traurigkeit sehr viel leichter und angenehmer? Auf den ersten Blick: Ja, natürlich! Wir erleben diese Gefühle nicht gerne, wollen sie am liebsten umgehen oder schnell wieder loswerden. Aber tatsächlich haben sie eine wichtige Funktion, die wir kennen und verstehen sollten.

ÄRGER

Für die meisten von uns ist Ärger gedanklich verknüpft mit Streit, negativer Stimmung, Aggression, vielleicht sogar Gewalt und Zerstörung. Wir sehen einen finsteren Gesichtsausdruck vor uns, hören wütendes Gebrüll und denken an laut knallende Türen. Was bitte soll daran gut oder wichtig sein?

Um das zu verstehen, werfen wir einen Blick darauf, wie und in welchen Situationen Ärger entsteht. Wir ärgern uns, wenn wir beleidigt, belogen oder ungerecht behandelt werden. Wenn uns jemand ignoriert, uns nicht ernst nimmt oder nicht zuhört. Oder wenn uns jemand bedrängt, aufdringlich wird oder unser »Nein« nicht akzeptiert. All diese Situationen lassen sich zusammenfassen unter der Überschrift »Grenzüberschreitungen«. Ärger entsteht also vor allem dann, wenn wir wahrnehmen, dass jemand oder etwas unsere Grenzen überschreitet. Denn das frustriert unser Grundbedürfnis nach Kontrolle und Selbstbestimmung, das tief in uns allen verankert ist. Eine Grenzüberschreitung kann auch darin bestehen, dass die Grenze unserer Kraft, unserer Geduld oder unserer Anstrengungsbereitschaft überschritten ist. In jedem Fall sind typische Gedanken, die den Ärger begleiten, Gedanken wie »Schluss, aus! Es reicht mir endgültig!« oder »Nein! Das kann nicht sein! Das kommt überhaupt nicht infrage«.

Wir dürfen Ärger als Signal verstehen: »Achtung! Hier ist eine Grenze überschritten! Kümmere dich darum! Schau, was du verändern kannst, und schütze deine Grenzen!« Ärger drückt also immer aus, dass eine Situation nicht so bleiben darf, wie sie ist, und dass eine Veränderung passieren muss. Man könnte sogar sagen: Veränderungen und Weiterentwicklungen brauchen immer eine gewisse Portion Ärger. Wer weiß, ob jemand das digitale Schreiben am Computer erfunden hätte, wenn es nicht so unglaublich ärgerlich gewesen wäre, nach einem Tippfehler auf der Schreibmaschine immer die ganze Seite wegwerfen und neu schreiben zu müssen? E-Mails gibt es wahrscheinlich nur, weil jemand nicht mehr die Geduld hatte, tagelang auf eine Reaktion zu seinem Brief warten zu müssen. Und die Klimaanlage im Auto ist höchstwahrscheinlich erfunden worden, nachdem jemand sich im Sommer auf der Autobahn mit unerträglicher Hitze herumgeärgert hat. Wir könnten uns jetzt die unterschiedlichsten technischen Erfindungen anschauen und würden vermutlich feststellen: Jede einzelne hat irgendein Problem gelöst, über das man sich zuvor geärgert hat.

Wenn Sie also das nächste Mal Ärger empfinden und spüren, wie sich in Ihrem Inneren ein Gewitter zusammenbraut, dann nehmen Sie dies als Hinweis und fragen Sie sich: Welche Grenze ist bei mir gerade überschritten worden? Gibt es eine Person, die sie überschritten hat und gegen die ich mich wehren sollte? Oder komme ich mit einer bestimmten Situation oder Aufgabe an meine Grenzen und sollte überlegen, was ich daran verändern kann? Und damit Sie, wenn es darauf ankommt, auch genug Kraft und Antrieb haben, um Veränderungen anzugehen, wird Ihnen mit dem Ärger gleich eine große Portion Energie mitgeliefert. Aber dazu später mehr.

TRAURIGKEIT

Wie schon angesprochen, ist Traurigkeit im Vergleich zu Ärger in unserer Wahrnehmung ein eher »leises« Gefühl, das wenig Energie mitbringt und schon gar nicht nach außen drängt. Trotzdem ist es schmerzhaft, kann uns quälen und wird deshalb auch, so gut es geht, von uns vermieden. Genau wie Ärger ist Traurigkeit jedoch eine wichtige Botschafterin unserer Bedürfnisse, und um das zu verstehen, schauen wir uns wieder an: Warum und in welchen Zusammenhängen empfinden wir Traurigkeit?

Zuallererst fällt uns da wahrscheinlich der Tod eines Menschen ein. Hier ist Traurigkeit meistens das absolut vorherrschende Gefühl. Wir verlieren einen Menschen, die Verbindung zu ihm wird endgültig abgerissen und wir müssen uns für immer von ihm verabschieden. Aber auch andere Abschiede stimmen uns traurig: Eine Partnerschaft geht auseinander, eine gute Freundin zieht Hunderte Kilometer weit weg, ein geschätzter Kollege verlässt das Team, eine Freundschaft zerbricht … Ja, sogar wenn eine schöne Zeit (z. B. ein Urlaub) zu Ende geht, wenn unser in die Jahre gekommenes Auto in die Schrottpresse kommt oder wenn wir einen Gegenstand verlieren, der für uns Bedeutung hatte, empfinden wir eine mehr oder weniger starke Traurigkeit.

Was haben nun all diese Situationen miteinander gemeinsam? Es geht etwas Wertvolles verloren oder uns wird etwas genommen, das uns wichtig war. Im weitesten Sinne ist hier das Bindungsbedürfnis betroffen. Das scheint bei Gegenständen oder Erlebnissen vielleicht nicht so offensichtlich wie bei einer Trennung oder einem Todesfall, tatsächlich aber trauern wir nur um etwas, zu dem wir eine emotionale Bindung hatten. Etwas, an dem wir festgehalten haben oder das uns Halt gegeben hat. Etwas oder jemand, dem wir uns nah und verbunden gefühlt haben, das uns »lieb und teuer« war.

Insofern sendet uns die Traurigkeit gleich zwei Botschaften: zum einen, dass unser Bedürfnis nach Beziehung und Zugehörigkeit gerade frustriert bzw. nicht gestillt ist. Zum anderen, dass das, was uns verloren gegangen ist bzw. was wir betrauern, uns wirklich wichtig und wertvoll war. Manchmal ist es auch genau das, was der Traurigkeit eine »bittersüße« Note gibt. Wie schön, wenn der Abschied von einem Menschen uns traurig macht, denn es bedeutet, dass wir uns nahestanden und eine wertvolle Beziehung hatten!

Vielleicht ist diese Perspektive ja interessant für Sie, wenn Sie wieder einmal traurig sind: Was sagt die Traurigkeit über die Qualität der Beziehung, die Sie hatten, oder über den Wert der Sache, von der Sie sich trennen mussten? Ist es nicht auch schön, dass der Verlust Sie traurig macht, weil es Sie wissen lässt: Das, was ich hatte (bzw. was wir miteinander hatten), war wirklich kostbar?

Auch dürfen Sie wahrnehmen: Mein Bedürfnis nach Bindung, Beziehung, Zugehörigkeit braucht meine Aufmerksamkeit! Wie kann ich diesem Bedürfnis gerecht werden? – Jede Art von positiver Nähe, Zuwendung und Gemeinschaft kann Ihnen dann guttun. Eine Umarmung, ein persönliches Gespräch, ein Anruf bei einer Person Ihres Vertrauens. Oft spüren wir in der Traurigkeit, dass wir gar keine tröstenden Worte brauchen – keine Aufmunterung und erst recht kein »Kopf hoch, das wird schon wieder«. Nein, wir brauchen Zuwendung und wollen, dass jemand für uns da ist, uns zuhört, versteht und die Traurigkeit mit uns teilt. Aber es muss gar nicht unbedingt einen direkten Kontakt geben, um der Traurigkeit und dem dahinterliegenden Bedürfnis gerecht zu werden. Auch wenn Sie alte Briefe, Karten oder E-Mails lesen, Fotos anschauen oder Musik hören, die Sie mit einem bestimmten Menschen verbinden, können Sie ein Gefühl von Zugehörigkeit und Nähe erleben, das Ihrem Bindungsbedürfnis entgegenkommt. Sie verbinden sich in Gedanken, Erinnerungen und in Ihrem Herzen mit anderen Menschen und spüren: »Ich bin nicht allein.«

ANGST

Auch Angst ist ein sehr unangenehmes Gefühl, das – anders als Ärger und Traurigkeit – zusätzlich noch einen stark bedrohlichen Charakter hat. Vermutlich ist Ihnen aber die Funktion dieses Gefühls noch am ehesten geläufig: Wir brauchen Angst, um unser Überleben zu sichern, um Gefahren zu erkennen und ihnen auszuweichen bzw. um uns in Sicherheit zu bringen. Eine typische angstlösende Situation ist z. B. der Blick in die Tiefe, wenn wir an einem Abgrund stehen. Und hier meine ich nicht krankhafte Höhenangst, sondern das leicht mulmige Gefühl im Bauch und die weichen Knie, die wir bekommen, wenn wir senkrecht nach unten schauen und unsere Augen erst in vielen Metern Entfernung den Boden erkennen. Wir sind so »programmiert«, dass wir uns in einer solchen Lage unwohlfühlen, damit wir gut aufpassen und uns nicht durch leichtsinniges Verhalten in Gefahr bringen.

Aber nicht jede Angst ist in uns »programmiert« und wird automatisch durch bestimmte Situationen ausgelöst. Es spielen auch unsere Bewertungen eine entscheidende Rolle. Schon der griechische Philosoph Epiktet aus dem ersten Jahrhundert nach Christus wusste: »Nicht die Dinge selbst beunruhigen die Menschen, sondern ihre Meinungen und Urteile über die Dinge.«[17] Der Psychologe Richard Lazarus hat das sogenannte »Transaktionale Stressmodell« entwickelt, das im Wesentlichen besagt: Angst entsteht, wenn wir eine Situation als bedrohlich einordnen und beim Blick auf unsere Ressourcen feststellen, dass wir nicht ausreichend gerüstet bzw. in der Lage sind, die Situation zu bewältigen.[18]

In dieser Theorie wird schön deutlich, dass zwei verschiedene Perspektiven eine Rolle spielen: die Perspektive auf die Situation, vor der wir stehen, und die Perspektive auf unsere Möglichkeiten, damit umzugehen. Letztere wird schon früh in unserer Biografie und unserer »Lerngeschichte« geprägt. Was haben wir als Kind häufig von unseren Eltern gehört? »Lass das, das kannst du nicht!«, »Achtung, das ist gefährlich!«, »Was da alles passieren kann!« usw. oder »Versuche es mal selber, und wenn du Hilfe brauchst, bin ich da«, »Nur Mut! Du schaffst das!«, »Ich traue dir das zu!«? Solche Botschaften beeinflussen stark, ob wir eher ängstlich und unsicher auf eine schwierige Situation zugehen oder ob wir zuversichtlich sind, sie mit einiger Anstrengung oder auch mithilfe von anderen zu meistern.

Nicht zuletzt haben wir natürlich auch aus früheren Erfahrungen gelernt. »Das gebrannte Kind meidet das Feuer« – dieses Sprichwort bringt es auf den Punkt. Wer als Kind von einem Hund gebissen wurde, hat sicherlich eher Angst vor Hunden. Und wer als Kind oder Jugendlicher angeschrien, geschlagen oder ausgelacht wurde, wenn er etwas falsch gemacht hat, entwickelt sehr wahrscheinlich großen Stress oder sogar Angst in Prüfungs- oder Bewertungssituationen.

Kommen wir nun zu der Frage, welche Botschaft uns die Angst übermitteln möchte. Ursprünglich ist die Botschaft der Angst: »Achtung! Du bist in Gefahr! Es kommt etwas auf dich zu, das großen Schaden anrichten kann und das du nicht bewältigen kannst!« Dabei kann das, was wir hier auf uns zukommen sehen, eine reale, tatsächliche Gefahr sein, häufig aber auch ein Gefühlszustand, den wir nicht erleben wollen. Wir haben vielleicht Angst vor einem Konfliktgespräch, weil wir befürchten, sehr ärgerlich zu werden und mit dem Ärger dann nicht umgehen zu können. Oder wir haben Angst vor einem Abschied, weil wir befürchten, dass wir von Traurigkeit überwältigt werden. Möglicherweise haben wir auch Angst, jemandem etwas sehr Unangenehmes zu sagen, weil wir uns dann schuldig fühlen könnten und dieses Gefühl nicht gut aushalten können. Und vielen von uns ist sicher die Angst vor Zahnarztbesuchen gut bekannt, hinter der eine Angst vor Schmerzen steckt. Wie Sie merken, gibt es unendlich viele Anlässe, Angst zu empfinden. Insofern lässt sich die Angst nicht wie Ärger und Traurigkeit einem spezifischen Grundbedürfnis zuordnen.

Angelehnt an die oben erwähnte Angsttheorie von Aaron T. Beck können wir aber die Angst als Einladung verstehen, uns zu fragen: Welche Gefahr befürchte ich eigentlich genau? Welchen großen Schaden erwarte ich? Was denke ich über mich, dass ich mir nicht zutraue, die Situation bewältigen zu können? Und stimmt es wirklich, dass ich keine Hilfe von außen bekommen kann? Da Angst so ein erschreckendes Gefühl ist, das wir besonders schnell wieder loswerden wollen, vermeiden wir meist auch alle Gedanken, die sich mit der beängstigenden Situation näher auseinandersetzen. Wenn wir dies aber durch solche Fragen tun, können wir der Angst manchmal schon etwas von ihrem Schrecken nehmen.

Wie die Psyche für sich sorgt, wenn wir sie lassen

Vielleicht haben Sie sich eben beim Lesen gedacht: »Schön und gut, wenn ich jetzt das Bedürfnis hinter meinem Gefühl kenne. Aber was mache ich nun damit? Wie sorge ich denn für Bindung und Zugehörigkeit, Kontrolle und Grenzen?« Das Erstaunliche ist, dass die Psyche auf wunderbare Weise für sich selbst sorgt, wenn wir sie nicht daran hindern. Unser Schöpfer hat also nicht nur Bedürfnisse in uns hineingelegt, sondern auch dafür gesorgt, dass wir sie ganz unbewusst und automatisch befriedigen bzw. befriedigt bekommen. Um das zu verstehen, schauen wir uns unsere drei »unbeliebten« Gefühle wieder einzeln an.

ÄRGER

Wir wissen jetzt schon, dass Ärger immer auf irgendeine Form von Grenzüberschreitung hinweist und eine Veränderung der Situation verlangt. Diese Forderung würde aber ins Leere laufen, wenn wir keine Kraft oder keinen Antrieb hätten, um tatsächlich auch etwas zu verändern. Wie gut, dass uns die Emotion Ärger also gleichzeitig auch eine Menge Energie zur Verfügung stellt! Man könnte sogar sagen: Ärger *ist* Energie. Das weiß jeder, der schon einmal versucht hat, mit Wut im Bauch einzuschlafen – es gelingt uns nicht. Denn wir spüren die Energie als Anspannung in unseren Muskeln und als »Knoten im Bauch«. Unser Herz schlägt kräftiger, wir atmen schneller und merken vielleicht sogar, wie unser Gesicht rot anläuft und heiß wird. All das passiert, weil Ärger unseren Organismus aktiviert und Energie bereitstellt, damit wir effektiv »kämpfen« bzw. uns wehren können. Und diese Energie drängt nach außen. Ist Ihnen schon einmal aufgefallen, dass sehr viele Redewendungen, die wir für Ärger gebrauchen, eine Bewegung beinhalten, und zwar eine Bewegung nach außen? Wir »platzen« oder »toben« vor Wut, könnten »ausrasten«, »austicken« oder »explodieren«. Wir sind »außer uns« und könnten »aus der Haut fahren«. Niemand sackt vor lauter Wut in sich zusammen. Nein, Ärger will heraus aus dem Körper, und deshalb haben wir dann natürlicherweise auch ein starkes Bedürfnis, uns zu bewegen – und zwar kraftvoll und explosiv.

Nehmen Sie sich einmal einen Moment Zeit und stellen Sie sich vor, Sie sitzen als Zuschauer in einem Theater. Auf der Bühne findet gerade ein Schauspielkurs zum Thema »Emotionen« statt und der erste Teilnehmer soll Ärger darstellen – so deutlich, dass unmissverständlich bei Ihnen im Zuschauerraum ankommt, um welches Gefühl es geht. Was wird der Schauspieler tun? Er wird wahrscheinlich unruhig auf und ab laufen, dabei feste auftreten, seine Fäuste ballen, die Zähne zeigen bzw. den Mund anspannen, die Augenbrauen herunterziehen, mit den Armen herumfuchteln und womöglich sehr laut sprechen oder schreien. Haben Sie das vor Augen? Wenn ja, was empfinden Sie dabei? Welchen Impuls haben Sie, wie Sie sich am liebsten verhalten wollen? Sehr wahrscheinlich sind Sie froh über den Abstand zur Bühne und fühlen sich nicht aufgefordert, sich diesem Menschen zu nähern. Im Gegenteil: Wenn er Ihnen nahkäme, würden Sie vermutlich zurückweichen, beschwichtigend die Hände heben und so etwas sagen wie: »Okay, okay, ich bin schon weg. Alles klar, ich lass dich in Ruhe!«

Wenn jemand vor unseren Augen »tobt« oder sehr ärgerlich wird, dann müssen wir zunächst gar nicht wissen oder verstehen, was ihn eigentlich so verärgert. Ganz spontan und intuitiv ziehen wir uns zurück – emotional und meist auch körperlich, z. B. mit dem Oberkörper. Der körpersprachliche Ausdruck vom Ärger unseres Gegenübers fordert uns unmissverständlich dazu auf. Und was passiert dadurch? Wir stellen Distanz her. Wir schaffen Abstand zwischen ihm und uns und signalisieren deutlich: »Ich respektiere deine Grenze, dein ›Nein‹, dein ›Stopp‹. Ich komme dir nicht zu nahe und lasse dir deinen Raum.«

Hier schließt sich ein faszinierender Kreis. Erinnern Sie sich noch an den Auslöser von Ärger? Grenzüberschreitung! Wenn wir Ärger empfinden, nehmen wir also zuerst wahr, dass eine Grenze bei uns überschritten wurde. Unser Bedürfnis nach Sicherung der eigenen Grenzen ist frustriert, und das Gefühl des Ärgers macht uns darauf aufmerksam. Gleichzeitig aktiviert der Ärger unseren Organismus und stellt viel Energie zur Verfügung, die uns eine kämpferische Körperhaltung einnehmen lässt. Diese Körperhaltung wird zusammen mit der entsprechenden Mimik vom Gegenüber wahrgenommen und intuitiv verstanden. Dieses geht daraufhin in den Rückzug, stellt Distanz und Grenzen wieder her, und unser Bedürfnis nach Sicherung der eigenen Grenzen wird gestillt, womit sich der Ärger wieder beruhigen kann.

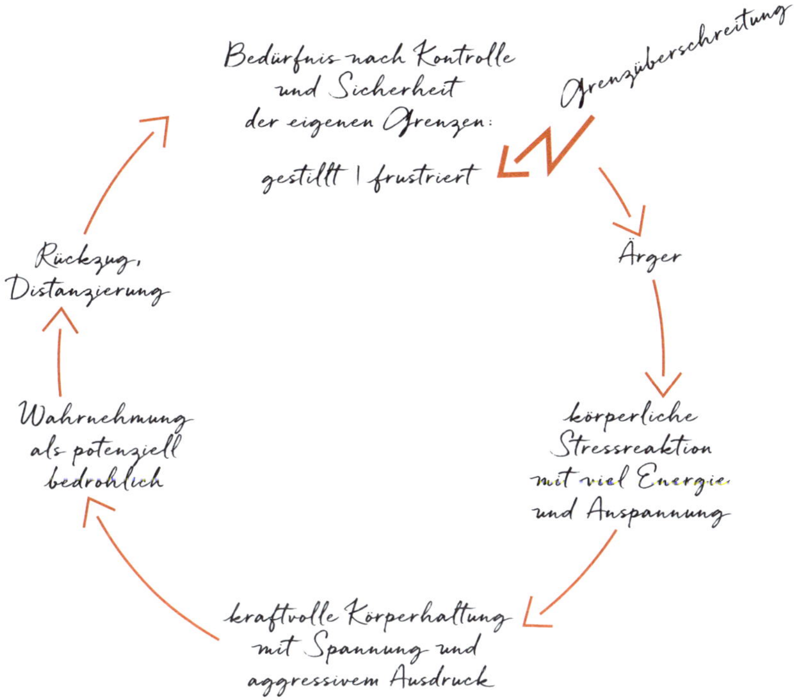

ABBILDUNG 1: SELBSTREGULATION ÄRGER

Die Psyche findet also in Zusammenarbeit mit dem Körper Wege, für sich zu sorgen und das ursprünglich frustrierte Grundbedürfnis zu stillen. Und das passiert, ohne dass wir überhaupt wissen müssen, dass es um Grenzüberschreitungen geht. Wir müssen noch nicht einmal erkennen und ausdrücklich mitteilen, dass wir ärgerlich sind. Wir sind vom Schöpfer so programmiert, dass wir – ausgehend vom Gefühl – ganz automatisch die richtige Botschaft an unsere Umwelt senden und diese genau richtig darauf reagiert.

Voraussetzung ist dabei natürlich, dass wir diesen wunderbaren Kreislauf nicht aktiv unterbrechen, indem wir uns verbieten, ärgerlich zu sein. Wer den Ärger herunterschluckt und sich in jeder Situation zu Dankbarkeit, Freundlichkeit und Sanftmut zwingt, der bleibt letztlich mit seinem frustrierten Bedürfnis alleine. Schlimmer noch: Er empfindet eigentlich, dass jemand seine Grenze verletzt und überschritten hat. Indem er aber den Ärger unterdrückt, sendet er auch keinerlei »Stopp«-Signal an seine Umwelt und muss vielleicht sogar noch mehr Grenzüberschreitungen erdulden. Es ist also nicht nur im Sinne der »Energieabfuhr« wichtig, Ärger zu akzeptieren, willkommen zu heißen und auszudrücken, sondern auch, damit wir unserem ursprünglichen Bedürfnis gerecht werden und gut für uns selbst sorgen. Aber keine Sorge: Sie müssen deshalb nicht zum Rumpelstilzchen werden! Wir werden uns noch ausführlich damit beschäftigen, wie Sie Ärger auf gesunde Weise ausdrücken können.

Schauen wir uns nun diesen Kreislauf der Selbstregulation für unser zweites unbeliebtes Gefühl an.

TRAURIGKEIT

Ich lade Sie wieder in den Zuschauerraum des Theaters ein. Diesmal bekommt eine Schauspielerin die Aufgabe, Traurigkeit darzustellen. Wie wird sie sich verhalten, damit Sie als Zuschauerin oder Zuschauer sie eindeutig als traurig wahrnehmen? Wahrscheinlich setzt sie sich erst einmal hin – auf einen Stuhl, falls einer da ist, oder vielleicht sogar auf den Boden. Sie macht sich klein, zieht vielleicht die Knie zu sich heran, legt die Hände vor das Gesicht oder vergräbt das Gesicht zwischen ihren Knien. Vermutlich bewegt sie sich dann gar nicht mehr viel. Allenfalls sehen Sie vielleicht, wie ihre Schultern leicht beben und sie sich ab und zu Tränen abwischt oder die Nase schnäuzt. Im Gegensatz zum Ärger ist hier ganz wenig Dynamik, wenig Energie und wenig Bewegung zu sehen. Nichts, was nach außen drängt; vielmehr kauert die Schauspielerin in sich zusammengesunken auf der Bühne, hat zu niemandem Blickkontakt und wird immer kleiner.

Was geht in Ihnen vor, wenn Sie die Schauspielerin so sehen? Welchen Impuls haben Sie spontan, wie Sie sich verhalten möchten? Wahrscheinlich empfinden Sie ein gewisses Mitgefühl und ein Bedürfnis, zu ihr hinzugehen. Sie möchten sich vielleicht zu ihr setzen, sie freundlich anschauen und so etwas fragen wie »Alles in Ordnung?«, »Was ist denn passiert?« oder »Kann ich dir irgendwie helfen?«. Vielleicht sind Sie sogar geneigt, die Frau behutsam an der Schulter zu berühren oder ihr ein Taschentuch zu reichen. Echte, ehrliche Traurigkeit berührt uns. Sie ist – im wahrsten Sinne des Wortes – »herzerweichend« und wir haben ein starkes Bedürfnis, uns der traurigen Person zuzuwenden, selbst wenn wir sie nicht kennen. Natürlich ist das nicht immer möglich und je nach Situation empfinden wir es manchmal auch als unangemessen (z. B. bei einem großen Meeting auf der Arbeit). Aber der erste Impuls, wenn wir bei jemandem starke Traurigkeit spüren, ist, hingehen zu wollen und ihm in irgendeiner Weise Hilfe, Trost oder Zuwendung zu schenken. Und damit tun wir in jedem Fall eines: Wir stellen Nähe her und gehen in Beziehung zu der Person.

Erinnern Sie sich noch an die Ursache von Traurigkeit? Wir empfinden Traurigkeit, wenn unser Bindungsbedürfnis frustriert ist. Und hier schließt sich wieder ein faszinierender Kreis: Jemand oder etwas, was uns wichtig war, geht uns verloren. Unser Bedürfnis nach Bindung (oder auch Nähe, Zuwendung, Beziehung) ist dadurch frustriert bzw. nicht gestillt und macht sich über das Gefühl der Traurigkeit bemerkbar. Die Traurigkeit bewirkt automatisch, dass unser Körper sich eher klein macht und sich in sich zurückzieht. Dies sendet unserer Umwelt die Botschaft: »Es geht mir nicht gut. Ich bin schwach und brauche Hilfe.« Und ohne dass wir auch nur ein Wort sagen müssen, fühlen sich Menschen in unserer Umgebung aufgefordert, sich uns zuzuwenden. Sie kommen auf uns zu, fragen nach, wie es uns geht, sprechen vielleicht tröstende Worte oder bieten Hilfe an. Damit erfahren wir genau das, was uns zu Beginn gefehlt hat: Nähe, Beziehung, Bindung! Natürlich wird nicht exakt dieselbe Bindung wiederhergestellt, die verloren oder kaputtgegangen ist. Der Mensch, der uns fehlt, fehlt uns auch weiterhin, und das tut auch weiterhin weh. Aber unser Bindungsbedürfnis wird durch jemand anderen gestillt, und das bewirkt, dass wir uns getröstet fühlen und innerlich zur Ruhe kommen.

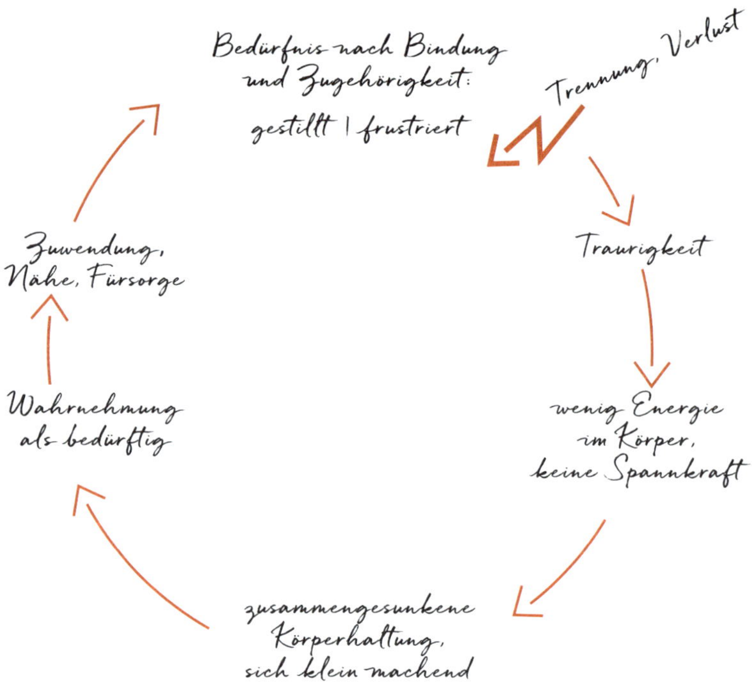

ABBILDUNG 2: SELBSTREGULATION TRAURIGKEIT

Genau wie beim Ärger ist die Voraussetzung dafür selbstverständlich, dass wir uns unsere Traurigkeit auch ansehen lassen. Dass wir über einen authentischen Gefühlsausdruck unseren Mitmenschen auch die Chance geben, unsere Traurigkeit wahrzunehmen, sich von ihr berühren zu lassen und auf uns zuzukommen.

EINE FATALE VERWECHSLUNG

Vielleicht ist es Ihnen aufgefallen, dass ich bei dem fiktiven Schauspielkurs für die Darstellung der Wut einen männlichen und für die Darstellung von Traurigkeit eine weibliche Schauspielerin gewählt habe. »Was für ein Klischee!«, haben Sie vielleicht gedacht. Zugegeben, es hat etwas Klischeehaftes, aber Klischees werden ja nicht einfach erfunden, sondern haben immer einen wahren Kern.

In der Tat fällt es Männern im Allgemeinen viel leichter, Ärger auszudrücken, als vor anderen Menschen offensichtlich traurig zu sein. Sie haben deutlich weniger Hemmungen, laut und energisch zu werden und eine aggressive Körpersprache und Mimik zu zeigen, als zu weinen. Ihr Gegenüber darf gerne den Ärger und die aggressive Energie spüren, darf davon beeindruckt sein und Respekt haben. Aber mit hängenden Schultern, gesenktem Blick und Tränen in den Augen vor jemandem zu sitzen – das ist etwas, was die meisten Männer tunlichst vermeiden wollen.

Frauen hingegen haben überwiegend wenig Scheu, ihre Traurigkeit zu zeigen, zu weinen oder zu zeigen, dass sie Hilfe brauchen. Sie tun sich dagegen meist sehr schwer damit, erkennbar ärgerlich zu sein. Sie neigen dazu, Harmonie und Frieden sichern zu wollen und alles zu vermeiden, was aggressiv wirken und Beziehungen gefährden könnte. Wie häufig fällt in therapeutischen Gesprächen der Satz »Ich habe mich zwar geärgert, aber habe nichts gesagt. Ich möchte ja niemanden verletzen«!

Ich bin mir bewusst, dass ich gerade sehr schwarz-weiß male und es auch gute Gegenbeispiele gibt. Aber die Tendenzen sind immer wieder zu beobachten. Nicht umsonst gibt es T-Shirts mit der Aufschrift »Boys don't cry« (»Jungen weinen nicht«). In einem bekannten Lied der Kölner Männerband »De Bläck Fööss« heißt es übersetzt: »Ich möchte so gerne mal weinen, doch weinen darf man nicht. Schon als kleiner Junge wird dir gesagt: Indianer weinen nicht! Ich möchte so gerne mal weinen, weil mir manchmal danach ist. Mädchen dürfen weinen, Indianer dürfen das nicht!«[19]

Stellen wir uns einmal eine typische Spielplatzsituation vor: Streit im Sandkasten. Zwei Kinder, ein Junge und ein Mädchen, werden von anderen Kindern geärgert. Es überrascht uns eher nicht, wenn der Junge sich lautstark wehrt und das Mädchen weinend zu Mama oder Papa läuft, oder? Umgekehrt – der Junge weint und das Mädchen wird wütend und brüllt – würde die Szene uns eher aufmerken lassen, nicht wahr?

Ob und wie wir welche Gefühle ausdrücken, ist im Wesentlichen davon geprägt, wie wir erzogen werden und wie unsere Eltern es uns vorleben. Und da scheint es ein Muster zu geben, das von Generation zu Generation weitergegeben wird: Jungen dürfen sich ärgern, Mädchen dürfen weinen. Umgekehrt ... na ja. Aufgrund dieses Musters sind Männer also im Umgang mit Traurigkeit oft ebenso unbeholfen wie Frauen im Umgang mit Ärger. Dadurch kommt es nicht selten zu einer fatalen Verwechslung: Man bleibt in seiner Gewohnheit haften und zeigt ein ganz anderes Gefühl, als man eigentlich empfindet. Und gerade Ärger und Traurigkeit werden dabei häufig verwechselt!

Ich habe schon viele Männer erlebt, die reizbar und aggressiv waren, die schnell laut und aufbrausend wurden, ohne dass sie selbst hätten sagen können, was sie gerade verärgerte. Irgendwann im Gespräch stellte sich dann heraus, dass sie eigentlich tieftraurig waren (z.B. über die Trennung von ihrer Partnerin, über den Verlust des Arbeitsplatzes, über den Tod eines guten Freundes ...). Sie hatten aber kein Ventil für ihre Traurigkeit zur Verfügung und wandelten sie unbewusst in Ärger um, denn mit dem konnten sie umgehen. Die andere Seite kennen wir genauso. Frauen ziehen sich oft zurück, machen sich klein, weinen vielleicht sogar, obwohl es keinen triftigen Grund gibt, traurig zu sein. Es gibt aber sehr gute Gründe, um ärgerlich zu sein, denn sie wurden verbal angegriffen, benachteiligt, ungerecht behandelt oder Ähnliches. Sie haben jedoch nicht gelernt, sich effektiv zu wehren, in die Konfrontation zu gehen und Ärger sichtbar werden zu lassen, und so folgen sie ihrer Gewohnheit und zeigen sich traurig.

Warum diese Verwechslung so fatal ist, wird schnell deutlich, wenn wir uns wieder vor Augen führen, welche Grundbedürfnisse hinter den Gefühlen stehen und wie unsere Umwelt im besten Fall auf unsere Bedürfnisse reagiert.

Ärger entsteht durch Grenzüberschreitungen und durch das ungestillte Bedürfnis nach Kontrolle und Sicherheit der eigenen Grenzen. Authentisch ausgedrückter Ärger schafft Abgrenzung und Distanz und kommt diesem Bedürfnis also genau entgegen. Was aber, wenn statt des Ärgers Traurigkeit ausgedrückt und kommuniziert wird? Dann empfängt die Umwelt das Signal »Ich bin schwach. Ich brauche Hilfe. Bitte kümmere dich um mich« und reagiert mit Zuwendung und Nähe, wo doch eigentlich Grenzen und Distanz gebraucht werden! Im schlimmsten Fall steigert das noch das Empfinden von Grenzüberschreitung und der Ärger wird intensiver, statt sich zu beruhigen. Manchmal entstehen auf diese Weise in Partnerschaften schier unlösbare Konflikte: Die Frau ist wütend auf ihren Mann, braucht eigentlich Abstand von ihm, signalisiert aber viel mehr Traurigkeit als Ärger und bewirkt damit, dass ihr Partner auf sie zugeht und sie damit noch mehr verärgert.

Die umgekehrte Variante ist mindestens ebenso tragisch. Was passiert, wenn jemand Ärger ausdrückt, obwohl er eigentlich traurig ist? Dann geht die Umwelt auf Abstand, erschrickt und lässt ihn in Ruhe. Doch der Grund für seine Traurigkeit ist ein nicht gestilltes Bindungsbedürfnis! Das Letzte, was dieser Mensch jetzt braucht, ist, dass Menschen sich von ihm zurückziehen und ihn alleine lassen. Um innerlich zur Ruhe zu kommen, braucht er Zuwendung, Nähe und Liebe, aber unbewusst tut er alles dafür, dass er genau das nicht bekommt, sondern alleine bleibt.

Ich lade Sie ein, sich selbst im Ausdruck Ihrer Gefühle einmal zu beobachten. Welches Gefühl können Sie gut nach außen zeigen? Mit welchem tun Sie sich eher schwer? Sind Ihre Tränen vielleicht manchmal eher ein »getarnter Ärger« als ein Ausdruck echter Traurigkeit? Oder steckt hinter Ihrer Aggression vielleicht eigentlich eine Traurigkeit, die Zuwendung braucht?

ANGST

In unserem fiktiven Schauspielkurs geht es nun um Angst. Wie kann der Schauspieler – hier entscheide ich mich jetzt völlig willkürlich für einen männlichen Darsteller – ohne Sprache unmissverständlich ausdrücken, dass er Angst hat? Er reißt die Augen weit auf, zieht den Kopf ein wenig ein und die Schultern hoch. Er schaut sich unruhig um, seine Arme hält er nah am Körper und die Ellbogen sind angewinkelt. Die Funktion dieser Haltung ist zuallererst, sich vor der potenziell drohenden Gefahr zu schützen. Man bietet einem Angreifer möglichst wenig Fläche, schützt lebenswichtige Körperteile wie den Hals und den Brustkorb und sorgt durch die weit aufgerissenen Augen dafür, dass man alles in der Umgebung wahrnimmt und Gefahren möglichst frühzeitig erkennt.

Was ist jetzt wiederum Ihr spontaner Impuls, wenn Sie jemanden beobachten, der sich so verhält? Gehen Sie auf Abstand, wenden Sie sich ihm freundlich und tröstend zu? Nein, wahrscheinlich lassen Sie sich ein Stück weit von ihm anstecken und beginnen auch, Ihre Umgebung »abzuscannen«. Vielleicht nicht so aufgeregt und ängstlich, aber doch etwas (an-)gespannt und neugierig, weil Sie wissen wollen, was passiert oder gleich passieren könnte. Vielleicht sind Sie ja selbst auch in Gefahr und haben es noch gar nicht bemerkt? Der ungehemmte Ausdruck der Angst bewirkt also, dass Menschen in meiner Umgebung ebenfalls aufmerksam sind und somit vielleicht gemeinsam mit mir die Gefahr erkennen und abwenden können. Er schafft Solidarität und kommt dadurch unserem Bedürfnis entgegen, dass uns jemand hilft.

Allerdings verhält es sich mit Selbstregulation bei Angst noch etwas komplizierter als bei den beiden anderen Gefühlen, denn hier kann unser Verhaltensmuster, mit dem wir Angst bewältigen, langfristig zum großen Problem werden. Um das besser zu verstehen, machen wir einen kleinen Ausflug in die Physiologie der Angst. Was geschieht in unserem Organismus, wenn wir Angst haben?

Wenn wir (entsprechend der Theorie von Beck) eine Gefahr auf uns zukommen sehen, die wir glauben nicht bewältigen zu können, wird in unserem Gehirn das »Angstzentrum« aktiviert, von wo aus eine komplexe Kettenreaktion von Hormonausschüttungen und Nervenerregungen ausgelöst wird. Unter anderem wird aus der Nebennierenrinde Adrenalin in die Blutbahn abgegeben, und das bewirkt verschiedenste körperliche Reaktionen, die wir wahrscheinlich alle mehr oder weniger kennen: Puls und Blutdruck steigen, die Atmung wird schneller und flacher und die Muskulatur spannt sich an (u.a. auch im Brustkorb, was sich sehr beklemmend anfühlen und auch zu Atemproblemen führen kann). Die Pupillen sind geweitet, die Seh- und Hörnerven sind besonders empfindlich und Aufmerksamkeit und Reaktionsfähigkeit sind gesteigert. Es kann zu Schwitzen, Zittern und Schwindel kommen, ebenso wie zu heißen oder kalten Schauern. Die Verdauungstätigkeit wird in der akuten Angst gehemmt, der Magen ist »wie zugeschnürt« und man hat weder Hunger noch Appetit.

Einige dieser Körperreaktionen sind exakt die gleichen, die wir auch bei Ärger erleben, und das ist kein Zufall, denn ähnlich wie der Ärger stellt uns auch die Angst Energie zur Verfügung. Diese Energie soll uns allerdings jetzt weniger zum Kampf verhelfen (denn wir trauen uns ja nicht zu, die Situation meistern zu können), sondern unseren Körper in die Lage versetzen, vor der Gefahr fliehen zu können. Wer vor dem berühmten »Säbelzahntiger« fliehen muss, braucht eine gute Durchblutung und Sauerstoffversorgung, Spannung und Kraft in der Muskulatur, geschärfte Sinne, Reaktionsschnelligkeit usw. Hunger oder Verdauung wären dagegen absolut hinderlich und werden deshalb durch Angst »ausgeschaltet«.

Angst fordert uns also dazu auf, die Gefahrensituation so schnell wie möglich zu verlassen oder – besser noch – ihr von vorneherein auszuweichen. Die Signale unseres Körpers geben uns das unmissverständlich zu verstehen. Wenn wir sie wahrnehmen und ihnen folgen, also der »Gefahr« aus dem Weg gehen, merken wir sehr schnell, wie unser Nervensystem sich wieder beruhigt. Puls und Blutdruck senken sich wieder, die Atmung wird wieder tiefer und ruhiger, die Muskeln entspannen sich, der »Knoten im Bauch« löst sich usw. Es stellt sich ein Gefühl von Sicherheit und »Aufatmen-Können« ein, das wir als sehr positiv und angenehm erleben.

Sofern wir es mit tatsächlichen Gefahrensituationen zu tun haben, ist es hervorragend, dass wir genau so funktionieren, d. h. intuitiv und schnell der Bedrohung ausweichen und uns in Sicherheit bringen. Menschen, die aufgrund einer Fehlbildung im Gehirn keine Angst empfinden können, haben eine sehr geringe Lebenserwartung, weil sie sich immer wieder völlig unbedacht in lebensgefährliche Situationen begeben und tragisch verunglücken. Insofern kann sich jeder gesunde Mensch unfassbar glücklich schätzen, dass er in der Lage ist, Angst zu haben!

Leider bekommt Angst jedoch schnell eine Eigendynamik, die zu einem echten Hindernis für uns werden kann. Das passiert, wenn wir die körperlichen Signale der Angst (Herzklopfen, Kurzatmigkeit, Bauchgrummeln, Schwitzen usw.) automatisch und immer als Anzeichen einer realen Bedrohung verstehen, der wir ausweichen müssen, und nicht mehr genauer hinsehen und prüfen, wie groß die Gefahr tatsächlich ist, ob wir ihr gewachsen sind usw. Wir nehmen die Körperreaktionen dann als sicheren Beweis, dass etwas Schlimmes passieren wird, wenn wir der Situation nicht aus dem Weg gehen, und fliehen aus ihr bzw. vermeiden sie. Die Entspannung, die sich unmittelbar danach einstellt, erleben wir als so wohltuend, dass sie in unserem Gehirn als »Belohnung« für die Flucht bzw. die Vermeidung gespeichert wird. Und für jeden Menschen gilt: Verhalten, das durch positive Konsequenzen »belohnt« wird, wiederholen wir! Das bedeutet, dass wir in der nächsten Situation, in der wir Angstsymptome wie Herzklopfen, Beklemmung usw. empfinden, sehr schnell wieder dazu neigen, die Situation zu beenden, indem wir sie verlassen oder ihr ausweichen.

Machen wir es einmal an einem Beispiel deutlich, das Sie vielleicht so ähnlich schon mal erlebt haben: Sie entdecken abends beim Zähneputzen eine dunkle Stelle am Zahn und Ihnen fällt ein, dass Sie mit den Kontrollterminen beim Zahnarzt geschludert haben und dringend einen Termin vereinbaren sollten. Leider haben Sie bisher sehr unangenehme Erfahrungen mit Zahnärzten gemacht, hatten oft Schmerzen und deshalb auch gute Gründe, die Kontrolltermine zu schwänzen. Beim Gedanken, den Zahnarzt anzurufen und einen Termin zu machen, wird Ihnen plötzlich unangenehm warm und ein bisschen flau im Bauch. Ihr Gesicht wird blass, Ihre Hände werden leicht feucht, Sie spüren jetzt sehr viel deutlicher Ihren Herzschlag und können nicht mehr so gut durchatmen. Ein furchtbares Gefühl! Beim Blick auf die Uhr wird Ihnen dann bewusst, dass die Praxis heute schon längst geschlossen hat und Sie gar nicht mehr anrufen können. Gott sei Dank! Mit einem Mal beruhigen sich Ihr Herzschlag und Ihr Bauchgrummeln und Sie atmen sprichwörtlich auf. Sie verschieben den Anruf auf morgen, schieben damit auch den Gedanken an den Zahnarzt weg und machen das Radio an, um sich abzulenken. Beim Zähneputzen schauen Sie jetzt einfach nicht mehr so genau hin, dann stört die dunkle Stelle Sie auch nicht.

Am nächsten Morgen erinnert Ihr Gewissen Sie allerdings an den Anruf, und sofort kriecht die Angst in Ihnen hoch. Sie wissen, dass Sie einen Termin machen müssen, aber der Gedanke löst schon wieder ein schrecklich unangenehmes Gefühl aus. Sie versichern Ihrem Gewissen, dass Sie anrufen werden. Aber vorher »müssen« Sie unbedingt noch die Küche aufräumen, eine Online-Überweisung machen, für eine Freundin etwas recherchieren, den Dienstplan für nächste Woche überprüfen usw. Und schon rückt das Angstgefühl wieder in den Hintergrund. Puh, das tut gut!

Als alles erledigt ist, was Sie irgendwie erledigen konnten, haben Sie keinen Grund mehr, den Anruf aufzuschieben. Sie müssen jetzt zum Hörer greifen! Und da ist es sofort wieder, das Gefühl: Herzklopfen, Beklemmung, Bauchgrummeln, diese eklige Wärme, feuchte Hände ... Sie schaffen es trotzdem irgendwie, die Nummer zu wählen, während Ihnen immer heißer wird. Und dann hören Sie am anderen Ende: »Vielen Dank für Ihren Anruf. Leider rufen Sie außerhalb unserer Öffnungszeiten an. Unsere Praxis ist geöffnet von ...« – Halleluja! Mittagspause! Ein Stein fällt Ihnen vom Herzen, Ihr ganzer Organismus kommt wieder zur Ruhe und Sie entspannen sich. Herrlich! Sie werden es einfach später wieder versuchen …

Diese Geschichte könnte ich endlos weitererzählen und das Muster könnte sich über Tage, Wochen und Monate in immer gleicher Weise wiederholen: Der Gedanke an den Zahnarzttermin löst eine körperliche Angstreaktion aus, diese wird als maximal unangenehm empfunden und das Aufschieben des Anrufs sorgt für sofortige Entspannung. Das Problem dabei ist, dass die Angst vor dem Zahnarzttermin mit der Zeit immer größer wird und die Hürde immer unüberwindbarer scheint. Denn die Tatsache, dass Sie den Anruf wider besseres Wissen noch nicht erledigt haben, kann ja nur bedeuten – so nimmt es Ihr Unterbewusstsein wahr –, dass er wirklich sehr schlimm, schwierig oder bedrohlich ist. Die eigene Vermeidung wird quasi zum Beweis dafür, dass die Situation bedrohlich ist, denn sonst würden Sie sie ja nicht vermeiden.

Was ich hier beschrieben habe, ist der typische Anfang von etwas, was sich zu einer ernsthaften Angststörung auswachsen *kann*, aber nicht *muss*, wenn wir rechtzeitig und entschieden gegensteuern. Jeder von uns hat Ängste. Begründete, rationale Ängste, aber auch irrationale Ängste, denen wir im Alltag ausweichen. Das ist überhaupt nicht problematisch, solange es uns nicht schadet, uns nicht einschränkt und uns nicht an einem zufriedenen, erfüllten Leben hindert.

Ich habe z. B. große Angst, wenn ich im Schwimmbad auf dem 5-Meter-Brett stehe. An 10 Meter darf ich gar nicht denken! Ich habe mit Höhe grundsätzlich kein Problem, gehe auch gerne klettern, aber alles, was mit freiem Fall zu tun hat, macht mir Angst und wird von mir konsequent gemieden. Ist das ein Problem für mich? Nein, denn ich komme im Leben sehr gut zurecht ohne Sprünge vom 5-Meter-Brett und ich erlebe mein Leben als reich und sinnvoll, auch wenn ich nie einen Bungee-Sprung machen oder mit dem Fallschirm aus einem Flugzeug springen werde.

Wenn Sie möchten, machen Sie sich doch einmal Gedanken über Ihre Ängste: Wovor haben Sie Angst? Welchen Situationen weichen Sie aus? Und halten Sie diese Ängste für sinnvoll und hilfreich im Sinne eines Schutzes oder schränken sie Sie ein? Könnten Sie andere Ziele erreichen oder mehr Zufriedenheit gewinnen, wenn Sie die Ängste nicht hätten oder anders mit ihnen umgehen könnten?

Sie haben jetzt einiges über unsere emotionale Grundausstattung gelesen, über Gefühle und Bedürfnisse, ihre Funktion und ihre Beziehung zueinander. Vielleicht war manches interessant für Sie, vielleicht sogar inspirierend oder anregend. Vielleicht denken Sie aber auch: »Also, wenn ich unangenehme Gefühle zulassen soll, nur um eigene Bedürfnisse zu befriedigen, von denen ich bisher gar nicht wusste, dass ich sie überhaupt habe ...

dann spare ich mir das Ganze lieber! Da es letztlich um *meine* Bedürfnisse geht, tue ich doch niemandem weh, wenn ich sie einfach ignoriere und die Gefühle auch weiterhin beiseiteschiebe. Ist es nicht sowieso viel geistlicher und sozialer, sich selbst und die eigenen Bedürfnisse nicht so wichtig zu nehmen?«

Falls Sie so oder so ähnlich denken, sind Sie damit nicht allein. Das ist eine durchaus verbreitete Ansicht, und deshalb ist es mir wichtig aufzuzeigen, dass es hier nicht um das »Sahnehäubchen« auf der Torte Ihres Lebens geht. Es geht nicht darum, wie Ihr Leben einfach *noch* schöner, reicher und bunter werden kann. Nein, es geht um Ihre seelische, körperliche und geistliche Gesundheit! Und für die haben wir vor uns selbst und auch vor unserem Schöpfer eine Verantwortung.

»Alles gut« – Wie wir uns selbst schaden, wenn wir Gefühle unterdrücken

»Hey, was ist los? Du siehst fertig aus.« – »Nein, alles gut.« »Ist irgendwas? Bist du sauer auf mich?« – »Alles gut.« »Wenn ich dir irgendwie helfen kann, sag Bescheid, okay?« – »Danke. Alles gut.«

Ich weiß gar nicht, wie oft ich diese Floskel jeden Tag höre. Zu allen möglichen Gelegenheiten behaupten Menschen, dass »alles gut« sei. Es wäre ja zu schön, wenn es tatsächlich so wäre! »Alles gut«, das ist wörtlich genommen eigentlich das, was das hebräische Wort *Shalom* meint: Unversehrtheit, Heil, Frieden, Ruhe, »nichts fehlt«.

Aber ist es das, was wir meinen, wenn wir auf eine Frage wie oben mit »Alles gut« antworten? Sicher nicht. Ich habe eher den Eindruck, wir sagen es, um uns selbst und unseren Gesprächspartner auf ein anderes Thema zu lenken und uns nicht näher mit einem unangenehmen Gefühl oder Gedanken beschäftigen zu müssen. Das ist sicherlich nicht immer der Fall. Es wird auch Situationen geben, wo wir tatsächlich ganz zufrieden sind und weder Hilfe noch eine Entschuldigung oder sonst irgendetwas vom anderen brauchen. Aber oftmals steht doch im Subtext: »Bitte frag nicht weiter. Ich möchte nicht darüber sprechen.« Und wir möchten uns letztlich auch selbst damit weismachen, dass »alles gut« ist.

Bildlich gesprochen stellen wir unsere lästigen, unangenehmen Gefühle in die Abstellkammer unseres Herzens, machen die Tür zu und schließen ab. Und die Tür ist wunderschön angestrichen, sodass von außen alles hübsch aussieht. Wenn man die Abstellkammer nicht betritt, bekommt man also erst einmal nichts von dem mit, was hinter der Tür ist. Aus den Augen, aus dem Sinn. Aber haben Sie schon einmal in der Brotdose Ihres Kindes ein vergessenes Käsebrot gefunden, das »aus den Augen, aus dem Sinn« war? Oder in Ihrem Kühlschrank ein Stück Obst, das sich gut versteckt hatte? Dann wissen Sie, was passiert, wenn man »lebende Organismen« einfach nur wegschließt und ignoriert. Auch wenn man sie nicht mehr sieht, macht sich doch irgendwann ein unangenehmer Geruch breit, der eindeutig drauf hinweist: »Hier ist doch irgendwas …«

Ähnlich verhält es sich mit »weggesperrten« Gefühlen und Bedürfnissen in der Abstellkammer unseres Herzens. Sie sind vielleicht zunächst »aus den Augen, aus dem Sinn«, was uns kurzfristig erleichtert, aber sie machen sich über kurz oder lang bemerkbar. Irgendwann beginnen wir, uns unwohlzufühlen, und wissen vielleicht noch nicht einmal, warum.

Als Psychotherapeutin begegnen mir täglich Menschen mit den unterschiedlichsten Beschwerden und Krankheitsbildern. Es wäre natürlich falsch zu behaupten, dass die Wurzel aller Beschwerden immer in einem ungesunden Umgang mit Gefühlen liegt; dafür ist unser psychosomatisches System, d. h. unser Körper, unsere Psyche und das Zusammenspiel zwischen beiden, viel zu komplex. Aber es ist doch auffällig, wie häufig unterdrückte oder vermiedene Gefühle zumindest eine Rolle spielen – sowohl bei psychischen als auch bei körperlichen Beschwerden. Viele Studien bestätigen die Bedeutung von Gefühlsregulation für die Entstehung psychischer und psychosomatischer Erkrankungen.[20] Ich gebe Ihnen hier ein paar Beispiele dafür, wohin es führen kann, wenn wir »die Tür zur Abstellkammer« verschlossen lassen und versuchen zu vergessen, was dahinter ist.

MAGEN-DARM-BESCHWERDEN

Es gibt nicht umsonst so viele Redewendungen, in denen der Bauch bzw. die Verdauungsorgane eine Rolle spielen. Etwas »liegt mir schwer im Magen«, »ist mir auf den Magen geschlagen« oder »bereitet mir Bauchschmerzen«. »Mir wird ganz schlecht, wenn ich daran denke«, ich »könnte kotzen!«, habe etwas »noch nicht verdaut« usw. Selbst in der Bibel finden wir eine solche Redewendung. Als der barmherzige Samariter den verletzten Mann am Wegesrand findet, ist er »innerlich bewegt«, was wörtlich übersetzt heißt, dass sich ihm »die Eingeweide umdrehten« (Lukas 10,33). Auch von Jesus lesen wir an vielen Stellen, dass er auf dieselbe Weise »innerlich bewegt« ist, z. B. als er eine Witwe trifft, die gerade ihren einzigen Sohn verloren hat (Lukas 7,13), oder beim Anblick vieler Menschen, die seine Hilfe suchen (Matthäus 14,14). Dass es uns Menschen also aus emotionalen Gründen »den Magen umdrehen« kann, wusste man schon vor über 2000 Jahren.

Ein Mann kam einmal zu mir in die Therapie und hatte als vorrangiges Problem, dass ihm morgens regelmäßig übel war und er sich übergeben musste. Untersuchungen beim Internisten und beim Hausarzt waren ohne Ergebnis geblieben, und so hatte man ihm eine psychosomatische Behandlung empfohlen. Wie üblich in einem Erstgespräch fragte ich nach verschiedenen anderen Symptomen oder Auffälligkeiten in seiner Stimmung, seinem Antrieb usw., die er aber alle verneinte. Es sei so weit »alles gut«, wenn nur diese quälende Übelkeit nicht wäre, durch die er zwangsläufig in seinem Alltag sehr eingeschränkt sei. Im Gespräch mit ihm hatte ich allerdings den Eindruck, dass er sehr angespannt und unterschwellig aggressiv sei – nach außen hin freundlich und beherrscht, aber innerlich brodelnd. Und ich sagte: »Also, wenn man das so hört und wörtlich nimmt, könnte man sich ja fragen, was Sie in Ihrem Leben eigentlich so ›zum Kotzen‹ finden.« Das war für ihn eine Art »Türöffner«, um zu entdecken, dass er in verschiedenen Lebensbereichen gerade einiges an Ärger und Frust erlebte, worüber wir dann ins Gespräch kamen. Er hatte diese Dinge und seine Gefühle dazu bis dahin nicht ernst genommen und hatte den Anspruch, darüberzustehen. Aber sein Körper hatte darauf aufmerksam gemacht und so konnte er beginnen, sich gedanklich mit diesen Frustrationen zu beschäftigen.

SCHULTER-, NACKEN- UND RÜCKENSCHMERZEN

Auch hierzu kennen wir viele Sprachbilder: »Das sitzt mir im Nacken«, »Ich habe gerade einiges zu schultern«, »Ich habe ein ordentliches Päckchen zu tragen«, »Ich spüre die Angst im Nacken« usw.

Neben Schreibtischarbeit, Handynutzung und mangelnder Bewegung sind sehr häufig emotionale Belastungen für Schmerzen und Beschwerden in diesem Bereich verantwortlich. Anspannung im Zusammenhang mit Stress, Angst oder

Ärger schlägt sich sofort auch in unserer Muskulatur nieder. Ja, man kann sogar sagen: Psychische und körperliche Anspannung bzw. Entspannung sind immer aneinandergekoppelt. Es ist gar nicht möglich, psychisch entspannt zu sein, wenn die Muskulatur stark verspannt ist, und umgekehrt. Dieses Prinzip macht sich übrigens die Progressive Muskelentspannung nach Jacobson zunutze, bei der man lernt, einzelne Muskelpartien nacheinander anzuspannen und zu entspannen, um darüber auch eine psychische Entspannung zu erreichen.[21]

Wenn wir vermeiden wollen, bestimmte Gefühle zu erleben oder nach außen dringen zu lassen, und auch, wenn wir eigene Bedürfnisse zurückstellen, sprechen wir sehr häufig davon, dass wir uns »zusammenreißen«. Wir halten etwas unter Verschluss, was eigentlich nach draußen will, wir unterdrücken etwas, was immer wieder hochkommt – es ist also ein permanenter Kraftakt gegen uns selbst. Und es braucht nicht viel Fantasie, um sich vorzustellen, dass ein anhaltendes und angestrengtes »Zusammenreißen« irgendwann zu Muskelverspannungen und Schmerzen führt, oder?

Es würde zu weit führen, auf alle psychosomatischen Symptome einzeln einzugehen. Ich möchte hier aber noch einige weitverbreitete Sprachbilder nennen, in denen der Körper vorkommt, jedoch eigentlich Gefühlszustände ausgedrückt werden:

Herz-Kreislauf: »Mir geht die Pumpe«, »Da bekomme ich echt Puls«, »Ich habe ganz schön Herzklopfen«, »Mir ist das Herz stehen geblieben«, »Das zerreißt mir das Herz«, »Mit rutscht das Herz in die Hose«, »Das ist mir sehr zu Herzen gegangen«.

Kopf: »Das bereitet mir Kopfzerbrechen«, »Ich zermartere mir die ganze Zeit das Hirn darüber«, »Mach dir mal keinen Kopf deswegen«, »Ich fühle mich vor den Kopf gestoßen«, »Ich habe furchtbares Kopfkino«.

Atmung: »Da bleibt mir die Luft weg«, »Das nimmt mir die Luft zum Atmen«, »Da muss ich erst einmal durchatmen«, »Ich muss meinem Ärger Luft machen«, »Ich hetze atemlos von einem Termin zum anderen«.

Hier sind ganz unterschiedliche Gefühle angesprochen: Angst, Traurigkeit, Ärger, aber auch Überraschung, Beklemmung und Stress. Es ist spannend zu sehen, wie sie alle sich im Körper niederschlagen und wir das intuitiv über diese Sprachbilder auch ausdrücken.

Vielleicht ist es ja aufschlussreich für Sie, wenn Sie das nächste Mal Kopfschmerzen, Magenschmerzen oder Herzklopfen haben, auch einmal die Ebene der Gefühle anzuschauen. Nutzen Sie z. B. diese Redewendungen, um zu entdecken, ob Sie sich über irgendetwas Kopfzerbrechen machen, Ihnen etwas schwer im Magen liegt usw. Und wenn ja, dann nehmen Sie es ernst und kümmern Sie sich liebevoll darum! »Sich zusammenreißen« ist auf Dauer ungesund. Nehmen Sie die Signale wahr und gehen Sie verantwortungsvoll mit dem um, was Körper und Seele Ihnen gerade gemeinsam zu vermitteln versuchen.

Neben körperlichen Beschwerden, die sich langfristig einstellen können, wenn wir Gefühle strikt unterdrücken oder übergehen, kann natürlich auch unsere Psyche auf Dauer Schaden nehmen. Es muss nicht zwangsläufig in eine Krankheit münden, aber bei vielen psychischen Erkrankungen spielt tatsächlich ein ungesunder Umgang mit Gefühlen eine entscheidende Rolle.

DEPRESSION

Ganz vereinfacht kann man sagen: Depression ist die Krankheit der »-losigkeit«. Betroffene leiden u. a. unter Antriebslosigkeit, Motivationslosigkeit, Kraftlosigkeit, Freudlosigkeit, dem Empfinden von Sinnlosigkeit und einem »Gefühl der Gefühllosigkeit«. Ich habe schon oft gehört: »Ich bin nicht traurig. Es wäre ja gut, wenn ich wenigstens traurig sein könnte. Aber ich bin völlig leer und fühle mich innerlich wie tot.« Manche Menschen bringen diese quälende innere Leere und Taubheit sogar dazu, sich selbst zu verletzen und sich Schmerzen zuzufügen, um überhaupt irgendetwas zu spüren.

Die Ursachen und Auslöser von Depressionen sind sehr zahlreich und vielfältig. Genetische Veranlagung und ein Mangel an bestimmten Botenstoffen im Gehirn können genauso eine Rolle spielen wie die Umstände, unter denen wir aufwachsen, ungesunde Prägungen und ganz aktuelle Belastungsfaktoren. Man spricht deshalb von einem sogenannten »biopsychosozialen Bedingungsmodell« der Depression. Darüber hinaus gibt es Faktoren, die eine bestehende Depression aufrechterhalten, und dazu zählen ganz zentral unsere Denk- und Verhaltensmuster. Typische Muster, mit denen wir einer Depression »Futter geben«, sind Selbstvorwürfe und Selbstanklagen, negative Gedanken über uns selbst, über die Umwelt und über die Zukunft, die Vernachlässigung von eigenen Bedürfnissen und Interessen sowie sozialer Rückzug. Mit anderen Worten: Wir behandeln uns selbst wie jemanden, den wir absolut nicht ausstehen können und der es auch nicht verdient hat, dass ihm irgendetwas Gutes widerfährt. Wir halten alles von uns fern, was uns guttun könnte (angenehme Aktivitäten, positive Kontakte und Beziehungen, Genuss, ermutigende, positive Gedanken, Erfolgserlebnisse usw.), verstecken uns und reden destruktiv auf uns ein. Sollte es uns da wundern, dass wir am Ende des

Tages mutlos, kraftlos und niedergeschlagen sind und am Sinn unseres Daseins zweifeln?

Was haben nun diese depressionsfördernden Muster mit Gefühlsregulation zu tun? Zum einen kann man zugespitzt formulieren: »Das Gegenteil von Aggression ist Depression.« Aggression richtet eine negative Energie nach außen, schimpft und greift das Gegenüber an. In der Depression hingegen richtet man die negative Energie gegen sich selbst, beschimpft sich und greift sich selbst an. Ich erlebe sehr häufig in der Therapie, dass Menschen, die lange, anhaltend und wiederkehrend an Depressionen leiden, stark gehemmt im Umgang mit Ärger und Aggression sind. Es ist für sie (aufgrund von Moral, Erziehung, Erfahrungen usw.) so ein großes Tabu, auch nur annähernd aggressiv zu wirken, dass sie lieber jeden aggressiven Impuls gegen sich selbst richten. Das passiert nicht bewusst und wird auch meist überhaupt nicht als problematisch wahrgenommen. Aber es hinterlässt auf Dauer Wunden.

Nehmen Sie doch einmal einen Tennisball, gehen Sie nach draußen in Ihren Garten oder vor Ihr Haus und werfen Sie den Ball, so fest Sie können, auf ein zehn Meter entferntes Ziel. Das ist Aggression. Dann gehen Sie in die Wohnung, stellen sich in einer Entfernung von ein bis zwei Metern vor die Zimmerwand und werfen den Ball mit gleicher Kraft gegen die Wand. Das ist Depression. Was geschieht hier? Weil die Wand nicht erlaubt, dass der Ball von Ihnen wegfliegt, trifft er Sie selbst mit voller Härte und hinterlässt wahrscheinlich mindestens einen ordentlichen blauen Fleck. Wer sich nicht erlaubt, Ärger und Aggression nach außen zu richten, und innerlich eine Art »Wand« aufgebaut hat, damit nichts nach außen dringt, der verletzt sich automatisch immer wieder selbst.

Aggressionsgehemmte, depressive Menschen lassen z.B. Grenzüberschreitungen und Ungerechtigkeit zu, weil sie um jeden Preis freundlich, angenehm, friedlich und sozial verträglich sein wollen. Und anstatt ihr Gegenüber für die Ungerechtigkeit anzuklagen oder ihm die Schuld zu geben, machen sie sich selbst Vorwürfe und suchen den Fehler bei sich. »Du hast es auch nicht anders verdient«, »Wer sich so blöd anstellt, darf sich nicht beschweren. Selber schuld« oder »Kein Wunder – du bist halt auch unfähig/uninteressant/hässlich/dumm/naiv/unbeliebt/nicht zu gebrauchen ...« sind typische Gedanken, mit denen Menschen sich verbal verletzen, ohne zu merken, was sie sich da eigentlich antun.

Vielleicht erinnern Sie sich an die Patientin im ersten Kapitel, die viel Schlimmes erlebt hatte und in der Therapie sagte, Jesus sei »für ihre Wut gestorben«, weshalb sie überhaupt keine Wut über das erlebte Unrecht empfinde. Sie war außerordentlich freundlich, wirkte dabei aber alles andere als entspannt, gelöst oder zufrieden. Und sie befand sich immerhin auch wegen Depressionen und psychosomatisch bedingten Schmerzen in einer Reha. In meiner Erinnerung steht sie beispielhaft für viele Patientinnen und Patienten, bei denen ein ungesunder Umgang mit Gefühlen mitverantwortlich ist für die Depression. Damit meine ich nicht nur den Aspekt »Depression statt Aggression«, sondern etwas viel Umfassenderes.

Es gibt ganz unterschiedliche Gründe, warum Menschen von frühester Kindheit an nicht lernen, gesund und ehrlich mit Gefühlen umzugehen. In der Familie spielen vielleicht Arbeit, Leistung und Fleiß eine besonders wichtige Rolle und Gefühle sind dabei nur »lästige Störenfriede«, die vom eigentlich »Wichtigen« ablenken. Vielleicht wird Emotionales auch schlichtweg gar nicht thematisiert, die Eltern verlieren selbst nie ein Wort über Gefühle, und alles, was zu regeln ist, wird rational und sachlich abgehandelt. Vielleicht ist auch niemand da, der als Gegenüber für Gefühlsmitteilungen infrage kommt, weil die wichtigsten Bezugspersonen immer unterwegs oder mit sich selbst beschäftigt sind. Oder Gefühlsregungen werden sogar entwertet (»Heul nicht rum!«, »Du Feigling!«, »Stell dich nicht so an!« usw.) oder hart bestraft. Kinder, die in solch einem Klima aufwachsen und auch außerhalb der Familie niemanden haben, bei dem sie emotional »landen« können, bleiben mit all ihren Gefühlen alleine. Sie haben keine Vorbilder, von denen sie lernen könnten: »Was mache ich, wenn ich das Gefühl habe, gleich zu explodieren?«, oder: »Was kann mir helfen, wenn ich traurig bin?« Und sie bekommen nicht die Rückmeldung, dass ihre Gefühle in Ordnung sind, dass sie zu ihnen gehören und dass sie diese zeigen dürfen. Infolgedessen lernen diese Kinder schnell, dass es überhaupt keinen Sinn ergibt, sich mit Gefühlen näher zu befassen. Sie sind vermeintlich überflüssig, unwichtig, störend oder sogar verboten, also werden sie doch lieber direkt im Ansatz weggedrückt und man konzentriert sich auf das, »was wirklich hilft«, um angenommen zu werden oder wenigstens Strafe zu vermeiden: fleißig sein, Erwartungen erfüllen, gehorchen, funktionieren, sich anpassen, lieb und freundlich sein oder sogar möglichst unsichtbar sein.

Die Gefühle werden in die Abstellkammer des Herzens gelegt, die Tür wird doppelt abgeschlossen und vielleicht wird sogar noch ein Türsteher engagiert, der aufpasst, dass sich niemand nähert, dass die Tür zubleibt und die Gefühle sich keinen Weg nach draußen bahnen. Die Folge ist zwangsläufig irgendwann ein Gefühl der »Gefühllosigkeit« oder der »inneren Leere«, weil man keinen Zugang mehr zu der Kammer hat, in der all die wertvollen, lebendigen Gefühle lagern. Natürlich hat das große Vorteile: Man ist viel weniger verletzlich, man zeigt weniger Schwäche, man funktioniert besser, lässt sich weniger verunsichern oder aus dem Konzept bringen, vielleicht ist man kurzfristig sogar leistungsstärker. Aber man zahlt irgendwann den hohen Preis, sich selbst nicht mehr als lebendig wahrzunehmen und weniger mit seiner Umwelt mitschwingen bzw. mitfühlen zu können. Beziehungen leiden darunter, man zieht sich zurück und wird zunehmend einsam.

Damit es nicht so weit kommt, schließen Sie die Tür zur Kammer Ihres Herzens nicht zu! Natürlich gibt es viele Situationen, in denen es gesund und angemessen ist, die eigenen Gefühle zurückzustellen und z.B. dem Verstand das Ruder zu überlassen oder einer anderen Person oder Aufgabe die Bühne zu überlassen. Aber Ihre Gefühle sollten immer wieder die Chance bekommen, herauszukommen, zu atmen und sich auszutoben. Gefühle brauchen frische Luft!

ANGSTSTÖRUNGEN

Es gibt viele verschiedene Formen von Angststörungen: Ängste vor ganz bestimmten Situationen oder Reizen, die man zu vermeiden versucht (Fahrstuhl, Höhe, Hunde, Spritzen, Menschenmengen, Bewertungs- oder Prüfungssituationen u.v.m., sogenannte Phobien), plötzliche, heftige Panikattacken mit Todesangst, die »wie ein Blitz vom heiteren Himmel« kommen (Panikstörung), und eine anhaltende quälende Sorge, was alles Schlimmes passieren könnte (generalisierte Angststörung), sind die häufigsten Varianten, an denen Menschen leiden. Bei all diesen Varianten haben Menschen eine ausgeprägte »Angst vor der Angst«. Sehr vereinfacht ausgedrückt fühlen sie sich also nicht direkt von einer Situation oder einem Reiz bedroht, sondern von dem schrecklich unangenehmen Gefühl, das sie in der Situation wahrscheinlich erleben werden. Das heißt, sie haben z.B. nicht die Sorge, dass der Fahrstuhl stecken bleiben könnte und sie dann über Tage darin gefangen bleiben, bis sie verdursten oder ersticken und man sie irgendwann nur noch tot bergen kann. Denn sie wissen: Fahrstühle bleiben selten stecken, und falls doch, gibt es einen Notruf, es gibt Techniker, die Feuerwehr usw. Das Steckenbleiben ist also nicht die größte Katastrophe im Kopf von Menschen mit einer solchen Phobie. Aber sie haben extreme Angst davor, im geschlossenen Fahrstuhl Angst und Herzklopfen zu bekommen, nicht mehr gut durchatmen zu können, schwindelig zu werden und Todesangst zu bekommen bzw. den Verstand zu verlieren. Und diese Angst vor der Angst fühlt sich so bedrohlich an, dass die bequemsten und unsportlichsten Menschen sogar noch mit einem Bänderriss fünf Stockwerke hoch Treppen steigen, wenn es sein muss.

Das Kernproblem bei Angststörungen ist also das ständige Streben danach, dem Angstgefühl auszuweichen und es zu vermeiden, was dazu führt, dass es immer mächtiger und bedrohlicher wird, bis es im schlimmsten Fall unser Leben völlig beherrscht.

ZWANGSSTÖRUNGEN

Zwänge sind sehr eng verwandt mit Ängsten und folgen einem ähnlichen Muster. Die wohl am weitesten verbreiteten Zwangsstörungen sind Kontrollzwang und Waschzwang. (Sie gehören zu den Zwangshandlungen und Zwangsgedanken.) Am Beispiel des Kontrollzwangs möchte ich kurz skizzieren, was das Wesen von Zwangsstörungen ist und was es mit unserem Thema zu tun hat. Menschen, die darunter leiden, fühlen sich z.B. innerlich gezwungen zu kontrollieren, ob Herd und Kaffeemaschine aus oder die Fenster und Türen zu sind, wenn sie die Wohnung verlassen. Sie schauen aber nicht einmal nach, so wie Sie und ich das vielleicht auch tun, sondern wiederholen diese Kontrolle, bis sie sich einigermaßen sicher fühlen und ein Gefühl der Entspannung einkehrt. Bei manchen Menschen stellt sich dieses Gefühl nach einer festgelegten Anzahl von Kontrollen ein (z.B. wenn sie exakt fünfmal den Herd an- und wieder ausgemacht haben, fünfmal die Klinke an der Tür heruntergedrückt haben usw.). Bei sehr schweren Ausprägungen kann es sein, dass die Betroffenen es gar nicht mehr aus ihrer Wohnung herausschaffen, weil sie nur noch mit Kontrollieren beschäftigt sind. Kaum haben sie z.B. die Kontrolle der Fenster beendet, sind sie wieder unsicher, ob der Herd tatsächlich aus ist, und müssen dies wieder kontrollieren.

Sie bekommen vielleicht schon eine Vorstellung davon, was Zwänge und Ängste miteinander zu tun haben: Die Zwangshandlungen sind angewöhnte, ritualisierte Handlungen, durch die der Betroffene versucht, seine Angst zu beruhigen. Jedem Zwang liegt eigentlich eine Angst zugrunde, und die hat sehr häufig damit zu tun, durch eigene Unaufmerksamkeit oder Versagen einen Schaden anzurichten (z.B. die Wohnung in Brand zu setzen, wenn der Herd anbleibt, oder jemanden mit einer schweren Krankheit zu infizieren, wenn man sich nicht gründlich die Hände wäscht). Auch Zwangsgedanken drehen sich übrigens sehr häufig darum, dass man jemanden beleidigen, verletzen oder ihm massiv schaden und auf diese Weise große Schuld auf sich laden könnte. Man könnte daher sagen: Ein zentrales Thema bei Zwangsstörungen ist eine Angst, sich schuldig zu machen. Diese Angst fühlt sich so quälend und belastend an, dass man versucht, ihr aus dem Weg zu gehen bzw. sie zu reduzieren, und man entwickelt Verhaltensgewohnheiten, die einem kurzfristig und für einen Moment das Gefühl geben, dass »alles gut« sei (z.B. Händewaschen, Kontrollieren usw.). Und dann greift das Muster, das Sie jetzt schon gut kennen: Das Nachlassen von Anspannung und Angst wird als sehr wohltuend erlebt und wirkt wie eine Belohnung für das Verhalten. Man fühlt sich darin bestätigt, dass man durch dieses Verhalten »alles im Griff« hat, und wendet es immer häufiger an, auch wenn man eigentlich weiß, dass es übertrieben und irrational ist. Die Gefühle von Schuld, Angst vor der Schuld und die Angst vor dieser Angst sind für die Betroffenen so unerträglich, dass sie einen extrem hohen Preis an selbstauferlegten Gesetzen und Einschränkungen zahlen, um ihnen nicht zu begegnen. Wer aber gelernt hat, mit Angst, Unsicherheit, eigenem Versagen und Schuldgefühlen umzugehen, steht deutlich weniger in der Gefahr, eine Zwangsstörung zu entwickeln.

ESSSTÖRUNGEN UND SÜCHTE

Natürlich sind auch hier wieder viele verschiedene Faktoren zu berücksichtigen und meine Darstellung an dieser Stelle kann nur sehr vereinfacht ausfallen. Gefühlsregulation ist tatsächlich ein äußerst wichtiges Thema bei allen Formen von Sucht, denn das Suchtverhalten bzw. der Konsum von Suchtmitteln (Alkohol, Nikotin, Tabletten, Drogen usw.) dient letztlich immer dem Ziel, unangenehme Gefühle zu betäuben oder Anspannungszustände zu lindern. Auch Essattacken im Rahmen einer Bulimie oder eine Binge-Eating-Störung werden als spannungslösend, Stress reduzierend oder tröstend empfunden. Eine Patientin mit Bulimie formulierte einmal, sie fühle sich während der Essattacken »irgendwie geborgen und aufgehoben«. Das Essen war eine schnelle und wirksame Ersatzbefriedigung für ein Bedürfnis, das eigentlich mit Bindung und Zugehörigkeit zu tun hatte. Viele von Ihnen kennen bestimmt sogenanntes »Frustessen«. Das ist im Prinzip nichts anderes, nur dass Menschen mit bestimmten Essstörungen die Kontrolle über ihr Essverhalten verloren haben und nicht mehr ohne Weiteres entscheiden können, mit ihrem Frust anders umzugehen als mit übermäßigem Essen.

Mit Alkohol-, Drogen-, Tabletten-, Spiel- oder Kaufsucht verhält es sich ganz ähnlich: Man versucht, einen unangenehmen Gefühlszustand zu beenden, erlebt ein bestimmtes Verhalten oder eine Substanz dabei als wirksam, und das wird im Gehirn als »Belohnung« und »wiederholenswert« abgespeichert – vergleichbar mit dem Aufschieben des Anrufs beim Zahnarzt. Zu einer guten und nachhaltigen Behandlung von Essstörungen und Süchten gehört also zwingend auch ein Training, in dem die Betroffenen lernen, unangenehme Gefühle wie Stress, Ärger, Traurigkeit, Angst usw. auszuhalten und gesund – ohne Suchtmittel – zu regulieren. Der Vollständigkeit halber sei erwähnt, dass bei Magersucht noch andere Dynamiken eine Rolle spielen. Hier geht es auch viel um Macht und Kontrolle, Leistung, Selbstbeherrschung oder Selbstbestrafung. Aber Gefühlsregulation und ein freundlicher, akzeptierender Umgang mit unangenehmen Gefühlen sind auch bei diesem Störungsbild etwas, was es zu entwickeln und zu erarbeiten gilt.

Mit diesem Ausflug in die Welt der psychischen und psychosomatischen Störungen konnte ich Ihnen hoffentlich deutlich machen, wie wesentlich der Umgang mit unseren Gefühlen ist. Es ist kein »Luxusproblem«, wenn wir Ärger, Angst und Traurigkeit aus unserem Leben zu verbannen versuchen, sondern es kann uns langfristig wirklich zum großen Verhängnis werden. Und deshalb lade ich Sie nun ein, zu entdecken, welche Strategien es gibt, um ehrlich und gesund mit diesen Gefühlen zu leben.

Gefühle annehmen statt loswerden

Bevor wir tief in dieses Kapitel einsteigen, habe ich eine Bitte an Sie: Machen Sie Ihren Kopf völlig frei von jeglichen alltäglichen Gedanken, damit Sie sich ganz auf die Inhalte einlassen können! Denken Sie z. B. jetzt nicht daran, was Sie zuletzt gegessen haben – egal, ob es Ihnen geschmeckt hat oder nicht. Das ist Vergangenheit und spielt nun keine Rolle mehr. Lassen Sie bitte auch keinen Gedanken zu, der irgendetwas mit dem Wetter zu tun hat, okay? Verbannen Sie jeden Gedanken zum Thema Wetter aus Ihrem Kopf, denn es ist viel zu banal, um auch nur einen Gedanken daran zu verschwenden. Und – ganz wichtig –: Bitte stellen Sie sich nicht vor, wie gerade im Moment ein rosafarbener Elefant in Ihrem Zimmer steht. Malen Sie sich auf keinen Fall aus, wie er durch seine Größe das ganze Zimmer einnimmt und wahrscheinlich die Zimmerdecke sprengt. Überlegen Sie sich bitte nicht, ob er vielleicht – je nach Temperatur – die Farbe wechseln und erst lila und dann blau werden könnte. Und denken Sie nicht darüber nach, welche Gegenstände im Raum er mit seinem Rüssel greifen oder herunterwerfen könnte.

Wenn Ihnen das gelingt, dann können Sie getrost weiterlesen. Wenn nicht, dann halten Sie noch einmal inne und werden Sie diese Gedanken an den rosa Elefanten, an das letzte Essen oder das Wetter ein für alle Male los. Hören Sie jetzt auf, daran zu denken! *Kein* rosa Elefant mehr!

Ich kann gut verstehen, wenn Sie langsam ärgerlich werden, weil Ihnen diese Aufgabe unsinnig, anstrengend und zugleich unmöglich erscheint. Und Sie haben damit vollkommen recht! Es ist nicht möglich, sich einen bestimmten Gedanken zu verbieten. Denn in dem Moment, wo Sie entscheiden und innerlich aussprechen, dass Sie *nicht* an den rosa Elefanten denken wollen, ist es schon geschehen und Sie tun es. Das »Rosa-Elefant-Problem« macht Ihnen im Alltag wahrscheinlich keine große Mühe. Aber das zugrunde liegende Prinzip, nämlich den Anspruch an sich selbst, etwas nicht zu denken, kennen Sie vermutlich recht gut. Und es würde mich nicht wundern, wenn Sie es schon oft als genauso unmöglich und anstrengend empfunden hätten wie dieses kleine Elefanten-Experiment.

Aber warum haben Sie eigentlich normalerweise kein Problem mit Gedanken an rosa Elefanten? Ganz einfach: weil Sie mit anderen Themen beschäftigt sind, die wichtiger und sinnvoller sind! Was könnten Sie also tun, wenn Sie partout nicht an den Elefanten denken wollten? Sie könnten versuchen, sich zu erinnern, wie Ihre beste Freundin in der Grundschule hieß. Sie könnten überlegen, wann Ihr Auto zum TÜV muss oder was Sie diese Woche noch einkaufen wollen. All diese Gedanken halten Sie wahrscheinlich ziemlich effektiv davon ab, an einen rosa Elefanten zu denken.

Mit unseren Gedanken ist es wie mit einem großen Scheinwerfer, der keinen »On/Off«-Schalter und auch keinen Netzstecker hat. Wir können ihn nicht ausschalten – er ist dauerhaft in Betrieb und strahlt. Stellen Sie sich vor, Sie haben einen solchen Scheinwerfer in Ihrem Wohnzimmer stehen und er leuchtet rund um die Uhr Ihr Sofa an. Irgendwann sind Sie es leid, können ihn aber nicht abschalten. Was tun Sie? Sie richten den Scheinwerfer auf etwas anderes. Sie schwenken die Lichtquelle herum und beleuchten nun einen anderen Ort im Zimmer, den Sie schöner oder interessanter finden oder der Sie schlichtweg weniger stört. Irgendetwas muss der Scheinwerfer beleuchten, und wenn es nicht das Sofa sein soll, dann suchen Sie sich etwas anderes aus.

Im Prinzip funktioniert das genauso mit unseren Gedanken. Wir können sie nicht ausschalten und es ist hoffnungslos, mit Anstrengung etwas *nicht* denken zu wollen. Aber wir können sehr wohl entscheiden, was wir gedanklich »beleuchten« und worauf wir unseren Fokus richten. Um das eine Thema gedanklich loszulassen, müssen wir uns für ein anderes entscheiden.

Ich möchte den Anwendungsbereich dieser Scheinwerfer-Metapher noch etwas ausweiten, denn wir befassen uns in diesem Buch ja nicht in erster Linie mit Gedanken, sondern mit Gefühlen und mit der Frage, wie wir gut mit ihnen umgehen können. Nehmen wir den »Scheinwerfer« also nun als Bild für unsere Aufmerksamkeit. In dem Moment, wo wir versuchen, unangenehme Gefühle zu unterdrücken, gegen sie anzukämpfen oder sie zu vermeiden, haben sie zwangsläufig unsere Aufmerksamkeit. Indem wir versuchen, sie loszuwerden, befassen wir uns mit ihnen, richten den Scheinwerfer unserer Aufmerksamkeit auf sie und erreichen damit genau das Gegenteil von dem, was wir eigentlich wollten.

Am Anfang meiner beruflichen Tätigkeit, kurz nach dem Studium, habe ich von einer jungen Angstpatientin etwas sehr Wichtiges zu genau diesem Thema gelernt. Sie litt unter heftigen Panikattacken, die plötzlich und unvermittelt auftraten, besonders häufig aber in Situationen, aus denen sie nicht ohne Weiteres fliehen konnte (aus Menschenmengen, Zügen, Bussen usw.). Um ihrer Angst möglichst nicht zu begegnen, hatte sie schon diverse Vermeidungsstrategien entwickelt, sich sehr zurückgezogen und ihr Leben stark eingeschränkt. Eines Tages kam sie mit einer neuen und für sie überraschenden Erkenntnis in die Therapiesitzung: »Ich habe jetzt verstanden, wie meine Angst tickt. Sie ist eigentlich wie eine lästige Freundin, die sich an mich klettet und mich nicht in Ruhe lassen will. Und je mehr ich versuche, sie loszuwerden, desto penetranter wird sie und hängt sich immer noch mehr an mich dran.«

Mit diesen einfachen Worten hat die junge Frau genau auf den Punkt gebracht, welche Dynamik bei Angst am Werk ist und warum Angstvermeidung nicht wirklich funktioniert. Und sie lieferte die Lösung für dieses Dilemma direkt mit: »Jetzt habe ich beschlossen, ich lasse die Angst einfach da sein und versuche nicht mehr, sie loszuwerden. Ich sage jetzt immer: ›Hallo Angst, da bist du ja schon wieder. Von mir aus setz dich hin, du kannst auch gerne etwas erzählen, aber ich werde mich nicht um dich kümmern. Ich habe nämlich keine Lust auf dich und habe auch etwas Besseres zu tun, als mich mit dir zu beschäftigen.‹«

Mit dieser Haltung schaffte die junge Frau es, mit dem Zug durch halb Deutschland zu fahren und eine große Kreativmesse zu besuchen, für die sie sich immer schon interessiert hatte! Nicht angstfrei – ihre Angst fuhr mit ihr. Aber sie akzeptierte, dass die »lästige Freundin« mitkam, neben ihr im Zug saß und mit ihr über die Messe schlenderte. Dadurch war die Angst viel ruhiger und unauffälliger als zuvor, als sie sich in einen Kampf mit ihr begeben hatte. Im Bild des Scheinwerfers gesprochen hatte es die junge Frau verstanden, den Lichtkegel ihrer Aufmerksamkeit von der Angst weg und hin auf ihr Vorhaben – den Messebesuch – zu lenken. Sie hatte aufgehört, keine Angst mehr haben zu wollen, die Angst ausschalten zu wollen oder sich anzustrengen, damit sie verschwindet. Stattdessen gab es vieles, was ihr wichtiger war (»Ich habe etwas Besseres zu tun«), und sie richtete den Fokus ihrer Energie, ihres Tuns und ihrer Wahrnehmung *darauf*.

Es hat mich damals tief beeindruckt, wie die junge Frau von selbst das Wesen ihrer Angst verstanden und ganz intuitiv einen Umgang mit ihr gefunden hatte, durch den ihr Leben plötzlich viel freier und unbeschwerter wurde. Und ohne dass ich damals viel therapeutische Erfahrung hatte, wusste ich schon: »Das mit der lästigen Freundin muss ich mir merken!«

»ACT« – der Ansatz der Akzeptanz- und Commitment-Therapie

2020 habe ich an einer hoch spannenden Fortbildung teilgenommen und fühlte mich durch die vorgestellten therapeutischen Ansätze und Übungen plötzlich an die junge Patientin und an ihre »lästige Freundin« erinnert. Und ich lernte, dass das, was sie intuitiv als Lösungsstrategie für sich gefunden hatte, ein zentraler Bestandteil eines umfangreichen und wissenschaftlich gut fundierten Therapiekonzepts ist: der Akzeptanz- und Commitment-Therapie[22]. *Akzeptanz* meint hier eine Haltung, in der wir unseren Gedanken, Gefühlen, Körperempfindungen usw. aufgeschlossen und ohne Bewertung begegnen. *Commitment* hat mit Engagement und Verbindlichkeit zu tun und ist eine Verpflichtung, die wir freiwillig eingehen. Die Akzeptanz- und Commitment-Therapie hat eine sehr komplexe wissenschaftliche Basis und verbindet unterschiedlichste Konzepte und Erkenntnisse miteinander (moderne Verhaltenstherapie, Achtsamkeit sowie Neurologie und Linguistik). Darauf einzugehen, würde hier nicht nur den Rahmen sprengen, sondern auch mein eigentliches Anliegen mit diesem Buch verfehlen. Ich möchte Ihnen aber einige Kernideen und praktische Impulse daraus weitergeben, weil ich sie im Zusammenhang mit der Frage »Wie kann ich gesund mit meinen Gefühlen umgehen?« sehr hilfreich finde – nicht nur als Therapeutin, sondern auch ganz persönlich.

Die Akzeptanz- und Commitment-Therapie (kurz: ACT) möchte Menschen helfen, mit belastenden Situationen oder schmerzhaften Gedanken und Gefühlen so umzugehen, dass sie nicht unter ihnen leiden. Sie sollen vielmehr lernen, auch *mit* solchen schwierigen oder schmerzhaften Erlebnissen ihr Leben aktiv zu gestalten – sinnerfüllt und im Einklang mit ihren Werten. Ein zentraler Ansatz dabei ist die Unterscheidung zwischen »sauberem« und »schmutzigem« Leid. »Sauberes« Leid meint das Leid, welches das Leben unmittelbar und ganz natürlich mit sich bringt, ausgelöst durch Krankheit, Schmerzen, Verluste, Trauer, Angst, Schicksalsschläge, Ungerechtigkeit, Einsamkeit, negative Gedanken usw. »Schmutziges« Leid hingegen entsteht da, wo wir versuchen, unangenehmen Erfahrungen auszuweichen, sie zu vermeiden, zu bekämpfen oder zu verdrängen. Wir sind sehr kreativ im Erfinden von Strategien, um unangenehme innere Erlebnisse zu vermeiden: Wir lenken uns ab, betäuben uns, ziehen uns zurück, argumentieren, kontrollieren und wollen uns »im Griff« haben. Diese Strategien greifen aber, wenn überhaupt, nur kurzfristig, kosten viel Anstrengung und binden daher sehr viel von unserer Energie. Außerdem nehmen wir langfristig Einschränkungen in Kauf, die uns viel mehr belasten als die ursprüngliche Erfahrung. Vor allem hindern sie uns daran, unser Leben so zu gestalten, dass wir es als erfüllt, reich und lebenswert wahrnehmen.

Denken wir z. B. einmal an ein Paar mit unerfülltem Kinderwunsch. Das ist ohne Frage für viele Paare ein sehr schmerzhaftes und leidvolles Thema, das mir auch in der psychotherapeutischen Praxis immer wieder begegnet. Die Sehnsucht nach einer eigenen Familie und einem eigenen, leiblichen Kind kann sehr quälend werden, vor allem, weil man es selbst so wenig bzw. gar nicht in der Hand hat, ob die Sehnsucht jemals gestillt wird. Wir haben es in diesem Fall also mit einer Form von »sauberem Leid« zu tun, das manche Menschen hart trifft, während andere damit nie in Berührung kommen. Es ist viel Traurigkeit im Spiel und oftmals auch Ärger über die Ungerechtigkeit, dass manche Frauen schneller schwanger werden, als ihnen lieb ist, und man selbst keine Chance bekommt, Eltern zu werden. Dazu mischen sich oft Gefühle von Hilflosigkeit, Minderwertigkeit, Sinnlosigkeit, Einsamkeit usw. – viel sauberes Leid also, mit dem die Paare umgehen müssen.

Um diesem Leid nicht immer wieder begegnen zu müssen, finden sie dann Mittel und Wege, dem Schmerz auszuweichen. Sie gehen z. B. nicht mehr sonntags im Park spazieren, weil sie da all die »heilen Familien« sehen: Väter, die mit ihren Söhnen Fußball spielen, Mütter, die verliebt in ihren Kinderwagen schauen und ihr Baby anstrahlen. Die nächste Einladung zum Abendessen bei Freunden wird abgesagt, weil ein anderes Pärchen auch kommen wird, das in wenigen Wochen Nachwuchs erwartet, und man sich deren Ausführungen über das neu eingerichtete Kinderzimmer nicht antun will. Am Muttertag geht man auf keinen Fall in den Gottesdienst, weil der Pastor wieder die Mütter und den Wert von Familie hervorheben wird. Familienkomödien schaut man sich nicht mehr an, und wenn die Freundin völlig fertig von ihren schlaflosen Nächten und der Mittelohrentzündung ihres Nachwuchses erzählt, ertappt man sich bei dem Gedanken: »Deine Probleme möchte ich haben! Sei doch froh! Du *hast* wenigstens ein Kind, das dir den Schlaf rauben kann!« Natürlich spricht man diese Gedanken nicht aus, sondern macht eine Faust in der Tasche, lässt das Gespräch »hier rein-, da raus-«ziehen und geht innerlich auf Distanz. Bekommen Sie langsam eine Ahnung davon, was »schmutziges Leid« ist? Dieses fiktive Paar, dessen Leben ich mir hier ausgedacht habe, zieht sich immer mehr zurück, vermeidet schöne Aktivitäten wie Spaziergänge, geht auf Abstand zu seinen Freunden und zur Gemeinde und ist permanent damit beschäftigt, seinem Schmerz des unerfüllten Kinderwunsches auszuweichen. Dabei weicht es ihm eigentlich nicht wirksam aus, sondern kreist die ganze Zeit darum, indem es versucht, ihn nicht zu spüren (Sie erinnern sich an den rosa Elefanten?). Ich prophezeie diesem Paar langfristig ein sehr unglückliches und von Bitterkeit geprägtes Leben. Aber nicht, weil es keine eigenen Kinder haben kann, sondern weil es sich selbst so vieler schöner Dinge beraubt hat, die seinem Leben eigentlich Freude, Qualität, Sinn und Ziel geben könnten.

Wie kann es nun gelingen, ein erfülltes Leben zu führen, wenn das Dasein auf dieser Welt uns doch manchmal eine gehörige Portion Schmerz und Leid zumutet? Die Akzeptanz- und Commitment-Therapie (ACT) beinhaltet sechs Kernprinzipien, die uns dazu verhelfen, weil wir durch sie »psychische Flexibilität« erreichen. Sie sind nicht hierarchisch angeordnet, sondern stehen gleichwertig nebeneinander. Genau genommen handelt es sich um *Fertigkeiten*, die in der ACT gefördert werden sollen, die man sich aber auch gut selbst aneignen und einüben kann, um psychisch flexibel zu werden.

Die folgende Grafik des sogenannten »Hexaflex« zeigt, wie alle sechs Fertigkeiten miteinander in Beziehung stehen. Im therapeutischen Prozess gibt es keine Reihenfolge, nach der man sich den einzelnen Bereichen zuwendet. Der Grundsatz der Flexibilität kommt hier auch dadurch zum Ausdruck, dass man je nach Situation oder Fragestellung die eine oder die andere Fähigkeit in den Fokus rückt.

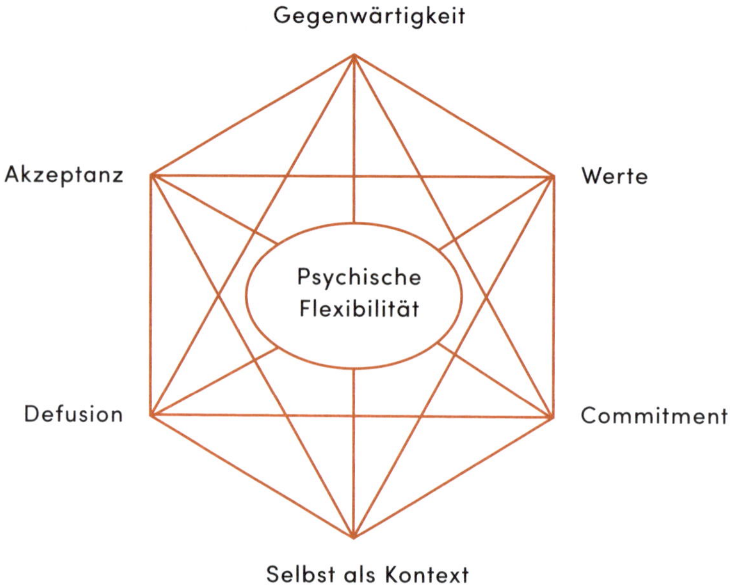

ABBILDUNG 3: DAS »HEXAFLEX« DER AKZEPTANZ- UND COMMITMENT-THERAPIE[23]

Der britische Psychotherapeut Russ Harris lehrt in Seminaren weltweit die Akzeptanz- und Commitment-Therapie und hat ein Selbsthilfebuch geschrieben (»Wer dem Glück hinterherrennt, läuft daran vorbei«[24]), das die Kernideen dieses Therapieansatzes lebensnah und leicht verständlich vermittelt. Er wählt statt »Commitment« den Begriff »engagiertes Handeln«, und »Selbst als Kontext« ersetzt er durch »Selbst als Beobachter«, was dem besseren Verständnis dient und inhaltlich nichts verändert. Ich übernehme von nun an die Ausdrucksweise von Harris, weil ich sie als etwas eingängiger und griffiger empfinde.

Wenn ich jetzt die sechs Fertigkeiten der Akzeptanz- und Commitment-Therapie vorstelle, erlaube ich mir, diese um die Perspektive des Glaubens und der Gottesbeziehung zu erweitern, die Steven Hayes in seinem Ansatz nicht einbezieht.

GEGENWÄRTIGKEIT

Diese Fertigkeit ist Ihnen vielleicht auch unter dem Begriff »Achtsamkeit« geläufig, der derzeit in aller Munde ist. Gemeint ist damit Folgendes: Wir beleuchten mit dem Scheinwerfer unserer Aufmerksamkeit den aktuellen Augenblick und das, was wir gerade erleben. Wir belassen das Vergangene in der Vergangenheit und das Kommende in der Zukunft. Wir verzichten auf sehnsuchtsvolle Rückblenden oder angstvolle Zukunftsvisionen und erleben mit allen Sinnen das Jetzt und Hier. Wir sind ganz fokussiert und intensiv in Kontakt mit uns, unserem Erleben und Tun im gegenwärtigen Augenblick.

Ich habe in den letzten Jahren für mich herausgefunden, dass es zwei Arten des Urlaubs gibt, die mir maximale Erholung bringen: Fotoreisen und Wander- bzw. Kletterreisen. Denn beiden gemeinsam ist die Notwendigkeit, vollkommen und mit allen Sinnen im Hier und Jetzt zu sein. Wenn ich mich in der Natur mit meiner Kamera auf die Suche nach Schönheit auf den Weg mache, dann bin ich ganz und gar von dem eingenommen, was mich umgibt. Dann habe ich nur noch Augen für Farben, Formen, Licht, Schatten, Perspektiven und Geschichten, die die Schöpfung mir erzählt. Ich bin auf solchen Reisen oft in der Gruppe unterwegs und habe schon manches Mal versucht, mich beim Fotografieren mit den anderen Teilnehmerinnen oder Teilnehmern zu unterhalten. Wir haben die Gespräche immer automatisch nach wenigen Sätzen abgebrochen, weil die Motive unsere uneingeschränkte Aufmerksamkeit gefordert haben. Auch verlieren wir immer jedes Zeitgefühl und es ist völlig unmöglich, über irgendetwas nachzudenken, was außerhalb des »Hier und Jetzt« liegt.

Genauso geht es mir beim Klettern oder bei anspruchsvollen Wanderungen. Wenn ich den nächsten Griff für meine Hand oder einen festen Stein für meinen nächsten Schritt suche, dann bin ich vollkommen fokussiert auf diese eine Handlung. Ich habe alle Sinne angeschaltet, um den besten Weg zu finden und sicher ans Ziel zu kommen. Noch nie habe ich im Klettersteig darüber nachgedacht, was ich morgen noch erledigen muss oder ob Person XY meine Äußerung gestern wohl in den falschen Hals bekommen hat. Und wenn tatsächlich einmal ein solcher Gedanke kurz angeflogen kam, dann wurde ich durch einen kleinen Fehltritt oder einen Wackler sofort ermahnt, ihn wieder ziehen zu lassen und wieder zu 100 Prozent »da« zu sein.

Diese notwendige und ganz automatische Gegenwärtigkeit führt meist dazu, dass ich schon am ersten Tag des Urlaubs alle Alltagsthemen vergesse und nach zwei Wochen das Gefühl habe, mindestens einen Monat weg gewesen zu sein.

Wenn wir in die Bibel schauen, dann sehen wir wieder einmal, dass Gegenwärtigkeit kein neues Konzept ist, das etwa der Schnelllebigkeit unserer Zeit geschuldet wäre. Im Buch Jesaja (verfasst im 8. Jahrhundert vor Christus) lesen wir: »Denkt nicht an das Frühere, und auf das Vergangene achtet nicht! Siehe, ich wirke Neues! Jetzt sprosst es auf. Erkennt ihr es nicht?« (Jesaja 43,18.19a). Und Jesus spricht in seiner Bergpredigt ausführlich davon, dass Gott uns versorgt, ebenso, wie er auch die Tiere und Pflanzen versorgt. Er ermutigt uns, uns an diesen ein Beispiel zu nehmen und uns nicht zu sorgen, was wir morgen essen, trinken oder anziehen können. Und er schließt mit den Worten: »So seid nun nicht besorgt um den morgigen Tag! Denn der morgige Tag wird für sich selbst sorgen. Jeder Tag hat an seinem Übel genug« (Matthäus 6,34).

Natürlich ist damit nicht gemeint, dass wir nicht mehr planen dürfen, keine Vorsorgemaßnahmen treffen oder uns keine Ziele für die Zukunft stecken dürfen. Das wäre ja geradezu absurd! Aber beim Sorgen ist doch entscheidend, ob ich *für* etwas sorge (z. B. für einen reibungslosen Ablauf eines Projekts, für meine Gesundheit, indem ich Vorsorge-Untersuchungen wahrnehme, oder für meine finanzielle Absicherung im Alter usw.) oder ob ich mich *um* etwas sorge (»Wie wird das nur werden? Was, wenn …?«). Die erste Art von Sorge ist konstruktiv: Ich nehme etwas im Hier und Jetzt in die Hand, um die Zukunft zu gestalten. Die zweite Sorge kostet mich nur Energie und ist fruchtlos. Denn die Frage, wie sich etwas entwickeln wird und womit es noch weiter bergab gehen könnte, kann ich erstens nicht beantworten und sie nimmt mir zweitens auch nur den Mut für die Zukunft. Selbst bei der aktiven Art der *Vor-* oder *Für*sorge sollte ich die Zukunft auch immer wieder loslassen und mich darauf besinnen: »Jetzt ist jetzt!« Und dieser Augenblick jetzt gerade ist der einzige, den ich wirklich in der Hand habe.

Wenn ich einen Urlaub sehr genieße, passiert es mir manchmal, dass ich abends im Bett denke: »Nur noch zwei Tage, dann ist schon die Hälfte vorbei. Und die zweite Hälfte geht gefühlt sowieso immer schneller vorbei als die erste. Ehe ich mich versehe, ist schon der letzte Abend, dann fahren wir nach Hause und am nächsten Tag geht der Alltag wieder los.« Ich muss mich dann regelrecht zur Räson rufen und ermahnen: »STOPP!!! Was machst du da?! Heute ist Montag! Du hast noch so viele Tage vor dir! Genieße sie doch und koste sie aus, statt innerlich schon abzureisen!« Auch das ist ein wichtiges Anwendungsfeld für Gegenwärtigkeit: das, was gerade da ist, mit allen Sinnen auszukosten, statt darüber nachzudenken, wie es sein wird, wenn es nicht mehr da ist.

DAS BEOBACHTENDE ICH

Diese Fertigkeit ist uns wenig vertraut, birgt aber auch ein großes positives Potenzial. Es geht darum, in eine Beobachterrolle in Bezug auf unser eigenes Erleben zu schlüpfen und aufmerksam zu beobachten, was in uns und mit uns passiert, ohne es zu bewerten.

Der Schlüssel, der zugegebenermaßen nicht ganz einfach zu finden ist, liegt darin, zu verstehen, dass wir ein denkendes Ich und ein beobachtendes Ich haben. Das denkende Ich plant, kritisiert, beurteilt, analysiert, vergleicht, denkt nach, stellt sich Dinge vor, fantasiert usw. Das beobachtende Ich existiert schon seit dem ersten Tag unseres Lebens und nimmt Dinge wahr: Es fokussiert, schenkt Aufmerksamkeit und nimmt Eindrücke auf. Es produziert selbst keine Gedanken oder Gefühle, aber es nimmt sie wahr. Sprachlich kommt das zum Ausdruck, wenn wir sagen: »Ich habe das Gefühl …«, oder: »Ich habe den Gedanken …«, oder auch: »Ich mache mir Sorgen.« Wir sagen nicht: »Ich *bin* Angst«, sondern: »Ich *habe* Angst.« Wenn ich Ihnen die Aufgabe geben würde, fünf Minuten lang alles aufzuschreiben, was Ihnen durch den Kopf geht[25] – jeden Gedanken, egal, ob vollständig oder unvollständig –, dann würde Ihr denkendes Ich viele Gedanken produzieren (z. B. »Was für eine interessante Idee. Ich bin mal gespannt, wohin das führt«). Während das passiert, würden Sie aber gleichzeitig diese Gedanken registrieren, abwägen, ob Sie sie notieren wollen, und dann möglicherweise aufschreiben. Der Anteil von Ihnen, der diese Aufgabe übernimmt, wird von Harris als beobachtendes Ich bezeichnet.

Vielleicht haben Sie schon einmal erlebt, dass Sie in einer Situation gut funktioniert und z. B. eine Herausforderung gemeistert haben, aber nachher den Eindruck hatten: »Ich war irgendwie nicht ganz da.« Dann war Ihr denkendes Ich vermutlich sehr aktiv, das beobachtende Ich aber abgelenkt. Oder Sie haben die umgekehrte Erfahrung gemacht: Sie haben eine Situation als sehr intensiv empfunden und waren »voll und ganz da«, ohne aber irgendeinen greifbaren Gedanken zu haben (z. B. beim Bestaunen eines herrlichen Sonnenuntergangs). Meist hält so ein Erleben nur wenige Augenblicke an, bis sich das denkende Ich einschaltet und die Szene beschreibt, analysiert (»Was für ein spektakulärer Farbverlauf zwischen Pink und Orange in den Wolken«) oder vergleicht (»Fast wie auf einem kitschigen Kalenderblatt«).

Bitte zweifeln Sie jetzt nicht an sich, wenn es Ihnen schwerfällt, den Unterschied zwischen denkendem und beobachtendem Ich zu verstehen. Russ Harris schreibt, dass »die meisten Menschen in der westlichen Welt nur wenig oder gar keine Ahnung vom beobachtenden Ich« haben.[26]

Spannend finde ich jedoch, dass wir in einigen Psalmen der Bibel Formulierungen finden, die darauf hindeuten, dass der Psalmbeter eine Ahnung von diesem Unterschied hatte. So heißt es z. B.: »Was betrübst du dich, meine Seele, und bist so unruhig in mir? Harre auf Gott; denn ich werde ihm noch danken, dass er mir hilft mit seinem Angesicht« (Psalm 42,5; LUT). Der Beter spricht zu seiner unruhigen Seele und ist überzeugt, irgendwann Gott danken zu können. Das bedeutet, dass dieser Anteil seines Ichs, der zuversichtlich ist und Trost gibt, nicht derselbe ist wie der, der unruhig und betrübt ist. In einem anderen Psalm lesen wir: »Nur auf Gott vertraue still meine Seele, denn von ihm kommt meine Hoffnung« (Psalm 62,6). »Ich« und »meine Seele« werden auch hier wieder unterschieden. Und in einem meiner Lieblingspsalmen betet David:

> Lobe den HERRN, meine Seele, und was in mir ist, seinen heiligen Namen! Lobe den HERRN, meine Seele, und vergiss nicht, was er dir Gutes getan hat: der dir alle deine Sünde vergibt und heilet alle deine Gebrechen, der dein Leben vom Verderben erlöst, der dich krönet mit Gnade und Barmherzigkeit, der deinen Mund fröhlich macht und du wieder jung wirst wie ein Adler.
>
> PSALM 103,1-5 (LUT)

Ohne hier genau zuteilen zu können, wer in diesen Versen das denkende und wer das beobachtende Ich ist, finde ich doch bemerkenswert, dass es immer wieder ein Ich gibt, dass mit der »Seele« in einen Dialog tritt und sie anspricht.

AKZEPTANZ

Diese Fertigkeit meint mehr, als hinzunehmen, was nicht zu ändern ist. Wir nehmen unangenehme Gefühle wahr und wenden uns ihnen aufgeschlossen und wertschätzend zu. Wir erkennen an, dass Gott uns als fühlende Wesen geschaffen hat und dass auch unangenehme Gefühle zu unserem Menschsein und zu unserem Leben gehören. In dem Wissen, dass Gefühle Botschaften mitbringen und wertvolle Ratgeber sein können, geben wir ihnen Raum, statt sie zu betäuben, zu unterdrücken oder verbal »totzuschlagen«. Wir sind bereit, uns mit ihnen zu befassen.

Im Gegensatz dazu tendieren wir normalerweise dazu, unangenehme Gefühle zu vermeiden. Wir wollen nicht weinen, nicht klagen und schon gar nicht hassen! Dabei ist die Akzeptanz all dessen kein besonders fortschrittlicher oder moderner psychotherapeutischer Gedanke. Schon im dritten Jahrhundert vor Christus schreibt der Verfasser des biblischen Buches Prediger bzw. Kohelet: »Und für jedes Vorhaben unter dem Himmel gibt es eine Zeit: … Zeit fürs Weinen und Zeit fürs Lachen, Zeit fürs Klagen und Zeit fürs Tanzen … Zeit fürs Lieben und Zeit fürs Hassen, Zeit für Krieg und Zeit für Frieden« (Prediger 3,1.4.8). Das bedeutet: All das darf grundsätzlich sein und darf Raum haben. Und all das geht auch wieder vorüber. Wir brauchen keine Angst davor zu haben und uns nicht davor zu schützen. Es darf kommen und auch wieder gehen.

Ich habe schon vom Tod meiner Großmutter erzählt und von dem unbeholfenen Versuch einer Bekannten, mich mit den Worten »Sei nicht traurig« zu trösten. In dieser Zeit war es mir ein sehr großer Trost zu lesen, wie Jesus mit der Trauer seiner Jünger umgeht. Als er sich kurz vor seiner Kreuzigung von seinen engsten Freunden und Wegbegleitern verabschiedet, sagt er:

> Wahrlich, wahrlich, ich sage euch, dass ihr weinen und wehklagen werdet, aber die Welt wird sich freuen; ihr werdet traurig sein, aber eure Traurigkeit wird zur Freude werden. Die Frau hat Traurigkeit, wenn sie gebiert, weil ihre Stunde gekommen ist; wenn sie aber das Kind geboren hat, gedenkt sie nicht mehr der Bedrängnis um der Freude willen, dass ein Mensch in die Welt geboren ist. Auch ihr nun habt jetzt zwar Traurigkeit; aber ich werde euch wiedersehen, und euer Herz wird sich freuen, und eure Freude nimmt niemand von euch.
>
> JOHANNES 16,20-22

Wie wohltuend und entlastend, dass Jesus den Jüngern ihre Gefühle nicht abspricht oder zu nehmen versucht. Er hätte – so, wie wir oft reagieren – auch sagen können: »Seid nicht traurig, denn ich will euch wiedersehen und euer Herz soll sich freuen!« Aber nein, er bestätigt erst einmal die Gefühle von Angst und Traurigkeit. Ja, er sagt sie sogar voraus (»dass ihr weinen und wehklagen werdet«, Vers 20) und gibt ihnen damit schon im Vorhinein Raum und Berechtigung. Er nimmt das Gefühl seiner Jünger wahr und ernst und spiegelt es: »Auch ihr nun habt jetzt … Traurigkeit« (Vers 22). In der Psychotherapieausbildung wird solch eine Äußerung als besonders wertvolle und vertrauensstiftende Intervention gelehrt. Jesus macht sie ganz intuitiv, weil er voller Liebe und Verständnis ist. Er akzeptiert und würdigt die Trauer seiner Freunde. Fast im selben Atemzug zeigt er dann auch auf, dass die Gefühle sich wieder ändern werden: »Eure Traurigkeit wird zur Freude werden … Euer Herz wird sich freuen, und eure Freude nimmt niemand von euch« (Verse 20 und 22). Die Formulierung drückt aus, dass das etwas ist, was ganz natürlich geschehen wird. Wir lesen nichts von einer Aufforderung oder einer Empfehlung wie »Verwandelt eure Traurigkeit in Freude« oder dergleichen. Nein, es wird passieren, ohne dass sich jemand darum bemühen, sich »zusammenreißen« oder seine Gefühle umstrukturieren muss.

Akzeptanz wird vom Begründer der Akzeptanz- und Commitment-Therapie auch mit *Bereitschaft* gleichgesetzt: *Bereitschaft*, unangenehme Gefühle oder Schmerzen zu empfinden, unangenehme Gedanken zu denken und Leid als Teil unseres Lebens anzunehmen. Mir gefällt an diesem Wort besonders gut, dass es keinen Schlusspunkt, sondern einen Doppelpunkt ausdrückt. *Akzeptanz* kann leicht mit Resignation und Stillstand verwechselt werden, so wie ein achselzuckendes, müdes »Da kann man nichts machen. Ist halt so«. Wenn ich jedoch *bereit* bin, dann bin ich bereit *für* etwas, was kommt. *Bereitschaft* bringt vom Begriff her also schon eine gewisse positive Spannung und Erwartung mit, etwas Dynamisches. Und so ist es ja auch gedacht: Ich akzeptiere schwierige Gefühle, Gedanken und Erfahrungen, *damit* ich meine Aufmerksamkeit und

Energie wieder frei zur Verfügung habe für das, was mir wirklich wichtig und *wert-voll ist.*

DEFUSION/ENTSCHÄRFUNG

Ich muss sagen, dass diese zu meinen Favoriten unter den sechs ACT-Fertigkeiten gehört. Vielleicht, weil sie so schön sachlich ist und ich Sachlichkeit und Logik mag. Vielleicht aber auch, weil sie vergleichsweise leicht umzusetzen und anzuwenden ist und man sehr schnell einen Effekt erlebt. Dem Prinzip liegt die Annahme zugrunde, dass seelisches Leid unter anderem dadurch entsteht, dass wir mit destruktiven, negativen oder schmerzvollen Gedanken »fusioniert«, d.h. regelrecht »verschmolzen« sind. Wir nehmen sie mit einer solchen Selbstverständlichkeit als Wahrheit an, dass wir uns gar nicht dessen bewusst sind, aber unser Handeln daran ausrichten. Wir sind gewissermaßen eins mit unseren Gedanken und Gefühlen und erleben uns deshalb teilweise auch nicht mehr als handlungsfähig.

Defusion bedeutet nun – sehr verkürzt –, dass wir die Verschmelzung mit unseren Gedanken aufheben und sie wieder auf das reduzieren, was sie tatsächlich sind: Sätze, Worte, Aneinanderreihungen von Buchstaben, Ergebnisse von kreativen Prozessen in unserem Gehirn. Wir haben verschiedenste Gedanken, aber diese Gedanken müssen uns weder im Griff haben noch unser Handeln bestimmen oder uns emotional belasten. Damit Sie eine Vorstellung davon bekommen, wie Defusion (was ja sehr technisch und abstrakt klingt) funktioniert, hier ein Beispiel: Vielleicht ist auch Ihnen der Gedanke »Ich kann das nicht« vertraut. Wenn Sie mit diesem Gedanken fusioniert sind, dann ist es Ihre automatische und tiefe Überzeugung, im Zweifelsfall etwas nicht zu können. Sie werden sich dann scheuen, Neues auszuprobieren, Herausforderungen anzunehmen oder

Lösungen für Probleme zu suchen. Im Gegensatz zu manchen anderen Ansätzen, die Ihnen vielleicht raten würden, sich vor den Spiegel zu stellen und zu sagen: »Ich kann das!«, oder sich einen Bibelvers zur Ermutigung immer wieder aufzusagen (z.B. »Alles vermag ich in dem, der mich kräftigt«, Philipper 4,13), brauchen Sie nach dem Prinzip der Defusion den Gedanken überhaupt nicht inhaltlich zu diskutieren oder zu verändern. Sie benennen ihn lediglich als das, was er ist, und sagen sich: »Ich habe jetzt gerade den Gedanken, dass ich das nicht kann«, oder: »Ich denke jetzt gerade, dass ich das nicht kann.« Merken Sie, wie der Aussage dadurch die Schärfe genommen wird? Durch die Einordnung und Benennung als Gedanke machen wir uns bewusst, dass die Aussage, die uns gerade durch den Kopf geht, nur ein Gedanke ist und keine unumstößliche Wahrheit. Es könnte tatsächlich auch ganz anders sein.

Wie würde es bei Ihnen ankommen, wenn sich Ihnen jemand vorstellen würde mit den Worten »Hallo, ich heiße Max, ich bin 43 Jahre alt und ich bin unfähig«? Sie würden stutzen und sich sehr wundern. Nicht nur, weil Max seine Minderwertigkeitskomplexe mit Ihnen teilt, sondern auch, weil er seine »Unfähigkeit« sprachlich genauso als Tatsache hinstellt wie seinen Namen und sein Alter. Dabei handelt es sich doch um zwei Tatsachen und eine subjektive Überzeugung bzw. einen Gedanken. Umgekehrt wäre es ebenso seltsam, wenn Max sagen würde: »Hallo, ich denke, dass ich Max heiße, 43 Jahre alt und unfähig bin.« Sie würden sich oder ihn fragen, warum er nur *denkt*, dass er Max heißt und 43 ist. Stimmt das denn nicht? Die Formulierung »Ich denke …« beinhaltet, dass die Sache tatsächlich auch ganz anders liegen kann. Stimmig wäre in unserem – zugegeben sehr konstruierten – Beispiel also die Aussage: »Hallo, ich bin Max, bin 43 Jahre alt und denke, dass ich unfähig bin.« In einer Gruppentherapiesitzung oder einer

Selbsthilfegruppe würde man sich über solch eine Äußerung gar nicht besonders wundern.

Zurück zu unserem Beispiel mit dem Gedanken »Ich kann das nicht«. Wenn ich erkenne und auch ausspreche, dass es ein Gedanke ist, dann kann ich den Gedanken so stehen lassen und habe die Freiheit, es trotzdem zu versuchen. Denn der Gedanke ist keine Wahrheit, mit der ich verschmolzen bin, sondern nur ein Satz, den ich sehr gut kenne und schon oft gedacht habe.

Eine weitere Stufe der Entschärfung erreichen wir, wenn wir sagen: »Ich merke gerade, dass ich wieder den Gedanken habe, dass ich das nicht kann.« Hier kommt wieder das beobachtende Ich mit ins Spiel, das wir vorhin schon kennengelernt haben. Und wenn ich von dem Gedanken »defusioniert« bin und ihn schlicht als Gedanken formuliere, dann bleibt unausgesprochen Raum für neue Gedanken wie »Aber es ist mir wichtig und deshalb möchte ich es trotzdem tun« oder »Aber ich probiere es und vielleicht gelingt es mir ja doch«.

WERTE

Dieser wichtige Bereich des Hexaflex knüpft an mein eben genanntes Beispiel zur Defusion an: »Aber es ist mir wichtig und deshalb möchte ich es trotzdem tun.« Nach der Akzeptanz- und Commitment-Therapie gehört zu einem erfüllten Leben eine Orientierung an den eigenen Werten. *Werte* sind das, was Ihnen fundamental wichtig ist. Was möchten Sie niemals verlieren? Wofür machen Sie sich vor anderen stark? Wovon rücken Sie nicht ab, auch wenn es anstrengend ist? Was gibt Ihrem Leben Sinn? Was soll bei Ihrer Beerdigung einmal über Sie gesagt werden: »Sie/Er war ein Mensch, der …«?

Diese Fragen gehen tief und lassen sich nicht mal eben zwischen Tür und Angel beantworten. Aber sie sind es wert, dass

Sie sich damit beschäftigen! Wenn Sie in einem Segelboot auf dem Meer Ihres Lebens unterwegs sind, ohne genau zu wissen, wo Sie hinwollen, dann werden Wind und Wellen Sie ordentlich hin- und herwerfen und verunsichern. Wenn Sie aber Ihr Ziel kennen und genau wissen, an welchen Kurs Sie sich halten, lassen sich Wind und Wellen viel besser aushalten und sogar nutzen, um voranzukommen.

Sie können z. B. viel besser mit Angst umgehen, wenn Sie etwas im Blick haben, für das es sich lohnt, die Angst auszuhalten. Denken Sie an die junge Frau mit der Angststörung. Sie wollte seit Jahren die Kreativmesse besuchen, und das war ihr so wichtig, dass sie dafür bereit war, ihre Angst »mitzunehmen«. Für den Besuch einer Baustoffmesse hätte sie diese Bereitschaft und den Mut wahrscheinlich nicht aufbringen können, weil er es ihr nicht wert gewesen wäre. Und falls Sie häufig konfliktscheu und harmoniebedürftig sind, werden Sie dieses Muster ganz bestimmt auch sofort verlassen können, wenn es um etwas geht, das Ihnen wirklich wichtig ist. Wie oft habe ich schon Frauen kennengelernt, die möglichst jedem Streit aus dem Weg gehen, nicht unangenehm auffallen wollen und große Mühe haben, ihr Recht durchzusetzen. Wenn es dann aber darum geht, ihr Kind zu beschützen oder zu verteidigen, werden sie zur Löwenmutter! Plötzlich ist jede Harmoniesucht vergessen, weil die Liebe und Verantwortung für ihr Kind für sie ein hoher Wert ist, dem sie folgen.

Werte geben uns Halt, Kraft und ein stabiles Fundament, um den Unwettern des Lebens besser standhalten zu können. Jesus hat es in seiner Bergpredigt in folgendem Gleichnis auf den Punkt gebracht:

> Jeder nun, der diese meine Worte hört und sie tut, den werde ich mit einem klugen Mann vergleichen, der sein Haus auf den Felsen baute; und der Platzregen fiel herab, und die Ströme kamen, und die Winde wehten und stürmten gegen jenes Haus; und es fiel nicht, denn es war auf den Felsen gegründet. Und jeder, der diese meine Worte hört und sie nicht tut, der wird mit einem törichten Mann zu vergleichen sein, der sein Haus auf den Sand baute; und der Platzregen fiel herab, und die Ströme kamen, und die Winde wehten und stießen an jenes Haus; und es fiel, und sein Fall war groß.
>
> MATTHÄUS 7,24-27

Wir können nicht verhindern, dass Wolkenbrüche, Stürme und Fluten (sprich: »sauberes Leid«) über uns hereinbrechen. Aber wenn wir unsere Werte vor Augen haben und an ihnen festhalten, gewinnen wir dadurch an Stabilität und können dieses Leid besser annehmen und bewältigen.

ENGAGIERTES HANDELN

Die Werte, die wir für uns identifiziert und benannt haben, sollten in unserem Handeln sichtbar werden und Gestalt gewinnen. Wir erleben unser Leben dann als wertvoll, sinnvoll und erfüllt, wenn wir das Leben aktiv gestalten und unser Handeln im Einklang steht mit unseren Werten.

Überlegen Sie doch einmal, was über Ihre Zufriedenheit am Ende eines Tages entscheidet. Wenn Sie kurz vor dem Schlafengehen den Tag Revue passieren lassen – wovon hängt es dann ab, ob Sie zufrieden oder unzufrieden den Tag abschließen? Sicher spielen viele Faktoren mit hinein (Erfolg oder Misserfolg, Stress, Zeitdruck, Genuss und Spaß, Konflikte oder schöne, angenehme Begegnungen usw.). Ein wichtiger und vielleicht übergeordneter Faktor ist aber die Frage, ob das, was Ihnen wichtig ist, sich auch in Ihrem Handeln widergespiegelt hat. Hätte ein stiller Beobachter, wenn er Sie den Tag über begleitet hätte, erkennen können, was Ihnen wichtig ist? Hätte er die richtigen Rückschlüsse auf Ihre Werte ziehen können? Meistens reflektieren wir diese Frage nicht bewusst. Aber ich vermute, Sie kennen die Unzufriedenheit, wenn Ihr Handeln eben nicht stimmig mit Ihren Werten ist. Wenn Gedanken auftauchen wie »Eigentlich hätte ich da meine Meinung sagen sollen«, »Ich wollte doch … – warum habe ich es nicht gemacht?« oder »Ich hatte mir doch so fest vorgenommen, endlich dies oder jenes zu tun. Und stattdessen habe ich wieder sinnlos meine Zeit vertrödelt«. Hierbei meine ich nicht Pflichten oder dringende Erledigungen, die Sie vielleicht aufschieben, sondern Dinge, die Ihnen persönlich sehr wichtig sind, die aber im Alltagsgetriebe oder auch in einer gewissen Trägheit manchmal untergehen. Schon Paulus kannte solch einen inneren Konflikt und beschreibt ihn mit den Worten: »Denn das Gute, das ich will, übe ich nicht aus, sondern das Böse, das ich nicht will, das tue ich« (Römer 7,19). Er beschreibt hier die Spannung, einerseits mit dem Verstand dem Willen Gottes folgen zu wollen und andererseits im »Fleisch« (d.h. in unseren ursprünglichen natürlichen Bedürfnissen, Impulsen, Gewohnheiten usw.) noch von »Sünde« bestimmt zu sein. Das ist zwar ein speziell geistlicher Konflikt und damit noch einmal etwas anders gelagert, aber die Diskrepanz zwischen Wollen und Tun war ihm durchaus auch vertraut und er litt darunter (»Ich elender Mensch!«, Römer 7,24).

Auch Jakobus fordert in seinem Brief dazu auf, aus der eigenen Überzeugung Taten folgen zu lassen: »Seid aber Täter des Wortes und nicht allein Hörer, die sich selbst betrügen!« (Jakobus 1,22). Er lässt sich sogar zu der zugespitzten Aussage verleiten: »So ist auch der Glaube, wenn er keine Werke hat, in sich selbst tot« (Jakobus 2,17). Dieses theologisch extrem »heiße Eisen« werde ich nicht weiter anfassen, keine Sorge. Und doch passt die Kernaussage des zweiten Kapitels im Jakobusbrief sehr gut zur ACT-Fertigkeit Nummer 6, dem engagierten Handeln. Jakobus hinterfragt kritisch, was ein Glaube wert ist, der sich überhaupt nicht im Handeln eines Menschen abbildet. Und nach dem ACT-Ansatz sollen wir nicht dabei stehen bleiben, Werte zu formulieren und im Stillen darüber nachzudenken, sondern wir sollen Entscheidungen treffen und engagiert handeln – im Sinne unserer Werte.

Nicht zuletzt ermutigt Jesus selbst in der Bergpredigt dazu, mit unserem Glauben in der Welt sichtbar bzw. wirksam zu werden. Wir sollen »Salz und Licht« sein (Matthäus 5,13-17). Salz verändert den Geschmack des Essens, in das es gegeben wird. Licht verdrängt die Dunkelheit und lässt die Umgebung anders aussehen. Ich finde, das sind treffende Bilder für das, was bei ACT mit *engagiertem Handeln* gemeint ist: »So soll euer Licht leuchten vor den Menschen, damit sie eure guten Werke sehen und euren Vater, der in den Himmeln ist, verherrlichen« (Matthäus 5,16).

Übrigens ist diese sechste Fertigkeit auch der Grund, warum Steve Hayes Wert darauf legt, die Abkürzung seines Therapieansatzes nicht »A-C-T«, sondern »ACT« auszusprechen – wie den englischen Ausdruck für handeln, agieren, verhalten, wirken usw. Und damit Sie auch eine Möglichkeit haben, ins Handeln zu kommen, und nicht bei diesen theoretischen Überlegungen stehen bleiben, biete ich Ihnen nun einen Übungsteil an. So können Sie ganz praktische Erfahrungen mit der Anwendung dieser sechs Prinzipien machen.

GEGENWÄRTIGKEIT PRAKTISCH

Eine meiner Lieblingsübungen ist die »5-4-3-2-1-Übung«[27] und geht folgendermaßen:

Setzen Sie sich bequem und entspannt hin und fixieren Sie mit den Augen einen beliebigen Punkt in Ihrer Umgebung – irgendetwas, an dem sich Ihr Blick gut »festhalten« kann. Sie bleiben während der ganzen Übung mit den Augen auf diesem Punkt und benennen nun (im Geiste oder auch hörbar) fünf Dinge, die Sie aus dieser Perspektive sehen. Beginnen Sie den Satz immer wieder mit »Ich sehe ...«, und nennen Sie dann jeweils eine Sache, die Sie sehen. »Ich sehe … Ich sehe … Ich sehe … Ich sehe … Ich sehe …« Die Kunst ist, dabei nicht zu interpretieren oder zu werten (»Ich sehe den hässlichen Fleck im Teppich, den ich einfach nicht wegkriege«), sondern sich auf das reine Benennen zu beschränken (»Ich sehe einen etwa drei Zentimeter großen braunen Fleck auf dem beigefarbenen Teppich«). Bleiben Sie mit den Augen auf Ihrem Fixpunkt und benennen Sie als nächstes fünf Dinge bzw. Geräusche, die Sie hören. Genau wie eben sollten Sie diese nicht bewerten, sondern nur benennen. Wenn Sie auf diese Weise fünfmal formuliert haben: »Ich höre …«, dann richten Sie Ihre Aufmerksamkeit auf Ihren Tastsinn. Ihr Blick bleibt immer noch an dem gewählten Punkt, und Sie sehen und hören mit Sicherheit einiges, Ihr Fokus ist aber nun auf dem, was Sie fühlen: die Armlehnen, auf denen Ihre Arme liegen, ein Glucksen im Bauch, das Heben und Senken des Brustkorbs beim Atmen, den sanften Luftstrom in der Nase … Es ist erstaunlich, was wir alles fühlen können, ohne dass sich etwas Besonderes ereignet. Wir nehmen es einfach nur wahr, indem wir ganz im gegenwärtigen Augenblick sind und uns den Dingen zuwenden.

Wenn Sie nun jeweils fünf Dinge benannt haben, die Sie gesehen, gehört und gefühlt haben, kehren Sie wieder zum Sehen zurück und benennen diesmal vier Dinge, die Sie sehen. Sie ahnen sicher schon, wie es weitergeht: viermal hören, viermal fühlen, dann jeweils dreimal sehen, hören und fühlen, danach zweimal, und zum Schluss benennen Sie für jeden Sinn noch eine einzige Wahrnehmung.

Falls Ihnen diese Vorstellung Stress bereitet und Sie denken: »Meine Güte, so viel gibt es bei mir doch gar nicht zu sehen oder zu hören«, dann kann ich Sie beruhigen. Es geht nicht darum, dass Sie jedes Mal wieder etwas Neues benennen. Selbst wenn in Ihrer Umgebung nicht viel geschieht, es sehr leise ist und Sie außer dem Ticken Ihrer Uhr nichts hören, steht das dieser Übung nicht im Weg. Dann sagen Sie einfach wiederholt: »Ich höre ein leises, gleichmäßiges Ticken.« Das, was Sie aufzählen, muss weder originell noch besonders neu sein. Es soll nur etwas sein, das Sie hier und jetzt wahrnehmen und das Sie benennen, ohne es zu bewerten.

Ich mag diese Übung deshalb so sehr, weil Sie mich entspannt, ohne dass ich mir eine Fantasiewelt vorstellen oder mich auf eine Traumreise begeben muss. Sie bindet meine Aufmerksamkeit, hält mich im Hier und Jetzt und schärft meine Antennen für das, was um mich herum da ist. Dadurch, dass ich so fokussiert bin, habe ich gar keine gedankliche Kapazität, um über etwas anderes nachzudenken, zu grübeln oder Pläne zu machen. Und sollten meine Gedanken doch einmal in eine andere Richtung abdriften, nehme ich das gelassen zur Kenntnis und komme wieder zurück zur Übung: »Aha, da war gerade der Gedanke, dass ich nicht vergessen darf, meiner Kollegin zum Geburtstag zu gratulieren. Und jetzt höre ich ...«

Es gibt unendlich viele Übungen zu Gegenwärtigkeit bzw. Achtsamkeit, von denen viele sich auch inneren Wahrnehmungen zuwenden (Körperempfindungen, Gefühle, Gedanken usw.). Wer sich damit näher befassen möchte, findet im Internet ein unerschöpfliches Repertoire verschiedenster Übungen. Für den Einstieg empfehle ich Ihnen aber diese Übung, weil es Ihnen vermutlich leichter fällt, Ihre Sinne nach außen und auf Ihre Umgebung zu richten, als Ihr Inneres so differenziert wahrzunehmen.

DAS »BEOBACHTENDE ICH« PRAKTISCH

Bei dieser Fertigkeit geht es ja im Kern darum, sich bewusst zu sein, dass Sie ein Mensch sind, der Gefühle *hat,* der aber mehr ist als seine Gefühle. Sie *haben* Gedanken, aber Sie *sind* nicht diese Gedanken. Sie haben auch verschiedene Rollen – je nach Situation –, aber Sie als Person existieren unabhängig von diesen Rollen. Sie können die Rollen einnehmen und auch wieder aus ihnen aussteigen, weil Sie ein konstantes Ich sind. Sie *haben* Bedürfnisse, Stimmungen, Launen und Interessen, aber das ist nicht, was Sie *sind.*

Die folgende Übung setzt sich aus zwei Teilen zusammen:

Zuerst lade ich Sie ein, einmal zu überlegen, in welchen Rollen Sie tagtäglich unterwegs sind. Als Frau können Sie beispielweise gleichzeitig Lehrerin, Schwester, Mutter, Freundin, Kollegin, Chormitglied, Ehefrau und Nachbarin sein. Oder als Mann sind Sie z.B. Sohn, Mitarbeiter, Trainer, Partner, Bruder, Mieter, Patenonkel und Hundebesitzer. Wir nehmen viele unterschiedliche Rollen ein, ohne dass uns das immer so bewusst ist, und jede Rolle hat zwangsläufig eine andere »Rollenbeschreibung«. Sie denken, fühlen und handeln als Lehrerin völlig anders als in der Rolle der Ehefrau (jedenfalls hoffe ich das für Ihren Ehemann …). Greifen Sie sich doch von den Rollen, die Ihnen spontan einfallen, einmal drei heraus und schreiben Sie auf, was Ihre typischen Gedanken, Gefühle und Verhaltensweisen in der jeweiligen Rolle sind. »In der Rolle der … denke ich oft …, fühle ich mich …« usw.[28]

Im zweiten Teil der Übung wählen Sie von den drei Rollen diejenige aus, die Ihrer Ansicht nach am ehesten einmal etwas Aufmerksamkeit und Zuwendung gebrauchen kann. Und dann schreiben Sie einen Brief an sich selbst in dieser Rolle. Das klingt vielleicht im ersten Moment befremdlich, aber versuchen Sie, sich darauf einzulassen, und formulieren Sie, was Sie sich selbst in der Rolle als Mutter/Lehrerin/Schwester usw. gerne sagen oder fragen würden. Vielleicht ist es ja dran, dass Sie einmal anerkennen, was diese … (hier können Sie jetzt Ihren Namen einsetzen) in der Rolle immer wieder leistet. Vielleicht möchten Sie diese Person fragen, wie es ihr geht und ob sie mit der Rolle eigentlich glücklich ist. Was gefällt ihr an der Rolle? Was kostet sie Kraft? Vielleicht wollen Sie ihr rückmelden, wie Sie sie in der letzten Zeit in der Rolle erlebt haben. Gibt es etwas, um das Sie sich bei ihr Sorgen machen? Was wünschen Sie ihr?

Ich möchte Ihnen an dieser Stelle bewusst keine weiteren Vorschläge machen, um Sie in Ihrer Kreativität nicht zu bremsen. Stattdessen ermutige ich Sie, einfach einmal zum Stift zu greifen und zu Papier zu bringen, was Ihnen in den Sinn kommt, wenn Sie an sich in dieser bestimmten Rolle denken.

AKZEPTANZ PRAKTISCH

Zu der Fertigkeit der Akzeptanz bzw. Bereitschaft fallen mir zwei kleine Übungen ein, die sich wunderbar in den Alltag integrieren lassen und kaum das große Etikett »Übung« verdienen. Verstehen Sie diese Übungen vielleicht lieber als Anregungen. Die eine betont eher das *Annehmen*, die andere stärker das *Bereitsein*.

Zunächst zum Annehmen: Beobachten Sie doch einmal, wie häufig Sie in Ihrem Alltag das Wörtchen »aber« gebrauchen und in welchen Zusammenhängen Sie es tun. Ein »Aber« zeigt immer einen Widerspruch oder einen Gegensatz auf. Dadurch entsteht automatisch und subtil der Eindruck eines Problems, das man lösen müsse, oder einer Spannung, die aufgelöst werden müsse. Ich gebe Ihnen einige Beispiele, die Ihnen vielleicht auch bekannt vorkommen:

»Draußen ist das herrlichste Wetter, aber ich habe überhaupt keine Lust rauszugehen.« – Hier schwingt mit: »Wenn draußen herrliches Wetter ist, muss ich eigentlich Lust haben rauszugehen! Was stimmt denn mit mir nicht, dass ich keine Lust habe?« Und schon habe ich eine perfekte Einladung, um zu grübeln und es mir noch ein bisschen schlechter gehen zu lassen.

Ein anderes Beispiel: »Ich weiß ganz genau, dass Gott mich liebt, aber ich kann es nicht fühlen.« – Das kann doch nicht sein! Dann stimmt entweder mit meinem Gefühl etwas nicht, oder ich muss die Liebe Gottes vielleicht doch anzweifeln …

Ein drittes Beispiel, diesmal aus dem Beziehungskontext: »Ich liebe dich, aber gerade bin ich echt sauer auf dich!« – Als Subtext kann man da verstehen: »Ich liebe dich normalerweise, aber jetzt im Moment liebe ich dich nicht, sondern bin echt sauer!« Das würde bedeuten, dass Liebe und Ärger sich gegenseitig ausschließen und man sich entscheiden muss!

Sie haben nun einen Eindruck davon bekommen, was ich mit der automatisch erzeugten Spannung und dem Problem meine, die mir durch das Wort »aber« vermittelt werden. In den meisten Fällen sprechen wir, wenn wir »aber« sagen, gar nicht von einem echten Widerspruch oder Gegensatz. Das Wort »und« wäre hier viel passender anstelle von »aber«. Nehmen wir noch einmal die Beispiele von eben: »Draußen ist das herrlichste Wetter, *und* ich habe überhaupt keine Lust rauszugehen«, oder: »Ich weiß ganz genau, dass Gott mich liebt, *und* ich kann es nicht fühlen.« Hier darf beides nebeneinander stehen bleiben. Es ist doch in Ordnung, bei herrlichem Sonnenschein lieber drinnen bleiben zu wollen! Und wenn ich Gottes Liebe nicht spüre, ändert das nichts daran, dass es sie trotzdem gibt und ich darum weiß. Sogar in dem Beziehungskonflikt greift dieses Nebeneinander: »Ich liebe dich, *und* gerade bin ich echt sauer auf dich!« Wir können nämlich sehr wohl lieben und gleichzeitig ärgerlich sein!

Probieren Sie doch an eigenen Beispielen aus, was mit Ihrem Gefühl passiert, wenn Sie »aber« durch »und« ersetzen. Bei mir setzt sofort ein Gefühl von Entspannung und Gelassenheit ein und ich verstehe: »Ach so, es kann ja auch beides sein! Ich muss mich nicht entscheiden, die Spannung nicht auflösen, denn es gibt gar keine Spannung.« Es braucht ein bisschen Aufmerksamkeit und fühlt sich zunächst ungewohnt an, aber ich lade Sie ein, einmal konsequent Ihr »aber« durch »und« (oder wahlweise auch »gleichzeitig«) zu ersetzen. So können Sie selbst erleben, dass Sie dadurch selbst Druck rausnehmen, weil Sie einfach nur zwei Dinge nebeneinander stehen lassen, die sich gegenseitig nichts wegnehmen.

Meine zweite Anregung betrifft Ihre *Bereitschaft* und hat auch wieder viel mit Sprache und Formulierung zu tun. Diesmal geht es um Sätze wie »Ich muss …«, »Ich darf nicht …« oder »Ich kann nicht …«. Ich bin sicher, dass Ihnen dazu sofort Beispiele einfallen! Aber steht hinter jedem »Ich muss« ein tatsächlicher Zwang und hinter jedem »Ich kann nicht« eine echte Unfähigkeit? Wahrscheinlich nicht. Vermutlich wäre es sehr viel ehrlicher und korrekter, die Sätze folgendermaßen zu ergänzen:

»Wenn ich nicht … will, dann muss ich …«, oder: »Weil ich nicht bereit bin …, kann ich nicht …« Einige Beispiele machen vielleicht greifbarer, was ich meine: »Ich kann die Einladung nicht absagen.« Diese Aussage stimmt sicher nicht ganz, denn Sie sind in der Lage, zu sprechen oder zu schreiben und den Satz »Ich werde nicht kommen« zu formulieren. Vielleicht stimmt aber Folgendes: »Wenn ich meine Freundin nicht enttäuschen will, dann kann ich nicht absagen«, oder: »Weil ich nicht bereit bin, mich als Freundin schlecht zu fühlen, kann ich die Einladung nicht absagen.« Ein anderes Beispiel: »Ich muss meinem Chef heute noch antworten.« Wahrscheinlich wäre es aber korrekter zu sagen: »Wenn ich meinen Chef nicht verärgern will, muss ich ihm heute noch antworten«, oder: »Weil ich nicht bereit bin, mit meinem Chef aneinanderzugeraten, muss ich ihm heute noch antworten.«

Bemerken Sie, was hier passiert? Sie ändern inhaltlich überhaupt nichts an der Aussage, und es ist auch kein »Trick 17«, um sich selbst zu manipulieren, damit Sie die Einladung dann doch annehmen oder dem Chef doch noch antworten. Sie sollen nur erkennen, dass es wesentlich mit Ihrem Willen und Ihrer Bereitschaft zu tun hat, ob Sie etwas müssen oder nicht müssen, können oder nicht können. Sie sind nicht so fremdbestimmt, wie es Ihnen die Sprache manchmal vorgibt! Außerdem kann sich Ihr Wille bzw. Ihre Bereitschaft ja auch verändern. Vielleicht hinterfragen Sie an solch einem Beispiel auch einmal, warum Sie z. B. nicht bereit sind, sich mit Ihrem Chef zu streiten oder Ihre Freundin zu enttäuschen. Das ist keine rhetorische Frage! Sie können sehr gute Gründe dafür haben und sollen dann auch gerne dabei bleiben. Es soll Ihnen nur bewusst sein, wozu Sie bereit sind und wozu nicht, warum das so ist und ob Sie es verändern möchten. Mein Vorschlag ist also, dass Sie in Zukunft bei Aussagen wie »Ich muss …«, die Ihnen

Stress bereiten, kurz innehalten und den Satz ergänzen: »Weil ich …, muss ich …«

DEFUSION PRAKTISCH

Die Übung hierzu ist sehr schnell erklärt und Sie kennen sie auch schon aus dem oberen Abschnitt zu Defusion: Wenn Sie bei sich Gedanken bemerken, die sich schwer, belastend oder schmerzhaft anfühlen, dann üben Sie, diese richtig zu »benennen«. Aus dem Gedanken »Morgen wird ein richtig ätzender Tag« wird also »Ich habe jetzt gerade den Gedanken, dass morgen ein richtig ätzender Tag wird«. Und »Die hat doch was gegen mich« wird zu »Ah, ich merke gerade, dass ich denke, dass sie was gegen mich hat. Tja, den Gedanken kenne ich gut …« oder so ähnlich. Wer es etwas spielerischer mag und experimentierfreudig ist, der kann einmal versuchen, den unangenehmen Gedanken zu singen. Wie klingt z. B. »Ich bin nicht gut genug« auf die Melodie von »O du fröhliche« oder »Hänschen klein«? Sie werden schnell merken, dass der Gedanke an Schwere verliert und Sie ihn weniger ernst nehmen. Noch kurioser wird es, wenn Sie ihn verfremden, indem Sie alle Selbstlaute mit ein und demselben Vokal ersetzen: »Ach ban nacht gat ganag. Ech ben necht get geneg. Ich bin nicht git ginig« usw.

Bitte verstehen Sie mich richtig: Natürlich sollten Sie es ernst nehmen, wenn Sie solche destruktiven Gedanken immer wieder haben. Sie dürfen sich gerne langfristig damit befassen, wie Sie überhaupt zu der Überzeugung kommen, ob diese einer kritischen Überprüfung standhält usw. Aber in dem Moment, wo der Gedanke Sie akut belastet und quält, nehmen Sie ihm die Macht, indem Sie ihn auf das reduzieren, was er ist: ein Gedanke in Ihrem Kopf, mit dem Sie – wenn Sie möchten – auch spielerisch und leicht umgehen können.

WERTE PRAKTISCH

Auch zu dieser Fertigkeit möchte ich Ihnen zwei Übungen vorschlagen, die diesmal jedoch nicht »nebenbei« laufen, sondern etwas Zeit und Muße brauchen.

Die erste habe ich aus einem meiner Selbsterfahrungsseminare mitgebracht, und ich fand sie sehr spannend, obwohl sie absolut simpel klingt und auch ist: Nehmen Sie sich ein Blatt Papier und schreiben Sie auf, wer Ihr Vorbild ist. Finden Sie drei weibliche und drei männliche Personen oder Figuren (es können auch fiktive Figuren sein), die Sie als Vorbilder betrachten und an denen Sie sich in irgendeiner Weise ein Beispiel nehmen möchten. Am besten machen Sie es gleich jetzt, bevor Sie lesen, wie es weitergeht, damit Sie möglichst wenig beeinflusst sind …

Wenn Sie für jedes Geschlecht drei Namen haben, dann überlegen Sie einmal, was die drei weiblichen und die drei männlichen Vorbilder jeweils miteinander gemeinsam haben, und schreiben Sie es auf. Welche Persönlichkeitseigenschaft, Einstellung oder Verhaltensweise sehen Sie bei allen dreien?

Ich erinnere mich noch gut, dass ich es gar nicht leicht fand, überhaupt jeweils drei Namen zu finden. Aber ich musste mir bewusst machen, dass ich nicht nach jemandem suchen muss, der immer und in jeder Hinsicht perfekt ist – was ein hoffnungsloses Unterfangen wäre. Es ging nur um Aspekte der Person oder ihres Verhaltens, die etwas Vorbildhaftes für mich haben. Als ich schließlich drei männliche und drei weibliche Namen hatte, kam die Frage: »Was haben diese drei Personen jeweils gemeinsam?« Ohne dass ich Ihnen hier meine Vorbilder verraten möchte, können Sie mir glauben, dass es sehr unterschiedliche Personen waren, die ich aus ganz verschiedenen Kontexten kannte. Und auf den ersten Blick verband die drei überhaupt nichts! Beim weiteren Nachdenken kamen mir dann aber schon Eigenschaften in den Sinn, die sie wirklich alle miteinander teilten, und diese hatten tatsächlich sehr viel mit meinen Werten zu tun! Mithilfe dieser Übung und wenn Sie nicht lockerlassen, bis Sie mindestens eine Gemeinsamkeit gefunden haben, können Sie also gut einige Ihrer Werte aufspüren. Denn das, was Ihre Vorbilder gemeinsam haben, ist sehr wahrscheinlich etwas, was Ihnen wichtig ist und in Ihrer Werteskala einen oberen Platz einnimmt.

Die andere Übung braucht etwas mehr Mut, ist aber auch sehr aufschlussreich: Versetzen Sie sich in der Fantasie einige Jahre oder Jahrzehnte in die Zukunft und stellen Sie sich vor, Sie seien verstorben. Ihre Familie, enge Freunde und Freundinnen und Menschen, die Ihnen sehr nahestanden, sitzen nun zusammen, um die Beerdigung zu planen, und der Pastor oder Trauerredner, der Sie selbst nicht gut kannte, fragt in die Runde: »Woran denkt ihr, wenn ihr an … denkt? Was war sie/er für ein Mensch? Was hat sie/ihn ausgemacht?« Das ist natürlich ein Szenario, das man sich nicht so gerne ausmalt, ein Gedanke, den wir aus unserem Alltag verbannen, nach dem Motto »Das kommt noch früh genug«. Aber wenn Sie in sich die Bereitschaft finden, diesen Gedanken zuzulassen, werden Sie voraussichtlich vieles über Ihre Werte erfahren. Nehmen Sie sich also, wenn Sie möchten, wieder ein Blatt Papier und schreiben Sie auf, was Sie sich *wünschen* würden, was in dieser Runde über Sie gesagt wird. Denken Sie daran: Die Frage ist nicht, was nach jetzigem Stand wahrscheinlich gesprochen würde, sondern was Sie am liebsten hören würden, wenn Sie aus dem Jenseits zuhören könnten. Über was würden Sie sich freuen, wenn Ihre Freunde und Familie es über Sie sagen würden? Schreiben Sie es auf, am besten tatsächlich so, als ob es über Sie gesprochen wurde (»… war immer … Er/Sie hat besonders gerne … Bei ihm/ihr wusste ich …« usw.). Wenn Sie das haben, lassen Sie es erst einmal sacken. Herzlichen Glückwunsch zu Ihrem Mut und Ihrer Bereitschaft! Das, was Sie jetzt aufgeschrieben haben, sagt sehr viel über Ihre Werte – darüber, was Ihnen *wirklich* wichtig im Leben ist.

Wenn Sie darüber hinaus eine weitere Herausforderung möchten, dann fragen Sie sich ehrlich: »Wenn ich so weiterlebe wie im Moment – wie stehen dann die Chancen, dass so über mich gesprochen wird? Würden nach jetzigem Stand diese oder ähnliche Dinge über mich gesagt werden, oder ständen ganz andere Dinge im Vordergrund? Welche wären das?«

Ich erinnere mich gut an einen Patienten, der mit einem Burn-out-Syndrom in die Therapie kam und dem ich diese Übung empfohlen habe. Sie hat ihn richtiggehend schockiert und aufgerüttelt, aber er war dankbar dafür. Denn bei seinen Wünschen, was man über ihn im Gedächtnis behalten sollte, spielten Familie, seine Kinder, seine Rolle als Vater, Ehemann und Freund eine ganz wichtige Rolle. Seine Werte hatten sehr viel mit Beziehungen und Gemeinschaft zu tun. Genau das war es aber, was er in den letzten Jahren konsequent vernachlässigt hatte – zugunsten von beruflichem Engagement, Leistung und Erfolg. Dieser »heilsame Schock«, den der Patient durch den Abgleich seiner Werte mit seiner aktuellen Lebensgestaltung erfahren hat, bewirkte bei ihm ein echtes und tief greifendes Umdenken. Die Prioritäten ordneten sich neu und er legte völlig andere Kriterien an bei der Frage, was wichtig und weniger wichtig ist. Das, was ihm vorher schon viele Menschen »gepredigt« hatten, war auf einmal spürbar geworden und in seinem Gefühl angekommen. Und auch wenn es sehr schmerzhaft war, ist daraus etwas sehr Wertvolles entstanden.

ENGAGIERTES HANDELN PRAKTISCH

Jetzt geht es darum, aus den Überlegungen zu Ihren Werten Taten folgen zu lassen. Das bedeutet nicht, sofort Ihr ganzes Leben umzukrempeln, sondern erste Schritte zu gehen. Vielleicht beginnen Sie mit der Idee, die ich im theoretischen Teil zum engagierten Handeln vorgestellt habe. Da Sie jetzt etwas besser wissen, welche Werte für Sie eine wichtige Rolle spielen, reflektieren Sie den vergangenen Tag in Bezug auf die Frage »Wo sind heute meine Werte sichtbar oder spürbar geworden? In welcher Beziehung, in welcher Situation sind sie heute zur Geltung gekommen?«. Und wenn Sie dabei wenig finden können, dann richten Sie den Blick auf den nächsten Tag: »Was kann ich morgen im Kleinen dafür tun, dass dieser Wert (greifen Sie sich einen heraus) zur Geltung kommt? Welches Verhalten, welche Entscheidung würde diesen Wert herauskehren oder abbilden?« Gehen Sie dabei verschiedene Lebensbereiche durch: Wie können Sie diesen Wert am Arbeitsplatz leben? Wie können Sie ihn in der Familie zur Geltung bringen? Auf welche Weise kann in Ihrem Freundeskreis deutlich werden, dass Sie diesen Wert achten? Es geht dabei nicht darum, etwas darzustellen oder zur Schau zu stellen, sondern darum, wie Sie im Kleinen so handeln können, dass Sie am Abend beim Blick in den Spiegel Ihre Werte wiedererkennen. Tja, und dann tun Sie es!

Bei einer Fortbildung wurde ich einmal zu einer Übung aufgefordert, bei der ich »versuchen« sollte, einen Bleistift vom Tisch aufzuheben. Ich war etwas irritiert über diese nicht sehr komplex wirkende Aufgabe und griff in Richtung des Stiftes. »Stopp!«, rief die Referentin und ermahnte mich, ich solle den Stift nicht *aufheben*, sondern nur *versuchen*, ihn aufzuheben. Immer wieder machte ich die gleiche Handbewegung, wurde wieder gestoppt und war irgendwann völlig ratlos, wie ich diese Aufgabe bewältigen sollte. Genau das hatte die Referentin beabsichtigt, denn sie wollte mir vor Augen führen, dass es unmöglich ist, etwas zu »versuchen«. Man könne etwas tun oder nicht tun. Und wenn man es tue, so könne es gelingen oder auch nicht. Aber »versuchen«, etwas zu tun, das könne man nicht. Ich habe noch lange darüber nachgedacht und finde den Gedanken spannend. Warum nehme ich mir vor, etwas zu versuchen, statt es zu tun? Vielleicht, weil beim »Versuch« schon die Möglichkeit einkalkuliert ist, dass ich es vielleicht nicht schaffe, und dann die Enttäuschung nicht so groß ist. Aber genauso kann ich doch mit mir selbst das Commitment, d. h. die Selbstverpflichtung, eingehen, etwas zu tun, und dabei die Bereitschaft mitbringen zu scheitern, oder? In diesem Sinne: *Versuchen* Sie nicht, Ihre Werte in Handlungen umzusetzen, sondern *tun* Sie es einfach!

»Willkommen!« – Gefühle annehmen, verstehen und auf sie eingehen

Ich habe nun über zwei Kapitel einen großen psychologischen Bogen geschlagen und hoffe, dass Sie noch an Bord sind und mehr und mehr verstehen, wohin die Reise geht. Wir suchen ja nach einem Weg, befreit und gesund mit unseren Gefühlen umzugehen, und jetzt ist es an der Zeit, die bisher gewonnenen Erkenntnisse zusammenzuführen. Wie sieht es praktisch aus? Wie ist all das umzusetzen?

Zunächst einmal beginnt es damit, dass Sie sich häufiger darauf besinnen, gegenwärtig zu sein, d. h., im Hier und Jetzt zu sein. Sie können Ihre Gefühle überhaupt nur wahrnehmen, wenn Sie mit Ihrer Aufmerksamkeit bei sich und ganz im gegenwärtigen Moment sind. Das muss nicht bedeuten, sich in tiefe Meditationen zu versenken oder ganz bestimmte Übungen zu machen, für die Sie komplett aus dem Alltagsgeschehen aussteigen müssen. Es kann viel kleiner anfangen mit einem kurzen »Check« Ihres aktuellen Befindens. So, wie Sie wahrscheinlich mehrfach am Tag auf die Uhr schauen, um sich zu orientieren, wie viel Zeit Sie noch für etwas haben, so können Sie sich angewöhnen, immer wieder kurz innezuhalten und nach innen zu schauen: »Wie fühle ich mich gerade?« Und vielleicht beginnen Sie mit einer ersten groben Orientierung: eher »wohl« oder eher »unwohl«? Wenn Sie dies herausgefunden haben, »zoomen« Sie sich etwas näher heran. Welche angenehmen oder unangenehmen Gefühle entdecken Sie? Wie sieht dieses Wohl- oder Unwohlfühlen für Sie aus? Nach meiner Erfahrung hat hier jeder Mensch einen anderen Zugang oder einen anderen »Messfühler«. Der eine findet sich gut in Zahlenwerten wieder und könnte sich fragen: »Auf einer Skala von –3 bis +3, wie zufrieden bin ich jetzt im Moment?« Der andere stellt sich vielleicht lieber die Palette verschiedenster Emojis vor und schaut, welches davon am ehesten seine aktuelle Stimmung widerspiegelt. Und noch ein anderer kann mit der Frage nach der inneren Wetterlage viel anfangen: »Wie ist das gefühlte Wetter in meinem Herzen: Verregnet? Neblig? Heiter bis wolkig? Gewittrig? Blauer Himmel mit Sonne? Stürmisch?« Oder man fragt sich: »Welche Musik würde jetzt zu meiner Stimmung passen?« Was ist Ihr Zugang, um herauszufinden, wie Sie sich jetzt im Moment fühlen?

Unabhängig davon, welche Metaphern, Begriffe oder »Messinstrumente« Ihnen besonders liegen, empfehle ich auf jeden Fall, Ihren Körper bewusst wahrzunehmen. Denn wir haben ja im zweiten Kapitel gesehen, wie eng Psyche und Körper zusammenarbeiten, und der Körper kann uns sehr wichtige Hinweise darauf geben, wie es uns emotional geht. Sind Sie innerlich ruhig oder unruhig? Sind Ihre Muskeln entspannt oder angespannt? Ziehen Sie Ihre Schultern nach oben oder hängen sie locker nach unten? Wie atmen Sie: schnell und oberflächlich oder langsam und tief? Und wie fühlt sich Ihr Bauch an? Gibt es da einen Knoten, ein flaues Gefühl, ein Rumoren, oder ist es ruhig und warm darin?

Entspannte Muskeln, ein ruhiges, gleichmäßiges Atmen und Ruhe in der Bauchgegend lassen darauf schließen, dass Sie zufrieden sind und sich wohlfühlen. Ihr Körper meldet keine Notwendigkeit, irgendetwas zu verändern. Im Gegenteil: Es ist alles gut so, wie es ist, und darf gerne so bleiben. Wenn Sie sich aber innerlich unruhig fühlen und sich das auch auf Ihre Atmung, Ihre Muskulatur und Ihr »Bauchgefühl« niederschlägt, dann schauen bzw. fühlen Sie noch etwas genauer hin: Was ist das für ein Gefühl? In welche Richtung der Grundemotionen geht es? Hat es etwas mit Traurigkeit zu tun? Ist es eher eine Unsicherheit, Aufregung oder Angst? Oder geht es in Richtung »genervt«, »sauer« oder »ärgerlich«? Da wir ja dazu neigen, Gefühle auch schon einmal zu verwechseln, weil sie sich im Körper ähnlich anfühlen, kann es helfen, direkt nach unserem Handlungsimpuls zu fragen und »das Pferd von hinten aufzuzäumen«: Vervollständigen Sie dazu die Sätze »Am liebsten würde ich jetzt …« und »Wenn ich könnte, würde ich …«.

Wenn Sie am liebsten laut »Stopp!« rufen oder mit der Hand auf den Tisch hauen würden, wenn Sie gerne jemandem »die Meinung geigen« würden oder ihn »auf den Mond schießen« könnten, dann ist höchstwahrscheinlich eine ordentliche Portion Ärger im Spiel. Wenn Sie am liebsten weglaufen würden oder den Gedanken identifizieren »Ich wünschte, es wäre schon vorbei«, dann haben Sie sehr wahrscheinlich in irgendeiner Form Angst. Und wenn Sie sich wünschten, es wäre »einfach nur jemand da«, wenn Sie denken, dass Ihnen eine Umarmung oder ein »offenes Ohr« jetzt guttun würde, dann ist es vermutlich eine Form von Traurigkeit, die Sie belastet. Natürlich gibt es unendlich viele Facetten und »Färbungen« von Gefühlen, und nicht selten erleben wir auch eine Mischung aus verschiedenen Gefühlen. Aber wenn wir die grobe Richtung kennen, stehen wir nicht mehr ganz so ratlos vor uns selbst und bekommen eine Vorstellung davon, wie wir gut mit uns umgehen können.

Wenn Sie nun also ein Gefühl identifiziert haben, benennen Sie es ganz bewusst, ohne es zu bewerten oder seine Angemessenheit infrage zu stellen, z. B. so: »Ich merke gerade, dass ich ziemlich ärgerlich bin … ja, genau genommen bin ich sogar echt wütend!« Machen Sie sich bewusst, dass dieses Gefühl einen guten Grund hat, da zu sein, und nehmen Sie es an als etwas, was zum Leben dazugehört. »Alles hat seine Zeit …« Und da Sie nun wissen, dass hinter den Gefühlen immer bestimmte unbefriedigte Bedürfnisse stehen, können Sie versuchen, auch diese zu erkennen und in Worte zu fassen. Im Fall von Ärger fragen Sie sich: »Wo oder wovon ist bei mir gerade das Maß voll? Was kann und will ich nicht mehr akzeptieren? Welche Grenze ist überschritten?« Vielleicht gelingt es Ihnen ja sogar, dabci cinc positivc, wcrtschätzende Haltung gegenüber Ihrem Gefühl einzunehmen und sich bei Ihrem Schöpfer dafür zu bedanken. Zum einen dafür, dass Sie überhaupt innerlich lebendig sind und fühlen können – wer einmal in einer schweren Depression emotional völlig »tot« war, der ist nachhcr für jcdc Gefühlsregung dankbar –, und zum anderen für die Botschaft, die das Gefühl mitbringt. Denn wir sollten nie vergessen: Auch die unangenehmsten Gefühle sind ja nicht dazu da, um uns zu quälen oder uns die Stimmung zu verderben, sondern um uns etwas Wichtiges mitzuteilen, und das dürfen wir würdigen und dankbar annehmen. Möglicherweise gibt uns das Gefühl auch einen wichtigen Hinweis darauf, wie es um unsere Werte steht, z. B. dass wir diese gerade mit unserem Lebensstil verraten. Wie gut, wenn wir über unser Gefühl darauf aufmerksam gemacht werden und unsere Ausrichtung korrigieren können!

Im nächsten Schritt können Sie dann überlegen, wonach das unbefriedigte Bedürfnis in Ihnen am ehesten verlangt und was Sie tun können, um ihm fürsorglich und verantwortungsbewusst zu begegnen. Nehmen wir beispielhaft wieder den Fall von Ärger: Wo können Sie tatsächlich eine ungute Situation verändern, verlassen oder beenden? Wo und wem gegenüber können Sie eine Grenze aufzeigen? Dabei ist es nicht zu unterschätzen, was schon die gedankliche Auseinandersetzung in uns bewirkt. Auch wenn wir die Situation, die uns ärgert oder die wir nicht länger hinnehmen wollen, nicht direkt verändern können, tut es uns gut, uns gedanklich damit zu befassen, was wir z. B. in Zukunft tun können oder was wir tun würden, wenn wir den Mut dazu hätten. Selbstverständlich können wir auch nicht jedem Menschen »die Meinung geigen«, wenn uns gerade danach ist, aber es kann befreiend sein, einmal zu formulieren, was wir ihm sagen *würden*, wenn wir es dürften oder könnten. Das geschriebene Wort hat dabei noch sehr viel mehr Kraft als der bloße Gedanke. Vielleicht möchten Sie sich dann einmal Zeit nehmen, um in einem fiktiven Brief Ihrem Ärger Luft zu machen, sich zu wehren oder Grenzen zu setzen.

Egal, um welches Gefühl es geht – versuchen Sie, dem dahinterliegenden Grundbedürfnis zu begegnen und ihm gerecht zu werden. Dann wird sich das Gefühl beruhigen, auch wenn die auslösende Situation dahinter noch unverändert ist. Wir haben das am Beispiel von Traurigkeit schon gesehen: Wir können einen Menschen, den wir schmerzlich vermissen, nicht einfach herbeiwünschen oder eine zerbrochene Beziehung wiederherstellen. Aber wir können das Bindungsbedürfnis, das sich über Traurigkeit bemerkbar macht, beruhigen bzw. stillen, indem wir Kontakt und Nähe zu jemandem suchen oder gedanklich mit jemandem in Verbindung kommen, der uns wichtig ist.

Gott ist Ihnen in diesem ganzen Prozess ein liebevolles Gegenüber und hilft Ihnen gerne, gut auf Ihre Gefühle und Bedürfnisse einzugehen. *Wenn* jemand weiß und versteht, was Sie in der jeweiligen Situation fühlen und brauchen, dann *er*! In Kapitel 4 beschäftigen wir uns damit noch intensiv; es sei hier nur schon einmal angemerkt, dass Sie die Auseinandersetzung mit Ihren Gefühlen, Impulsen und Bedürfnissen nicht alleine bewältigen müssen, sondern Ihren Schöpfer, Vater, Tröster und Freund an Ihrer Seite haben.

Abschließend möchte ich Ihnen an zwei Beispielen aufzeigen, wie ein gesunder Umgang mit Gefühlen konkret aussehen kann. Betrachten wir zunächst eine Situation, die von Traurigkeit geprägt ist:

- In meinem alltäglichen Tun und »Funktionieren« halte ich kurz inne und schaue auf das »innere Barometer«: Wie geht es mir eigentlich gerade? Was nehme ich wahr, wenn ich meine Antennen nach innen richte?
- Ich merke, dass ich mich irgendwie schwer und bedrückt fühle. Etwas scheint mich nach unten zu ziehen und das, was ich tue, tue ich langsam und mit wenig Energie. Mein Blick ist eher nach unten gerichtet, ich habe so etwas wie einen Kloß im Hals und es fällt mir schwer, mit anderen zu lachen oder zu singen.
- Ich achte auf meinen spontanen Verhaltensimpuls: »Wenn ich könnte, würde ich mich jetzt am liebsten zurückziehen und mich mit einer Decke auf dem Sofa

zusammenkauern. Und am schönsten wäre es, wenn jemand da wäre. Er müsste gar nicht viel tun oder sagen, sondern einfach Zeit mit mir verbringen und mich verstehen.«

- Ich identifiziere und benenne das Gefühl und setze es in den Kontext, in den es gehört: »Ich glaube, wenn ich ganz ehrlich bin, ich bin total traurig. Meine beste Freundin erzählt mir immer wieder von ihren Hochzeitsvorbereitungen und freut sich so sehr! Und ich will mich ja auch mit ihr freuen! Aber nach der Hochzeit wird sie Hunderte von Kilometern wegziehen und unsere Freundschaft wird nicht mehr dieselbe sein.«
- Ich entscheide mich dafür, die Traurigkeit anzunehmen und zu würdigen: »Hallo Traurigkeit! Du erinnerst mich gerade daran, dass ich ein Beziehungsmensch bin und dass mein Bedürfnis nach Beziehungen, nach Nähe und Bindung momentan ziemlichen ›Hunger‹ hat. Danke für den Hinweis, dass ich mich darum kümmern sollte … Irgendwie ist es auch schön, dass ich meine beste Freundin vermissen kann, denn das bedeutet ja, dass sie mir wirklich wichtig ist und dass unsere Freundschaft echt tief und wertvoll ist.«
- Ich frage mich, ob es jetzt wirklich notwendig oder hilfreich ist, mich zusammenzureißen, oder ob ich nicht ein paar Tränen loslassen kann, um den Kloß im Hals loszuwerden.
- Ich nehme das Bedürfnis nach Bindung ernst und versuche, ihm auf einer anderen Ebene zu begegnen: Ich schreibe z. B. meiner Schwester eine Nachricht und frage sie, ob sie später Lust hat, sich auf einen Kaffee mit mir zu treffen. Ich hole Fotos von Urlauben mit meiner Freundin hervor und erinnere mich daran, was wir al-

les miteinander erlebt haben. Ich nehme ein paar alte Briefe und Karten aus meiner »Schatzkiste« und lese, was Freunde, Familie oder andere Weggefährten mir einmal geschrieben haben. Ich überlege, wann ich einmal wieder Menschen zu mir einladen möchte und wen ich dann gerne dabeihätte. Ich suche aktiv nach einer Gruppe, einem Kurs, einem Verein, dem ich mich anschließen möchte, um regelmäßig Menschen mit ähnlichen Interessen zu treffen. Ich rufe eine Freundin an, von der ich schon länger nichts gehört habe, und höre nach, wie es ihr geht. Ich erzähle Gott, dass ich gerade ziemlich traurig bin und was mich traurig macht, und bitte ihn, dass er für mich da ist, auch wenn ich ihn nicht sehen, hören oder fühlen kann. Oder, oder, oder …
- Wenn ich mich um das Bedürfnis gekümmert habe und sich das traurige Gefühl ein wenig gelegt hat, schaue ich, wie ich körperlich oder im Verhalten einen neuen Impuls setzen kann: Ich richte mich körperlich auf, komme in Bewegung, gehe spazieren oder joggen. Ich mache mir Musik an, die ich mitsingen kann oder die mir neue Energie gibt. Ich suche mir aktiv eine Beschäftigung, die meine Aufmerksamkeit in eine andere Richtung zieht. Bei alldem darf die Traurigkeit noch weiter da sein, aber ich lasse mich nicht mehr von ihr einnehmen, sondern richte meinen Fokus wieder auf etwas, was mir Perspektive, Kraft, Mut, Trost oder positive Energie gibt.

Bei der Bewältigung von Angst möchte ich Ihnen besonders die Prinzipien der Akzeptanz, der Defusion und der Orientierung an Ihren Werten ans Herz legen. Sie könnte dann in etwa folgendermaßen aussehen:

- Ich nehme wahr, dass ich innerlich unruhig und angespannt bin. Beim Gedanken an eine bestimmte Situation, die mir bevorsteht (z.B. einen Zahnarzttermin), merke ich sofort, dass es in meinem Bauch unangenehm kribbelt. Mir wird abwechselnd heiß und kalt, ich kann nicht mehr so frei durchatmen und meine Hände werden leicht feucht und zittrig.
- Ich spüre den Impuls, am liebsten weglaufen und die Situation vermeiden oder aber die Zeit vordrehen zu wollen, damit ich die Situation schon hinter mir habe.
- Ich erkenne und benenne das Gefühl: »Offensichtlich habe ich echt Angst vor diesem Termin. Mein Verstand sagt mir, dass wahrscheinlich nichts Schlimmes passieren wird, aber die Angst ist trotzdem da.«
- Ich entscheide mich dafür, dass ich Angst haben darf, und akzeptiere, dass sie jetzt da ist, auch wenn sie sich fürchterlich anfühlt. »Ich habe Angst, dass es wehtun wird. Das würde ich mir zwar anders wünschen, aber es ist okay, Angst zu haben.«
- Ich versuche, das Bedürfnis hinter der Angst zu erkennen und zu würdigen. »Ich bin als Mensch nun mal so ›programmiert‹, dass ich Schmerzen vermeiden möchte. Aber ich bin erfahren genug, um zu wissen, dass eine Zahnbehandlung auch wehtun kann. Deshalb ist es eine verständliche und gesunde Reaktion, dass ich Angst vor möglichen Schmerzen habe und ihnen eigentlich aus dem Weg gehen möchte.«
- Ich identifiziere automatische Gedanken, die mit der Angst verbunden sind (z.B. »Es wird schrecklich wehtun«), und benenne sie als das, was sie sind (z.B. »Ich habe jetzt den Gedanken, dass es schrecklich wehtun wird«).

- Ich mache mir bewusst, welche übergeordneten Werte mir wichtig sind (z. B. Gesundheit, Selbstfürsorge, Verantwortungsbewusstsein, Vorbildsein für meine Kinder) und dass sie sich in meinem Leben widerspiegeln sollen.
- Mit dem Fokus auf diesen übergeordneten Werten entscheide ich mich, den Termin wahrzunehmen und die Angst »mitzunehmen«. »Okay, Angst, du möchtest mich vor möglichen Schmerzen warnen. Das habe ich jetzt verstanden und es ist grundsätzlich gut gemeint von dir. Mir ist es aber wichtig, mich um meine Gesundheit zu kümmern, und deshalb gehe ich zum Zahnarzt. Ich kann dich nicht daran hindern mitzukommen, also sei von mir aus dabei, aber erwarte nicht, dass ich mich großartig mit dir beschäftigen werde.«
- In dem Wissen, dass meine Angst sowieso mit im Raum ist, spreche ich beim Zahnarzt ganz offen an, dass ich Angst vor Schmerzen habe, sodass er angemessen darauf eingehen kann.

Das alles sind natürlich nur Vorschläge und Anregungen. Sie werden mit dem einen Punkt mehr und mit dem anderen weniger anfangen können. Verstehen Sie es als Einladung zum Ausprobieren und machen Sie Ihre eigenen Erfahrungen, was hilft und was nicht. Im Kern geht es immer darum, Ihren Gefühlen freundlich und wertschätzend zu begegnen, sie als wichtigen und lebendigen Teil Ihres Lebens zu akzeptieren, ihre Herkunft und ihre Botschaft zu verstehen und ernst zu nehmen und verantwortungsvoll auf sie zu reagieren.

»Sag es einfach!« – Gefühle ausdrücken in der »Gewaltfreien Kommunikation«

Wir haben uns bislang vor allem damit befasst, wie wir Gefühle wahrnehmen und regulieren können, wenn wir mit uns alleine sind. Es ging viel um ein inneres Hinhören, Annehmen, Ernstnehmen und auch Ausdrücken von Gefühlen, dies aber ohne ein direktes Gegenüber. Wie schon angekündigt, wenden wir uns im vierten Kapitel dem großen Thema zu, wie wir in unserer Gottesbeziehung mit unangenehmen Gefühlen umgehen können. Eine Beziehungsebene dürfen wir aber auf keinen Fall außer Acht lassen: die Beziehung zu den Menschen, mit denen wir tagtäglich umgehen. Denn sie sind ja in den meisten Fällen daran beteiligt, dass Gefühle in uns ausgelöst oder geweckt werden.

Vielleicht haben Sie sich beim Lesen bis hierher schon ein paar Mal gefragt, wie es praktisch aussehen kann, ehrlich Gefühle wie Ärger, Angst und Traurigkeit auszudrücken, ohne unsere Umwelt damit zu überfordern oder gar Beziehungen zu gefährden. Sicherlich kann es nicht der Weisheit letzter Schluss sein, in jeder emotional aufgeladenen Situation unseren Mitmenschen alle unsere Gefühle und Gedanken ungefiltert »vor die Füße zu spucken«. Wir müssen ganz genau hinschauen, welche Situation und welche Beziehung es überhaupt wert ist, dass wir uns emotional öffnen. Denn wir geben ja in dem Moment etwas Wertvolles von uns preis, und das ist nicht jedem gegenüber angezeigt. Da aber, wo unsere Offenheit gut investiert ist, weil sie zu einer konstruktiven Entwicklung oder Veränderung beitragen kann, können wir Wege lernen, unsere Gefühle ehrlich und sozial kompetent mitzuteilen.

Einen Ansatz hierfür bietet das Konzept der »Gewaltfreien Kommunikation« vom amerikanischen Psychologen Marshall

B. Rosenberg, das ich für sehr hilfreich und im Alltag gut umsetzbar halte. Es gibt viele gute Bücher, Videos und umfangreiche Seminare dazu, falls Sie entdecken, dass es sich für Sie (bzw. für Ihre Familie oder Ihre Partnerschaft) lohnen könnte, sich intensiv damit zu beschäftigen. An dieser Stelle möchte ich den Ansatz nur in seinen Grundzügen vorstellen, um damit vor allem deutlich zu machen: Ärger auszudrücken heißt nicht automatisch, mein Gegenüber zu verletzen, und über meine Traurigkeit zu sprechen, muss mein Gegenüber nicht schwer belasten. Grundlage dessen, was ich Ihnen hier an die Hand geben möchte, ist das Buch »Gewaltfreie Kommunikation. Eine Sprache des Lebens« von Rosenberg[29], in dessen Titel schon das Kernanliegen dieses Konzepts ausgedrückt wird: »Eine Sprache des *Lebens*« (Hervorhebung der Autorin).

Die »Gewaltfreie Kommunikation« soll zwischenmenschliche Beziehungen stärken, indem ein Kommunikationsstil gelebt wird, der von Transparenz, Empathie und Wertschätzung geprägt ist. Sie ist sicherlich kein Garant für Konfliktlösungen und kein Allheilmittel gegen Missverständnisse und Streit. Aber da, wo Menschen sich freiwillig für diesen Weg der Kommunikation miteinander entscheiden, entsteht ein guter Nährboden für gegenseitiges Verständnis, Auflösung von zwischenmenschlichen Spannungen und einen wertschätzenden, gesunden Umgang mit Gefühlen.

Rosenberg unterscheidet zwischen »lebensentfremdender Kommunikation« und »gewaltfreier Kommunikation«. Die *lebensentfremdende Kommunikation* heißt bei ihm auch »Wolfssprache« und kann leicht zur Zerstörung von Beziehungen beitragen. Sie ist – sehr vereinfacht gesprochen – aggressiv und verletzend und ist im Wesentlichen durch vier Merkmale gekennzeichnet:

- Urteile und Vorwürfe
- Vergleiche
- Leugnen von Verantwortung
- Forderungen statt Bitten

Urteile und Vorwürfe sind z. B. Äußerungen wie »Das ist so egoistisch von dir«, »Du interessierst dich doch überhaupt nicht für mich«, »Nie hörst du mir zu« oder »Du bist schon wieder so kompliziert«. Hierbei bringen natürlich Verallgemeinerungen wie »nie«, »immer«, »schon wieder« usw. noch eine Extraportion Schärfe hinein. Diese Urteile und Vorwürfe werden auch als »Diagnosen« bezeichnet, weil man dem Gegenüber damit eine Art »Problem-Stempel« aufdrückt. Wenn ich meinem Partner sage, dass er »so kompliziert« oder »egoistisch« ist, dann sage ich ihm damit auch deutlich, dass *er* das Problem ist. *Er* ist verantwortlich für das Problem, weil *er* so ist, wie er ist. An Vorwürfen ist das Zerstörerische, dass sie meist viel eigene Interpretation und Deutung beinhalten, mit der ich meinem Gegenüber unrecht tue. »Du hörst mir nicht zu« ist meine Deutung seines Verhaltens, tatsächlich aber weiß ich gar nicht, ob er mir zuhört, und kann nur sein sichtbares Verhalten beobachten und daraus Schlüsse ziehen.

Vergleiche schätzen Sie vielleicht im ersten Moment gar nicht als aggressiv und verletzend ein. Tatsächlich sind sie es aber. Oder hören Sie gerne den Satz »Jetzt klingst du genau wie deine Mutter«? »Du wirst immer mehr wie dein Bruder« oder »Du verhältst dich wie ein kleines Kind« sind ebenfalls Aussagen, die wehtun, weil wir in ein Schema oder eine Schublade gesteckt werden (»Mutter«, »Bruder«, »kleines Kind«) und nicht individuell als eigenständige Person wahrgenommen werden. Wenn wir dann noch mit jemandem verglichen werden, den wir selbst unangenehm finden oder gering schätzen, kommt der Vergleich schon fast einer Beleidigung gleich.

Wer Geschwister hat (v. a. Geschwister desselben Geschlechts), kennt sehr wahrscheinlich Vergleiche. Man vergleicht sich untereinander und man wird von außen verglichen. Talente, Schulleistungen, Interessen, das Gesicht oder Temperament, ja sogar Figur und Körperbau werden manchmal unangenehmen Vergleichen unterzogen. Und selbst wenn sie wertneutral sind (»Deine Schwester hat das ja ganz anders gemacht«) oder sogar schmeichelhaft (»Das kannst du ja noch besser als dein Bruder«), sind sie keine echten Geschenke, weil man die andere Person damit bewertet oder mindestens in eine Rangreihe einordnet, statt sie einfach so zu nehmen und wahrzunehmen, wie sie ist.

Mit dem *Leugnen von Verantwortung* ist gemeint, dass ich die Verantwortung für meine Gefühle und mein Befinden jemand anderem zuschiebe, statt sie selbst zu übernehmen. Wenn ich formuliere: »Mein Chef macht mich rasend«, »Deine Mutter bringt mich auf die Palme« oder »Du machst mich echt traurig«, dann drücke ich damit aus, dass jeweils der andere Mensch schuld ist an meinem Gefühlszustand. Er bewirkt, dass es mir so geht, und trägt damit die Verantwortung und Schuld an meinem Befinden. Tatsächlich aber liegt es bei mir, ob ich »rasen« oder »die Palme hochgehen« muss oder ob ich einen anderen Weg finde, mit der Situation umzugehen. Wenn ich traurig bin, dann ist das *mein* Gefühl, hinter dem *mein* Bedürfnis steht. Und es ist *meine* Verantwortung, damit umzugehen.

Dass *Forderungen statt Bitten* aggressiv wirken, ist Ihnen wahrscheinlich eher wieder geläufig. Wenn wir sagen: »Es ist ja wohl nicht zu viel verlangt, dass *du* jetzt mal mit dem Hund rausgehst«, oder: »Ich kann doch wohl erwarten, dass du einmal in der Woche dein Zimmer aufräumst!«, stellen wir das, was eigentlich eine Bitte oder ein Wunsch von uns ist, so dar, als sei es ein Rechtsanspruch, den wir geltend machen können.

Eine absolute Forderung, die nicht diskutiert oder abgelehnt werden kann. Das ist aggressiv und grenzüberschreitend dem anderen gegenüber und löst natürlicherweise Widerstand und Gegendruck aus, denn jeder Mensch hat das Bedürfnis, eigene Entscheidungen zu treffen und frei in seinem Handeln zu sein. Eine Forderung ist eine deutliche Einschränkung dieser Freiheit und bewirkt, dass wir uns durch Widerstand unsere Freiheit zurückerobern wollen (nach dem Motto: »Das wollen wir aber erst noch sehen«).

Wie Sie sich vorstellen können, sind die Effekte dieser »Wolfssprache« häufig Blockaden in Beziehungen, gegenseitige Verletzungen, verhärtete Fronten und die Eskalation von Konflikten.

Ihr gegenüber steht die *Gewaltfreie Kommunikation*, die auch »Giraffensprache« genannt wird. Dieser Begriff rührt daher, dass die Giraffe von allen an Land lebenden Säugetieren das größte Herz hat und die Gewaltfreie Kommunikation eine »Sprache des Herzens« sein soll. Darüber hinaus steht der lange Hals der Giraffe sinnbildlich für Weitsicht. Die »Giraffensprache« soll Verständnis und Empathie fördern, einen ehrlichen Austausch über Gefühle und Bedürfnisse und ehrliche, fruchtbare Kommunikation auf Augenhöhe ermöglichen. Auch sie lässt sich vereinfacht in vier Punkten bzw. vier Schritten zusammenfassen:

- Beobachtung
- Gefühl
- Bedürfnis
- Wunsch bzw. Bitte

Im ersten Schritt der *Beobachtung* benenne bzw. beschreibe ich ganz sachlich die Situation, auf die ich mich beziehe. Hier sind alle Interpretationen, Deutungen und Wertungen konsequent herauszuhalten. Ich bleibe bei dem, was sichtbar, hörbar und objektiv wahrnehmbar ist. Als gedankliche Hilfe stelle ich mir vor, die Situation, über die ich sprechen möchte, wäre auf Video aufgenommen worden. Was würde man in der Aufnahme sehen und hören?

Als Zweites identifiziere und benenne ich mein *Gefühl* in dieser Situation. Hier ist mit einer Aussage wie »Das ist doch bescheuert« niemandem geholfen, sondern es geht darum, offen und transparent auf den Tisch zu legen, was ich gerade empfinde: »Ich fühle mich …«

Den Zusammenhang zwischen Gefühlen und *Bedürfnissen* kennen wir inzwischen gut, und er ist auch hier transparent zu machen. Welches Bedürfnis oder welcher Wert liegt meinem Gefühl zugrunde? Es können ja in derselben Situation ganz unterschiedliche Bedürfnisse sein, die zu einem bestimmten Gefühl führen, und damit mein Gesprächspartner mich wirklich verstehen kann, ist es meine Verantwortung, ihn auf diese Ebene der Bedürfnisse »mitzunehmen«.

Meinen *Wunsch* oder meine *Bitte* an mein Gegenüber zu äußern, ist dann der letzte, aber nicht minder wichtige Schritt. Ich darf und soll klar kommunizieren, was ich mir von meinem Gegenüber wünsche oder erbitte. Auch daran fehlt es häufig in der Alltagskommunikation: Man spürt sehr deutlich die »dicke Luft« und die Unzufriedenheit des anderen, weiß aber gar nicht so recht, was genau man tun soll oder was der andere von einem möchte.

Was auf den ersten Blick vielleicht sehr klar und einfach scheint, braucht tatsächlich zu Beginn viel Aufmerksamkeit und einiges an Übung. In der Psychotherapie mache ich hier immer wieder die Erfahrung, dass es den meisten Menschen gar nicht leichtfällt, gewohnte Kommunikationsmuster zu verlassen, und dass wir ganz selbstverständlich sehr viel »wölfischer« kommunizieren, als uns bewusst ist.

Ich werde nun das Ganze an einer Beispielsituation veranschaulichen und einen Konflikt einerseits mit Wolfssprache und andererseits mit Giraffensprache »lösen«. Stellen wir uns einmal vor, ich hätte zu Hause gerade aufgeräumt und den Boden gewischt und mein fiktiver 14-jähriger Sohn Jonas käme von draußen herein, ließe seinen Rucksack fallen und liefe mit dreckigen Schuhen über den noch feuchten Boden.

Nach dem Muster der Wolfssprache könnte ich sagen: »Nee, oder?! Genau wie dein Vater! Einfach mal alles hinschmeißen, und Mama wird's dann schon wegräumen! Und dass ich hier gerade frisch gewischt habe, ist dir auch völlig egal, oder? Kein Wunder, dass es in deinem Zimmer aussieht wie im Saustall!« So oder so ähnlich könnte es ablaufen, und es wäre noch nicht mal die aggressivste aller denkbaren Varianten. Sie können sich wahrscheinlich gut vorstellen, wie sich die Situation emotional weiter hochschaukeln würde, und vielleicht fällt Ihnen gerade auch schon ein eigenes Beispiel aus Ihrer Lebenswirklichkeit ein.

Spulen wir die Szene jetzt noch einmal zurück und versuchen wir es mit der Giraffensprache – ohne Urteile, Vorwürfe, Vergleiche und Forderungen. Ich könnte erst einmal kräftig ausatmen, um meiner ärgerlichen Anspannung ein Ventil zu geben, und dann sagen: »Jonas, ich hatte hier gerade alles aufgeräumt und frisch gewischt. Jetzt liegt dein Rucksack auf dem Boden und es ist wieder dreckig (Beobachtung). Ich bin echt sauer (Gefühl), weil ich endlich mal Feierabend machen will und es dafür sauber und ordentlich haben möchte (Bedürfnis).

Also zieh bitte deine Schuhe aus, wisch hier noch mal drüber und nimm deinen Rucksack dann bitte mit in dein Zimmer (Bitte).«

Natürlich kann ich mit dieser Art der Kommunikation nicht beeinflussen, ob mein fiktiver Sohn mir überhaupt zuhört, mich versteht, geschweige denn, ob er auf meine Bitte eingeht. Er kann selbstverständlich trotzdem hochgradig genervt von mir sein, motzen, mich ignorieren oder mich mit einem »Ja, gleich« abspeisen. Gewaltfreie Kommunikation hat ja eben *nicht* das Ziel, meinen Gesprächspartner zu manipulieren, und deshalb kann dieser immer noch eigenen destruktiven Mustern folgen. Aber ich kann versuchen, ihn auf Augenhöhe anzusprechen, und von meiner Seite aus alles dafür tun, dass er sich nicht angegriffen fühlt, sondern mich verstehen und mir entgegenkommen kann, wenn er es möchte.

Ich weiß nicht, wie die »Giraffensprache« jetzt auf Sie gewirkt hat. Vielleicht erscheint sie Ihnen sehr künstlich und holprig, weil es ungewohnt für Sie ist, so zu sprechen. Möglicherweise haben Sie sich aber auch im ersten Moment gewundert, dass sie gar nicht so »weichgespült« klingt, wie Sie erwartet haben. Nein, Gewaltfreie Kommunikation ist kein »Weichspüler« und keine Strategie, um Konflikte zu vermeiden und Harmonie um jeden Preis zu sichern. Im Gegenteil: Sie ist sehr klar und in gewisser Weise auch konfrontativ, weil ich mein Gegenüber direkt mit meinen Gefühlen, Bedürfnissen und meinen Bitten oder Wünschen an es konfrontiere. Aber ich mache eben nur Äußerungen über mich – meine Beobachtung, meine Gefühle, meine Bedürfnisse und meine Bitten bzw. Wünsche – und verzichte darauf, meinem Gegenüber irgendetwas zuzuschieben an Verantwortung, Schuld, Vorwurf, Unterstellung, Festlegung oder dergleichen. So gesehen ist diese Kommunikation eigentlich einfach, weil ich ganz bei mir bleiben kann, und gleichzeitig braucht sie etwas Übung, weil wir eben genau das – bei mir zu bleiben – nicht gewohnt sind.

Ich lade Sie ein, sich mit den vier Schritten der Gewaltfreien Kommunikation vertraut zu machen und im Alltag immer wieder Gelegenheiten wahrzunehmen, diese wenigstens gedanklich einzuüben. Wie schon erwähnt, ist es nicht in jeder Situation und in jeder Beziehung angezeigt, sich so offen und ehrlich mitzuteilen. Aber wann auch immer Sie ein schwieriges Gespräch vor sich haben, einen Konflikt klären oder etwas Kritisches ansprechen möchten, lohnt es sich, im Vorhinein diese vier Schritte durchzugehen: »Um was genau geht es mir? Was ist die Situation, die ich ansprechen möchte? Welche Gefühle habe ich in Bezug darauf? Was sind meine Bedürfnisse dahinter? Und was wünsche ich mir vom anderen?« Auf diese Weise gewinnen Sie für sich selbst Klarheit und finden Ihren Standpunkt. Selbst wenn es dann solch ein offenes Gespräch gar nicht gibt, sind Sie durch diese Überlegungen in einem guten Kontakt mit sich selbst, verstehen, was Sie bewegt, und kennen Ihre Position zu dem Konfliktpunkt.

Wenn Sie an Routine in der Gewaltfreien Kommunikation gewinnen, dann geht Ihnen folgender Satz vielleicht irgendwann ganz selbstverständlich und flüssig über die Lippen: »Wenn ich sehe, dass … (Beobachtung), dann werde ich … (Gefühl), weil ich … brauche (Bedürfnis), und deshalb bitte ich dich … (Wunsch/Bitte).« Als Vorstufe davon versuchen Sie doch einfach häufiger – da, wo es passt –, Ihr Gefühl in Worte zu fassen. Ich werde häufig gefragt: »Wie kann ich meinen Ärger ausdrücken, ohne jemanden zu verletzen?« Ganz einfach: indem Sie ihn ansprechen und beim Namen nennen: »Ich bin ärgerlich!« Das ist maximal ehrlich, transparent und klar und hilft Ihrem Gegenüber, Sie zu verstehen und Ihre Anspannung einzuordnen. Und gleichzeitig ist es nicht aggressiv im negativen Sinne, nicht verletzend und nicht ungerecht. Probieren Sie doch einmal aus, was passiert, wenn Sie das, was sowieso als Stimmung »in der Luft liegt«, offensiv ansprechen, benennen und somit greifbar machen.

Es könnte gut sein, dass Sie sich beim Benennen Ihrer Gefühle noch schwertun, weil Ihnen schlichtweg die »Vokabeln« dafür fehlen. Die sieben Grundemotionen haben Sie inzwischen kennengelernt, aber das ist zu wenig, um all die Gefühle zu benennen, die der Alltag uns so anbietet. Für diesen Fall habe ich im Anhang einen »Wortschatz der Gefühle« zusammengestellt. Schauen Sie diesen einmal in Ruhe durch und markieren Sie sich vielleicht die Gefühle, die Sie besonders gut kennen, weil sie Ihnen immer wieder begegnen. Und wenn Sie dann die Giraffensprache üben möchten, nehmen Sie sich ruhig diese »Vokabelliste« zu Hilfe und schauen Sie, welches Wort am besten zu Ihrem Gefühl passt.

Gefühle eines Christenmenschen

Im zweiten Kapitel haben wir uns ausführlich mit dem Ursprung und Sinn von Gefühlen beschäftigt und festgehalten, dass wir Gefühle nicht lernen müssen, sondern dass sie uns von Anfang an in die Wiege gelegt sind. Wir lernen zwar mit der Zeit, sie zu erkennen, zu benennen, auszudrücken und zu regulieren. Aber die Gefühle selbst – traurig zu sein, Angst zu haben oder uns zu ärgern – muss uns niemand beibringen.

Aus der Forschung zur Entwicklungspsychologie wissen wir mittlerweile, dass wir sogar schon fühlen, lange bevor wir das Licht der Welt erblicken. Ultraschallaufnahmen zeigen, dass ein Fötus z. B. auf eine Angst- oder Stresssituation der Mutter mit auffälligen Bewegungen und besonderer Mimik reagiert. Und emotional stark belastende Ereignisse während der Schwangerschaft hinterlassen nachweislich Spuren in den neuronalen Netzwerken des Kindes, werden gespeichert und können noch viele Jahre später Auswirkungen nach sich ziehen. Auf der anderen Seite können eben auch Entspannung, Freude, Genuss, Zufriedenheit und eine positive Zuwendung zum ungeborenen Kind schon in den ersten Schwangerschaftsmonaten eine gute Grundlage für eine positive Entwicklung legen.

Doch wo tauchen eigentlich menschheitsgeschichtlich zum ersten Mal Gefühle auf? Wenn wir die Schöpfungsgeschichte in 1. Mose 2–3 lesen, dann ist das erste ausdrücklich erwähnte Gefühl des Menschen die *Angst*.

Und sie (Adam und Eva) hörten die Stimme des HERRN, Gottes, der im Garten wandelte bei der Kühle des Tages. Da versteckten sich der Mensch und seine Frau vor dem Angesicht des HERRN, Gottes, mitten zwischen den Bäumen des Gartens. Und der HERR, Gott, rief den Menschen und sprach zu ihm: Wo bist du? Da sagte er: Ich hörte deine Stimme im Garten, und ich *fürchtete mich*, weil ich nackt bin, und ich versteckte mich.

1. MOSE 3,8-10 (Hervorhebung der Autorin)

Einen Vers vorher können wir auf ein anderes Gefühl schließen, ohne dass es ausdrücklich genannt wird: »Da wurden ihrer beider Augen aufgetan, und sie erkannten, dass sie nackt waren; und sie hefteten Feigenblätter zusammen und machten sich Schurze« (1. Mose 3,7). Die Tatsache, dass Adam und Eva ihre Nacktheit hinter Feigenblättern verstecken wollten, lässt vermuten, dass sie von *Scham* ergriffen waren. Interessanterweise wird ein paar Verse zuvor, nämlich in 1. Mose 2,25, extra darauf hingewiesen, dass sie zu diesem früheren Zeitpunkt offensichtlich noch kein Problem mit ihrer Nacktheit hatten: »Und sie waren beide nackt, der Mensch und seine Frau, und sie schämten sich nicht.« Angst und Scham werden also von Adam und Eva zum ersten Mal erlebt, nachdem sie sich über Gottes Verbot hinweggesetzt und von der verbotenen Frucht gegessen haben. Von *Ärger* lesen wir explizit zum ersten Mal in der Geschichte von Kain und Abel: »Da wurde Kain sehr zornig, und sein Gesicht senkte sich« (1. Mose 4,5, also ebenfalls deutlich nach dem »Sündenfall«). Von da an begegnen uns dann überall im Alten und Neuen Testament Menschen mit ihren Gefühlen und sie scheinen ganz natürlich zu ihnen zu gehören.

Können bzw. sollten wir jetzt daraus schließen, dass Gefühle wie Angst, Scham und Wut demnach »Früchte der Sünde« sind? Probleme, die der Mensch sich durch sein Fehlverhalten selbst eingebrockt hat? Das würde ja bedeuten, dass sie unmittelbar an die Sünde gekoppelt, ja vielleicht sogar selbst sündhaft und deshalb grundsätzlich abzulehnen sind! Ich kenne Stimmen, die diese Position vertreten, und ich verstehe sogar deren logische Herleitung. Wenn nach einem Ereignis auf einmal etwas da ist, was vorher noch nicht da war, dann ist es logisch, zu vermuten, dass es durch dieses Ereignis entstanden und darauf zurückzuführen ist.

Aber schauen wir einmal genauer hin. Sind Adam und Eva, bevor sie von der besagten Frucht essen, gefühllose Wesen? Auf keinen Fall! Nachdem Gott Adam geschaffen hat, stellt er fest: »Es ist nicht gut, dass der Mensch allein ist; ich will ihm eine Hilfe machen, die ihm entspricht« (1. Mose 2,18). Über den Begriff »Hilfe« oder »Gehilfin« ist schon viel diskutiert worden und darauf möchte ich an dieser Stelle nicht den Fokus richten. Wichtiger ist mir der Aspekt, dass Gott Adams Bedürfnisse kennt und ihm ein Gegenüber schenken möchte, das »ihm entspricht«. Dass er daraufhin erst einmal sämtliche Tiere erschafft, Adam jedoch angesichts von Kaninchen, Hammerhai, Möwe, Warzenschwein usw. merkt: »Für den Menschen fand sich keine Gehilfin, die ihm entsprochen hätte« (1. Mose 2,20; SLT), finde ich eine lustige Vorstellung. Dann aber erschafft Gott Eva, und jetzt kommt der entscheidende Ausruf von Adam: »Das ist endlich Gebein von meinem Gebein und Fleisch von meinem Fleisch« (1. Mose 2,23; LUT). Wenn das mal nicht von einem starken Gefühl zeugt! Wann gebrauchen Sie das Wort »endlich«? Doch nur, wenn Sie etwas herbeigesehnt haben und das nach langem Warten nun eingetroffen ist: »*Endlich* kommt mal die Sonne raus (ich hatte die Dunkelheit, den Nebel und den Regen wirklich satt)«, »*Endlich* werde ich aufgerufen (immerhin sitze ich schon seit drei Stunden mit Schmerzen in der Notaufnahme)«, »*Endlich* bekomme ich eine Gehaltserhöhung (nachdem ich mich jahrelang so ins Zeug gelegt habe)«. *Endlich* mal wieder … ein freies Wochenende, eine Nacht durchschlafen, meine Familie sehen. Ich bin überzeugt, dass Ihnen auch noch viele Situationen einfallen, über die Sie denken oder gedacht haben: »Endlich!« Und dieser Ausruf zeugt gleich von mindestens zwei Gefühlen: Da ist große Freude oder Erleichterung über das, was endlich passiert bzw. was man endlich bekommt. Und da war vorher eine Sehnsucht nach etwas, eine Unzufriedenheit oder Ungeduld. Wenn Adam also ausruft: »Das ist *endlich* Gebein von meinem Gebein und Fleisch von meinem Fleisch« (Hervorh. d. A.), dann können wir davon ausgehen, dass er in irgendeiner Weise unzufrieden oder ungeduldig war bzw. sich nach einem Gegenüber gesehnt hat. Zu diesem Zeitpunkt aber ist von Sündenfall oder Aufbegehren gegen Gott noch lange keine Rede. Das bedeutet: Das unangenehme Gefühl von Adam – oder besser: sein ungestilltes Bedürfnis nach einem Gegenüber, das ihm entspricht – ist nichts, was er sich selbst »eingebrockt« hat. Es ist auch nicht erst durch die Trennung von Gott entstanden, sondern war ihm von Anfang an zu eigen – und Gott weiß darum und schenkt ihm deshalb »endlich« Eva als Partnerin.

Betrachten wir die Frage nach dem Ursprung der Gefühle doch noch einmal aus einer anderen Perspektive: Wenn Ärger, Traurigkeit und Angst erst durch die Trennung von Gott entstanden wären, würde das ja bedeuten, dass Gott den Menschen ursprünglich ohne diese Gefühle geschaffen hätte. Dann hätte er ein Wesen erschaffen, das emotional völlig leer ist und schlichtweg überhaupt nichts fühlt. Dementgegen steht aber zum einen, dass Gott den Menschen ja nicht als Werkzeug, als

Arbeitsgerät oder Deko-Objekt für seinen Garten geschaffen hat, sondern als Beziehungspartner. Gott liebt Gemeinschaft und Beziehungen, und aus diesem Motiv heraus hat er sich ein Gegenüber geschaffen, das er lieben und mit dem er Gemeinschaft haben kann. Und dass es für Gemeinschaft und Beziehungen mindestens eine Grundausstattung an Gefühlen braucht, dürfte uns allen wohl mehr als klar sein. Zum anderen lesen wir auch, dass Gott den Menschen zu einer »lebendigen Seele« machte. »Da bildete Gott der Herr den Menschen, Staub von der Erde, und blies den Odem des Lebens in seine Nase, und so wurde der Mensch eine lebendige Seele« (1. Mose 2,7; SLT). Mir gefällt dieser Ausdruck sehr gut. »Lebendige Seele« – das beinhaltet Wahrnehmen, Empfinden, Mitschwingen, in Beziehung gehen … und einen vielfältigen Reichtum an Bedürfnissen und Gefühlen.

Na gut, könnte man jetzt einwenden, dann ist der Mensch grundsätzlich schon als fühlendes Wesen geschaffen, aber er ist nicht dazu bestimmt, Ärger, Traurigkeit, Angst und dergleichen zu empfinden. – Ist an diesem Gedanken etwas dran? Sind vielleicht wirklich nur die »positiven« Gefühle wie Freude, Liebe, Zufriedenheit, Dankbarkeit, Glück usw. gottgegeben und die schmerzhaften Gefühle gehen doch auf die Sünde und die Trennung von Gott zurück? Ist es nicht Gottes ursprünglicher Wille, dass wir glücklich sind, dass wir uns freuen, dankbar sind, lieben, zufrieden sind usw.? Dann wäre es doch nur konsequent und logisch, wenn er uns ausschließlich mit solchen Gefühlen ausgestattet hätte. Aber mal ehrlich: Wie wertvoll ist die Freude eines Menschen, wenn er nicht auch fähig ist, traurig zu sein? Wie viel bedeutet Ihnen ein liebevolles oder wertschätzendes Wort eines Menschen, wenn Sie wissen, dass er niemals etwas Kritisches sagen kann und gar nicht in der Lage ist, negativ zu denken?

Letztlich berühren wir hier auch das Thema des freien Willens des Menschen. Wir haben einen freien Willen, damit wir uns freiwillig Gott zuwenden oder von ihm abwenden können. Damit wir seine Nähe suchen *können*, aber nicht *müssen*. Auch das steckt in dem Begriff der »lebendigen Seele«: Sie hat eine eigene Dynamik und kann Entscheidungen treffen – für oder gegen etwas. Gott als Schöpfer hat uns also befähigt, uns ihm und einander zuzuwenden oder uns abzuwenden. Wir sind in der Lage, zu lieben und uns zu freuen, genauso aber auch, uns zu ärgern und zu hassen.

Ich glaube schon, dass Gottes ursprüngliche Idee mit uns Menschen tatsächlich einmal war, dass wir in Liebe, gegenseitiger Annahme und Wertschätzung miteinander leben, dankbar und voller Freude sind. Dass unsere Bedürfnisse gestillt sein sollten und unser Mangel ausgefüllt sein sollte. Er hatte aber auch die Weisheit und den Weitblick, zu sehen, dass es nicht so kommen würde und dass wir deshalb noch ein anderes Repertoire an Gefühlen brauchen würden. Erinnern wir uns doch noch einmal an den Sinn und die Funktion von Gefühlen: Gefühle sind Botschafter unserer Bedürfnisse und zeigen uns an, wenn diese ungestillt, unbefriedigt oder unterversorgt sind, damit wir uns dann verantwortungsvoll darum kümmern können. Sie haben damit dieselbe Funktion wie die Kontrolllampe im Auto, die anzeigt, wenn Kraftstoff oder Öl fehlt. Im Idealfall leuchtet diese nie auf, aber es ist gut, dass es sie gibt und uns auf ein Problem hinweisen kann. Oder noch drastischer: Ich nehme an, wir alle haben Rauchmelder in unserer Wohnung. Nicht, um sie besonders häufig und gerne in Betrieb zu nehmen, sondern eher in der Hoffnung, dass wir sie nie brauchen werden. Ist das nicht absurd? Wir kaufen und installieren etwas, von dem wir uns wünschen, dass es überflüssig ist?! Nein, es ist klug, weil wir wissen, dass aus Unachtsamkeit, einem technischen Fehler oder anderen ungünstigen Umständen ein Brand entstehen kann, und dann wollen wir rechtzeitig aufmerksam darauf werden und ihn bekämpfen.

Vielleicht können wir die unangenehmen Gefühle als »Rauchmelder« unserer »lebendigen Seele« verstehen. Es wäre wunderschön, wenn wir sie nicht brauchen würden! Ja, es wäre fantastisch, wenn wir niemals Grenzüberschreitungen erleben würden, die uns ärgerlich machten. Wenn wertvolle Bindungen niemals zerbrechen würden und wir deshalb keine Traurigkeit zu empfinden bräuchten. Wenn unser Bedürfnis nach Sicherheit niemals bedroht wäre und wir deshalb keinen Grund hätten, Angst zu haben. Das Leben bietet aber nun einmal all diese schwierigen und schmerzhaften Erfahrungen, und deshalb ist es großartig, dass wir von Gott so geschaffen sind, dass wir sie angemessen wahrnehmen und auf sie reagieren können.

Ein letztes und gleichzeitig vielleicht das einleuchtendste Argument, warum wir fühlende Geschöpfe sind, die auch unangenehme Gefühle haben können, sind folgende Verse: »Und Gott sprach: Lasset uns Menschen machen, *ein Bild, das uns gleich sei* … Und Gott schuf den Menschen zu seinem Bilde, zum Bilde Gottes schuf er ihn« (1. Mose 1,26-27; Hervorh. d. A.). Ich wette, ebenso wie ich haben Sie diese Verse schon oft gehört oder gelesen. Aber was bedeuten sie? Was heißt es eigentlich, als Ebenbild Gottes geschaffen zu sein?

Wenn ich als Kind gebastelt habe und z. B. viele schöne Sterne aus Papier haben wollte, habe ich eine Schablone von einem besonders schönen Stern angefertigt und dann die Umrisse dieser Schablone dutzendfach auf verschiedenfarbiges Papier übertragen. Ist die Sache mit der Ebenbildlichkeit so zu verstehen? Hat uns Gott nach seiner Schablone geschaffen? Sicher nicht, denn Gott braucht keine Kopie von sich selbst – er wollte ein Gegenüber! Und »zu seinem Bild« geschaffen zu sein, bedeutet, kompatibel und zu einer Beziehung mit ihm fähig zu sein. Auf einer sehr simplen Ebene ist es vielleicht eher mit dem Prinzip eines Puzzles zu vergleichen. Wenn ich Ihnen ein selbst gemachtes großes Puzzleteil gäbe und Sie bäte, »nach diesem Vorbild« ein weiteres Teil zu basteln, damit ein großes Puzzle entsteht, dann würde ich nicht exakt dieses Teil noch einmal haben wollen. Ich hätte dann gerne ein Puzzleteil, das in seiner Form ganz genau an meines passt, das farblich denselben Stil hat und das Motiv von meinem Puzzleteil weiterführt. Wir sind weder eine perfekte noch eine schlechte Kopie Gottes. Wir sind überhaupt keine Kopie, sondern Geschöpfe, die perfekt zu ihrem Schöpfer passen, damit wir in Beziehung mit ihm leben können. Und das heißt konkret, dass Gott uns die Fähigkeit gegeben hat, zu fühlen, zu wollen, zu sprechen, zu handeln, über uns selbst nachdenken zu können und kreativ zu sein bzw. uns an Kreativität zu freuen. Ich war schon oft in den Bergen und stand von Ehrfurcht gepackt auf einem Gipfel – ergriffen von der Schönheit der Landschaft, von der Weite des Himmels, der Größe der Berge, den Farben der Blumen und des Lichts … und neben mir trotteten die Gämsen völlig gleichgültig vorbei, weil sie einfach nur frisches Gras suchten. Im Gegensatz zu Tieren können wir Kreativität und Schönheit wahrnehmen, uns berühren lassen und selbst schöne Dinge schaffen – weil das eine göttliche Eigenschaft ist, die Gott uns gegeben hat.

Und schließlich: Wenn es Gottes Wunsch war, ein Gegenüber, einen Beziehungspartner, zu haben, dann ist es notwendig, dass *beide* Seiten fähig sein müssen, zu fühlen! Gott selbst wird uns in der Bibel als ein fühlender Gott vorgestellt. Dabei empfindet er nicht nur Freude und Liebe, wie wir noch sehen werden, sondern auch »unangenehme Gefühle« wie Ärger, Traurigkeit, Eifersucht usw. Diese Gefühle können bei *ihm* nun wirklich keine Folge von Sünde sein, sondern gehören elementar zu seinem Wesen. Und wir Menschen, die wir nach seinem Bild geschaffen sind, haben schon deshalb dieselben Gefühle im Repertoire wie er. Schuld, Sünde und Trennung von Gott spielen für den Ursprung dieser Gefühle keine Rolle.

Gott – der fühlende Schöpfer und Vater

Die Fähigkeit, zu fühlen und mit Gefühlen umzugehen, haben wir also mit Gott gemeinsam. Aber sind unsere Gefühle auch exakt dieselben? Wie fühlt Gott?

Während ich diese Frage formuliere, frage ich mich gleichzeitig, ob es nicht ziemlich anmaßend ist, so eine Frage zu stellen, geschweige denn, sie beantworten zu wollen. Und auf eine gewisse Weise ist es das tatsächlich, denn in letzter Konsequenz würde das ja bedeuten, ich könnte Gott verstehen, durchschauen, analysieren und einschätzen … Doch das tue ich definitiv nicht! Nach vielen Jahren des Christseins ist mir Gott zwar inzwischen recht vertraut, und ich glaube, dass das Bild, das ich von ihm mit der Zeit gewonnen habe, sein Wesen ansatzweise erfasst. Gleichzeitig weiß ich aber, dass dieses Bild nur sehr unvollkommen und bruchstückhaft sein kann, weil Gott sich in kein Bild und in keinen Rahmen pressen lässt. Er ist souverän, er ist größer als jede Vorstellung, die wir von ihm haben, und es liegt in seinem »Gott-Sein« und unserem »Mensch-Sein« begründet, dass wir ihn mit unserem Verstand nie vollständig erfassen können. Was z. B. mein Verständnis von Gottes Wort angeht, muss ich gestehen: Je mehr ich lese und mich dort hineinvertiefe, desto mehr Fragen stellen sich mir. Ja, ich stelle mir heute Fragen, die mir vor zehn oder zwanzig Jahren noch überhaupt nicht in den Sinn gekommen wären, und ich stoße plötzlich auf Bibelworte, die mich völlig irritieren und über die ich vor Jahren entspannt hinweggelesen hätte. Das Schöne daran ist aber: Es macht mir keine Angst und es verunsichert mich nicht in meinem Glauben. Es erinnert mich daran, demütig zu bleiben und anzuerkennen, dass es noch viele Geheimnisse rund um Gottes Wesen und Wirken gibt. Und wenn ich Gott wieder einmal nicht verstehe, dann nicht etwa, weil ich zu dumm bin, nicht genug in der Bibel lese oder weil in der Beziehung zu ihm etwas »faul« ist, sondern schlichtweg, weil er Gott ist und ich Mensch bin. Er – der Schöpfer, ich – sein Geschöpf. Ich freue mich schon darauf, irgendwann das große Ganze zu sehen, die Mosaiksteine zusammensetzen zu können und die Geheimnisse zu lüften. Denn: »Wir sehen jetzt durch einen Spiegel in einem dunklen Bild; dann aber von Angesicht zu Angesicht. Jetzt erkenne ich stückweise; dann aber werde ich erkennen, gleichwie ich erkannt bin« (1. Korinther 13,12).

In dem Wissen also, dass ich mich hier mit meinen Gedanken, Fantasien und Vorstellungen dem wahren Wesen Gottes nur annähern kann, möchte ich trotzdem versuchen, auf diese Frage eine Antwort zu finden: Wie fühlt Gott?

Das Allererste, was mir dazu einfällt, ist: *leidenschaftlich*! Ganz unabhängig davon, *was* Gott fühlt – ich glaube, er fühlt immer intensiv und leidenschaftlich. Oder kennen Sie einen Bibeltext, in dem beschrieben wird, dass Gott »nicht besonders erfreut« ist? Dass er etwas »schade« findet, »unzufrieden« ist oder jemanden »ganz sympathisch« findet? Ich nicht. Und es würde auch überhaupt nicht zu ihm und seiner Natur passen, denn Gott ist Leben, Kraft und Fülle. Er macht keine halben Sachen, und seine Gefühle sind zu 100 Prozent echt, ungefiltert und nicht relativiert oder abgemildert.

Wenn wir die Bibel nach Gottes Gefühlen durchforsten, dann kommen wir an einem Wort nicht vorbei: *Liebe*! Ausgerechnet dieses Gefühl haben wir bisher noch gar nicht näher betrachtet, obwohl es doch ein so mächtiges und existenziell wichtiges ist. Interessanterweise wird es in der Psychologie aber auch nicht zu den Grundemotionen gezählt und die Wissenschaftler sind sich nicht einig, ob es sich überhaupt um ein klassisches Gefühl oder nicht vielmehr um eine grundlegende und überdauernde Haltung einem Menschen gegenüber handelt. Wenn ich an Beziehungen denke, die von Liebe geprägt sind – Paarbeziehungen, Eltern-Kind-Beziehungen, enge Freundschaften –, dann ist Liebe das grundsätzliche »Ja« zueinander. Die Zuwendung zum anderen, die Vertrautheit und Verbundenheit miteinander und der Wunsch, dass es dem anderen gut gehen möge. Auf dieser Basis gibt es dann eine große Vielfalt an Gefühlen, die spontan entstehen und sich immer wieder verändern. Eine Frau kann sich über ihren Mann freuen und auch ärgern. Sie kann traurig oder enttäuscht sein, sich hingezogen fühlen oder eifersüchtig sein. Sie kann sich schuldig oder geborgen fühlen, Angst haben oder zuversichtlich sein ... All das sind aber keine Alternativen zur Liebe, sondern diese Gefühle entstehen auf der Grundlage von Liebe.

Genau das entdecken wir auch, wenn wir uns den Herzschlag Gottes in den biblischen Texten anschauen: Gott hat den Menschen aus Liebe geschaffen, hat »Ja« zu ihm gesagt und ihn ins Leben gerufen, um mit ihm in Beziehung zu leben. Seine Liebe zum Menschen, seine Zuwendung und seine Sehnsucht nach Beziehung sind *der* rote Faden durch alle Bücher des Alten und Neuen Testaments. Hier nur eine kleine Auswahl von Textstellen, die von der Liebe Gottes sprechen:

> Ja, mit ewiger Liebe habe ich dich geliebt.
>
> JEREMIA 31,3

Mein Knecht bist du, ich habe dich erwählt und nicht verworfen – fürchte dich nicht, denn ich bin mit dir! Habe keine Angst, denn ich bin dein Gott! Ich stärke dich, ja, ich helfe dir, ja, ich halte dich mit der Rechten meiner Gerechtigkeit.

JESAJA 41,9-10

Aber jetzt, so spricht der HERR, der dich geschaffen, Jakob, und der dich gebildet hat, Israel: Fürchte dich nicht, denn ich habe dich erlöst! Ich habe dich bei deinem Namen gerufen, du bist mein. ... Weil du teuer bist in meinen Augen und wertvoll bist und ich dich lieb habe, so gebe ich Menschen hin an deiner Stelle und Völkerschaften anstelle deines Lebens.

JESAJA 43,1.4

Wie einen, den seine Mutter tröstet, so will ich euch trösten.

JESAJA 66,13

Denn so hat Gott die Welt geliebt, dass er seinen einzigen Sohn gab, damit jeder, der an ihn glaubt, nicht verloren geht, sondern ewiges Leben hat.

JOHANNES 3,16 (VGL. AUCH RÖMER 5,8)

Denn ich bin überzeugt, dass weder Tod noch Leben, weder Engel noch Gewalten, weder Gegenwärtiges noch Zukünftiges, noch Mächte, weder Höhe noch Tiefe, noch irgendein anderes Geschöpf uns wird scheiden können von der Liebe Gottes, die in Christus Jesus ist, unserem Herrn.

RÖMER 8,38-39

Seht, welch eine Liebe uns der Vater gegeben hat, dass wir Kinder Gottes heißen sollen! Und wir sind es. Deswegen erkennt uns die Welt nicht, weil sie ihn nicht erkannt hat.

1. JOHANNES 3,1

Hierin ist die Liebe Gottes zu uns offenbart worden, dass Gott seinen einzigen Sohn in die Welt gesandt hat, damit wir durch ihn leben. Darin besteht die Liebe: nicht dass wir Gott geliebt haben, sondern dass er uns geliebt hat und gesandt seinen Sohn zur Versöhnung für unsre Sünden.

1. JOHANNES 4,9-10

Und wir haben erkannt und geglaubt die Liebe, die Gott zu uns hat. Gott ist Liebe, und wer in der Liebe bleibt, bleibt in Gott und Gott bleibt in ihm.

1. JOHANNES 4,16

Diese Liebe steht niemals infrage. Sie ist unerschütterlich und unveränderlich. Und – so schwer wir uns auch damit tun, das zu glauben – wir können nichts dafür tun, dass Gott uns liebt, und haben auch nichts in der Hand, um seine Liebe zu uns zu verstärken oder zu schmälern.

Diese Liebe ist es aber auch, aus der bei Gott noch ganz andere Gefühle erwachsen. Denn Gott ist auch zornig und eifersüchtig. Nicht, *obwohl* er uns liebt, sondern gerade *weil* er uns liebt. Im Buch des Propheten Hosea (Kapitel 11) kommt das in wenigen Versen sehr schön zum Ausdruck:

> Als Israel jung war, gewann ich es *lieb*, und aus Ägypten habe ich meinen Sohn gerufen. Sooft ich sie rief, gingen sie von meinem Angesicht weg. Den Baalim opferten sie, und den Gottesbildern brachten sie Rauchopfer dar. Und ich, ich lehrte Ephraim laufen – ich nahm sie immer wieder auf meine Arme –, aber sie erkannten nicht, dass ich sie heilte. Mit menschlichen Tauen zog ich sie, mit Seilen der *Liebe*, und ich war ihnen wie solche, die das Joch auf ihren Kinnbacken anheben, und *sanft* zu ihm gab ich ihm zu essen. ... Wie sollte ich dich preisgeben, Ephraim, wie sollte ich dich ausliefern, Israel? ... Mein Herz kehrt sich in mir um, ganz und gar erregt ist *all mein Mitleid*. Nicht ausführen will ich die Glut meines *Zornes*, will nicht noch einmal Ephraim vernichten. Denn Gott bin ich und nicht ein Mensch, in deiner Mitte der Heilige; ich will nicht in Zornglut kommen.
>
> HOSEA 11,1-4.8-9 (HERVORH. D. A.)

In diesen wenigen Versen lesen wir von vier sehr intensiven Gefühlen, die Gott den Menschen gegenüber empfindet: Liebe, Zorn, Eifersucht und Mitleid bzw. Erbarmen. Ich habe schon manche Menschen fragen hören: Wie kann ein liebender Gott zornig sein? Als würden Liebe und Zorn sich gegenseitig ausschließen! Tatsächlich aber kann Zorn aus Liebe heraus entstehen – dann nämlich, wenn ich sehen muss, wie die Person, die ich liebe, sich selbst in Gefahr bringt, sich schadet oder unsere Beziehung aufs Spiel setzt. Wenn ich das gelassen und ohne Ärger zur Kenntnis nehmen würde, dann müsste man doch vielmehr an meiner Liebe zu der Person zweifeln, oder?

Das Mitleid und Erbarmen ist es schließlich, das Gott bei allem Zorn immer wieder bewegt, sein Volk nicht aufzugeben und ihm immer und immer wieder die Hand zu reichen. Ich mag die Formulierung in Vers 8 sehr: »Mein Herz sträubt sich dagegen« (SLT), oder in einer anderen Übersetzung: »Mein Herz wendet sich gegen mich« (LUT). Gott ist innerlich zerrissen. Er ist so zornig, dass er fast geneigt ist, sich zurückzuziehen und sein Volk sich selbst und seinem Schicksal zu überlassen. Aber er bringt es sprichwörtlich »nicht übers Herz«, sondern seine Liebe und sein Erbarmen überwiegen und er entscheidet sich, nicht nach der »Glut [s]eines Zorns« zu handeln. Das ist übrigens ein gutes Beispiel dafür, dass ein Gefühl wie Zorn nicht zwingend in einen Zornesausbruch und in wütendes Verhalten münden muss.

Aus meiner Sicht haben wir nun die wichtigsten Gefühle Gottes benannt, die seine Beziehung zu uns Menschen bestimmen und ihn in seinem Handeln leiten.

Selbstverständlich kann sich Gott aber auch *freuen*:

> An jenem Tag wird in Jerusalem gesagt werden: Fürchte dich nicht, Zion, lass deine Hände nicht erschlaffen! Der HERR, dein Gott, ist in deiner Mitte, ein Held, der rettet; er freut sich über dich in Fröhlichkeit, er schweigt in seiner Liebe, er jauchzt über dich mit Jubel.
>
> ZEFANJA 3,16-17

> Denn der HERR hat Wohlgefallen an seinem Volk. Er schmückt die Demütigen mit Heil.
>
> PSALM 149,4

> Während er (Jesus) noch redete, siehe, da überschattete sie eine lichte Wolke, und siehe, eine Stimme kam aus der Wolke, welche sprach: Dieser ist mein geliebter Sohn, an dem ich Wohlgefallen gefunden habe. Ihn hört!
>
> MATTHÄUS 17,5

Und er kann *traurig* oder *betrübt* sein:

> Und der HERR sah, dass die Bosheit des Menschen auf der Erde groß war und alles Sinnen der Gedanken seines Herzens nur böse den ganzen Tag. Und es reute den HERRN, dass er den Menschen auf der Erde gemacht hatte, und es bekümmerte ihn in sein Herz hinein.
>
> 1. MOSE 6,5-6

> Denn nicht für ewig verstößt der Herr, sondern wenn er betrübt hat, erbarmt er sich nach der Fülle seiner Gnadenerweise.
>
> KLAGELIEDER 3,31-32

Wenn Sie im Kopf nun die Ihnen bekannten Gefühle durchgehen, dann fragen Sie sich vielleicht: Was ist mit Angst? Mit Überraschung? Mit Schuld und Scham? Mit Ekel und Verachtung?

Die Begriffe *Ekel* und *Verachtung* finden wir so nur selten in der Bibel, und wenn, dann als Gefühle von Menschen (z. B. beim schwer kranken Hiob). Abgesehen davon muss uns natürlich auch klar sein, dass wir schon aufgrund der Übersetzungen aus dem Hebräischen und Griechischen nicht exakt differenzieren können zwischen den verschiedenen Gefühlen, die im weitesten Sinne eine Ablehnung ausdrücken (Ärger, Ekel, Verachtung, Abscheu usw.).

Wenn wir aber die biblischen Texte in ihrer Gesamtheit sehen, dann können wir durchaus erkennen, dass es Gott »anwidert«, wenn Menschen ihren selbst gemach-ten Götzen nachlaufen, ihre eigenen Regeln und Gesetze als das Maß aller Dinge ansehen und vergessen, wem sie ihr Leben eigentlich verdanken.

Angst und *Überraschung*, *Schuld* und *Scham* sind tatsächlich Gefühle, in denen wir Menschen uns von Gott maßgeblich unterscheiden. Ja, ich würde sagen: Gott kann sie gar nicht empfinden, denn diese Gefühle brauchen ein Gegenüber, das in irgendeiner Form über einem steht.

Angst habe ich, wenn ich mich von etwas oder jemandem bedroht fühle, der die Macht hat, mir zu schaden. Doch Gott ist der Schöpfer aller Dinge und der Herr über alles. Wer also könnte ihn bedrohen oder ihm schaden?

Überraschung erlebe ich, wenn etwas passiert, das ich nicht geahnt und mit dem ich nicht gerechnet habe. Gott existiert aber außerhalb der Zeit und weiß um alles, was geschieht und geschehen wird (»Meine Urform sahen deine Augen. Und in dein Buch waren sie alle eingeschrieben, die Tage, die gebildet wurden, als noch keiner von ihnen da war«, Psalm 139,16). Wer oder was könnte ihn also überraschen?

Schuld und *Scham* wiederum sind moralisch geprägte Gefühle, die ich dann empfinde, wenn ich einen Fehler gemacht habe, eine Norm nicht erfülle oder ein schlechtes Urteil befürchte. Auch das ist nicht mit Göttlichkeit zu vereinbaren, denn Gott als der höchste Herr muss niemandes Norm erfüllen, unterliegt keinem Urteil und muss sich auch nicht moralisch rechtfertigen. Im Gegenteil: Er selbst gibt uns die Orientierung für moralisches Empfinden und für die Unterscheidung von Gut und Böse.

Weil Gott über allem steht und alles in der Hand hat, braucht er keine Gefühle, die nur in der Beziehung mit einem größeren, höheren oder mächtigeren Gegenüber entstehen.

Jesus – der fühlende Sohn Gottes

Wenn ich behaupte, dass Gott keine Angst empfinden kann, dann stimmt das nur zum Teil, und möglicherweise hatten Sie eben beim Lesen auch ein »Aber« auf der Zunge. Denn Jesus empfindet und durchlebt tatsächlich schreckliche Angst, und er ist doch auch Gott. Wie passt das nun zusammen? Nur, indem wir etwas annehmen und glauben, was wir mit unserem Verstand nicht wirklich fassen können: Jesus ist gleichzeitig wahrer Mensch und wahrer Gott.

Wenn wir in die Evangelien schauen, dann begegnet Jesus uns dort als jemand, der übernatürliche Dinge tut, der Naturgesetze überwindet und der das Wesen Gottes in vollkommener Weise widerspiegelt. Paulus drückt es im zweiten Brief an die Korinther so aus, dass »wir in der Person von Jesus Christus den vollen Glanz von Gottes Herrlichkeit erkennen« (2. Korinther 4,6; NGÜ). Und im Brief an die Kolosser lesen wir: »Er ist das Bild des unsichtbaren Gottes, der Erstgeborene aller Schöpfung« (Kolosser 1,15). Jesus selbst spricht von seiner Einheit mit dem Vater: »Ich und der Vater sind eins« (Johannes 10,30). Und als Philippus, einer seiner Jünger, ihn bittet: »Zeige uns den Vater, und es genügt uns« (Johannes 14,8), da reagiert er fast empört und fassungslos:

> So lange Zeit bin ich bei euch, und du hast mich nicht erkannt, Philippus? Wer mich gesehen hat, hat den Vater gesehen. Und wie sagst du: Zeige uns den Vater? Glaubst du nicht, dass ich in dem Vater bin und der Vater in mir ist? Die Worte, die ich zu euch rede, rede ich nicht von mir selbst; der Vater aber, der in mir bleibt, tut seine Werke. Glaubt mir, dass ich in dem Vater bin und der Vater in mir ist; wenn aber nicht, so glaubt um der Werke selbst willen!
>
> JOHANNES 14,9-11

Gleichzeitig begegnet uns Jesus in den Evangelien auch als Mensch – als einer von uns. Das ist das große Wunder von Weihnachten: Der unsichtbare, verborgene Gott aus dem Alten Testament, dessen Angesicht kein Mensch sehen kann (vgl. 2. Mose 33,20), wird Mensch. In der Person von Jesus wird Gott damit so sichtbar, greifbar und nahbar wie nur irgendwie möglich. Er begegnet den Menschen auf Augenhöhe. Er berührt sie, hört ihnen zu, spricht mit ihnen, isst, trinkt und feiert mit ihnen und erlebt mit ihnen das pralle Leben mit all seinen Facetten. Werfen wir doch einmal einen Blick darauf, was Jesus fühlt oder, genauer gesagt, was wir in den Evangelien über die Gefühle Jesu erfahren.

SOUVERÄNITÄT

Dieses Stichwort mag Sie überraschen. Denn Souveränität ist kein Gefühl, sondern vielmehr eine Eigenschaft, die mit Gelassenheit, Selbstbewusstsein und Selbstverständlichkeit verbunden ist. Jemand, der souverän ist, scheint über den Dingen zu stehen und sich eben nicht durch Stimmungen, Gefühle und innere oder äußere Impulse aus der Ruhe bringen zu lassen. Und diesen Eindruck gewinne ich zuallererst, wenn ich das Lukasevangelium lese und Jesu Verhalten beobachte. Schon als er als Zwölfjähriger von seinen Eltern vermisst und schließlich im Tempel gefunden wird, antwortet er völlig unbeeindruckt sinngemäß: »Wieso habt ihr mich überhaupt gesucht? Es war doch klar, dass ich hier sein musste« (vgl. Lukas 2,49). Nach seiner Taufe ist Jesus 40 Tage in der Wüste unterwegs, hat nichts zu essen und wird immer wieder vom Teufel auf die Probe gestellt (Lukas 4,1-13). Aber abgesehen davon, dass er nach den 40 Tagen hungrig war, erfahren wir nichts über seine Gefühle und Bedürfnisse. Hat er sich einsam oder von Gottes Geist geleitet gefühlt? War ihm langweilig oder hat er die Stille genossen? War er ungeduldig, wie lange es noch dauern würde? Hat er tagsüber unter der Hitze oder nachts unter der Kälte gelitten? All das wird uns nicht berichtet – auch nicht in den Parallelstellen bei Markus und Matthäus. Was uns übermittelt wird, ist ein verbaler Schlagabtausch mit dem Teufel, in dem Jesus tatsächlich absolut souverän auftritt. Der Teufel fordert ihn immer wieder heraus, aber Jesus hält ihm ganz selbstverständlich das Wort Gottes entgegen und der Teufel gibt nach drei Versuchen auf. Mich würde ja, ehrlich gesagt, interessieren, ob Jesus auch nur eine Sekunde verunsichert war, ob ihn die Angriffe des Teufels überhaupt irgendwie emotional erreicht oder ihn kurz aus der Ruhe gebracht haben. Doch das ist meiner und Ihrer Fantasie überlassen, denn lesen tun wir davon nichts.

Einige Verse später im selben Kapitel erfahren wir, wie Jesus in der Synagoge alle gegen sich aufbringt: »Und alle in der Synagoge wurden von Wut erfüllt, als sie dies hörten. Und sie standen auf und stießen ihn zur Stadt hinaus und führten ihn bis an den Rand des Berges, auf dem ihre Stadt erbaut war, um ihn so hinabzustürzen« (Lukas 4,28-29). Aus menschlicher Perspektive würde ich erwarten, dass Jesus sich dagegen wehrt und dass er gelinde gesagt etwas »unruhig« wird. Doch was wird weiter beschrieben? »Er aber schritt durch ihre Mitte hindurch und ging weg« (Lukas 4,30). Für uns kaum vorstellbar, aber »typisch Jesus« – so ist zumindest der Eindruck, der bei mir angesichts dieses Verhaltens entsteht. Auch in den folgenden Kapiteln, in denen Jesu Handeln in unterschiedlichsten Situationen geschildert wird, wird kaum irgendein Gefühl benannt. Jesus wirkt durchweg souverän, sicher und unerschrocken und löst eher bei den Menschen, die ihn erleben, so etwas wie Staunen, Bewunderung, Erschrecken, Ehrfurcht oder auch Ärger aus.

Ich persönlich habe etwas Mühe mit dieser Darstellung. Besonders wenn ich klassische Jesus-Filme, also ältere Verfilmungen der Evangelien, anschaue, kann ich es kaum aushalten, dass Jesus dort immer gleichbleibend ruhig und besonnen spricht. Jedes Wort ist weise und wohlüberlegt, er lässt sich weder provozieren noch in Diskussionen verstricken, und in seiner Mimik und Gestik gibt es so gar nichts Überraschendes. Interessanterweise entsteht dadurch bei mir der Eindruck, als stehe er so sehr über den Dingen, dass er schon wieder unnahbar ist. Und wenn ich eines weiß, was Jesus definitiv *nicht* ist, dann unnahbar. Im Gegenteil: Er hat sich ja den Außenseitern der Gesellschaft, den Ausgegrenzten, Gehassten, kurz: denen, die gesellschaftlich auf der untersten Stufe standen, genähert. Er hat Aussätzige berührt, mit Betrügern und Verbrechern zusammen gegessen und sich von einer Prostituierten die Füße eincremen lassen. Und hat nicht nur zugelassen, dass Menschen auf ihn zukamen und den Kontakt suchten, sondern hat auch selbst die Initiative ergriffen, um Menschen anzusprechen und mit ihnen in Kontakt zu kommen.

Wie ist es also zu erklären, dass wir über weite Strecken der Evangelien einen Jesus erleben, der kaum eine Gefühlsregung erkennen lässt? Ich kann mir zwei Gründe dafür vorstellen: Zum einen glaube ich tatsächlich, dass Jesus durch seine Einheit mit dem Vater eine übernatürlich große Souveränität und Sicherheit besaß. Er war so intensiv mit ihm verbunden, dass er daraus Gelassenheit, Weisheit und Stärke schöpfte und ihn kaum etwas aus der Ruhe bringen konnte. Bestimmt kennen Sie die Redewendung »in sich ruhen«, und vielleicht kennen Sie auch jemanden, bei dem oder der Sie das Gefühl haben, dass er oder sie ganz »in sich ruht«. Das sind in der Regel sehr angenehme Menschen, die kein großes Aufheben um sich machen, die einen klaren Standpunkt vertreten, sehr aufmerksam gegenüber anderen sein können und eine vertrauenswürdige Ausstrahlung haben. Sie wirken sicher und ein Stück weit »unerschütterlich«, weshalb man vor allem in Stress oder Angst das Zusammensein mit ihnen als wohltuend empfindet. Der Jesus, der uns in den ersten Kapiteln der Evangelien beschrieben wird, ist jemand, der in sich ruht. Und nicht nur das: Er ruht außerdem »im Vater« bzw. in der Liebe seines Vaters und handelt in seiner Souveränität und Vollmacht: »Wahrlich, wahrlich, ich sage euch: Der Sohn kann nichts von sich selbst tun, außer was er den Vater tun sieht; denn was der tut, das tut ebenso auch der Sohn« (Johannes 5,19).

Zum anderen müssen wir uns ja vor Augen halten, dass die Evangelien kein unbearbeiteter »Livestream« aus dem Leben Jesu sind, sondern Erzählungen von Personen, die eine ganz bestimmte Botschaft transportieren wollten. Und selbstverständlich sind die Inhalte solcher Erzählungen ganz wesentlich durch das bestimmt, was der Verfasser für wichtig und erwähnenswert hält. Was ist die zentrale Botschaft, die beim Hörer oder Leser ankommen soll? Und welche Details unterstützen oder unterstreichen seine Botschaft? Ein Beispiel: Ich habe Ihnen im zweiten Kapitel kurz davon erzählt, wie ich mit meinen beiden Nichten Bilderbücher anschaue und sie treffsicher erkennen, welche Gefühle auf den Bildern dargestellt sind. Ich habe dabei nicht erwähnt, dass dies meistens vor dem Schlafengehen stattfindet, dass die Kinder oft schon den Schlafanzug anhaben, eine von beiden auf meinem Schoß sitzt und die eine meist sehr viel mehr Spaß daran hat als die andere. Das alles stimmt auch. Es ist genauso wahr. Es tut aber nichts zur Sache, wenn ich mit der Geschichte veranschaulichen will, dass Kinder schon früh ganz intuitiv Gefühle beim Gegenüber richtig erkennen und benennen können. Deshalb habe ich es unerwähnt gelassen.

Es könnte also auch sein, dass wir in den ersten Kapiteln der

Evangelien nichts über die Gefühle von Jesus erfahren, weil die Verfasser der Texte es an der Stelle nicht wichtig fanden. Ihnen war das wichtigste Anliegen, Jesu Botschaft weiterzugeben. Im Kern ging es darum, zu vermitteln: Wer ist dieser Jesus? Wie begegnet er Menschen? Was lehrt er? Wie geht er mit dem Gesetz und den frommen Gesetzeshütern um? Welche Wesenszüge Gottes spiegelt Jesus wider? Was kennzeichnet ihn als den Sohn Gottes, den Messias, den Erlöser? Da hätten ausführliche Schilderungen von Jesu Gefühlen vielleicht eher vom Wesentlichen abgelenkt.

Nicht zuletzt müssen wir uns vor Augen halten, in welcher Zeit und Kultur wir uns in den Evangelien bewegen. Im Nahen Osten lebte man zur Zeit Jesu sehr stark im Familienverband. Das ganze Leben war viel mehr als in unserer heutigen westlichen Welt auf Beziehung und Zusammenhalt ausgerichtet, und so waren auch völlig selbstverständlich Gefühle an der Tagesordnung. Wir sind heute doch eher individualistisch und leistungsorientiert unterwegs und nehmen uns tendenziell zu wenig Zeit für intensive Begegnungen, emotionale Erlebnisse usw. Ich nehme übrigens auch heute in meinem Umkreis wahr, dass Menschen aus dem Nahen und Mittleren Osten einen freieren und unverkrampfteren Umgang mit Gefühlen haben und diese viel selbstverständlicher ausdrücken, als ich es aus meiner Prägung kenne. Möglicherweise waren also Jesu Gefühle für die Evangelisten so natürlich, dass es überflüssig schien, sie explizit zu erwähnen. Wir lesen ja auch vergleichsweise wenig davon, dass Jesus gegessen, getrunken oder geschlafen hat. Trotzdem wäre es absurd zu glauben, dass er es nicht getan hätte. Aber eine solche Selbstverständlichkeit musste nicht hervorgehoben werden. Ohne Zweifel war Jesus emotional sehr lebendig und hatte ein großes Spektrum an Emotionen zur Verfügung. Welche im Einzelnen berichtet werden, schauen wir uns jetzt an.

ÄRGER

Jesus und Ärger? Wie soll denn das zusammenpassen? Jesus ist doch der Verfechter der Feindesliebe (Lukas 6,27). Er hält uns doch dazu an, »siebzigmal siebenmal« zu vergeben (Matthäus 18,22). Und er sagt von sich: »Ich bin sanftmütig und von Herzen demütig« (Matthäus 11,29). Das lässt sich in unserem Verständnis nicht mit Ärger zusammenbringen, oder? Oberflächlich betrachtet vielleicht nicht, wenn wir bei Ärger an Streitlust, Jähzorn oder wüste Beschimpfungen denken. Wenn wir aber an das denken, was wir über den Ursprung und die Funktion von Ärger gelernt haben (Hinweis auf eine Grenzüberschreitung, neue Grenzsetzung und Motor für Veränderung), dann scheint es nicht mehr so unvereinbar mit einem grundsätzlich liebevollen Wesen. Schauen wir doch einmal, wo in den Evangelien und in welchem Zusammenhang uns Jesus als ärgerlich gezeigt wird.

Ich bin nicht sicher, ob es etwas gab, was Jesus noch mehr verärgerte als die selbstgerechte Frömmigkeit der Pharisäer und Schriftgelehrten. In Matthäus 23 hält er eine flammende Rede, in der er seinen ganzen Zorn zum Ausdruck bringt und dabei auch harte Worte findet. Ich greife hier ein paar Verse heraus, die den Kern seines Ärgers benennen. Zunächst wendet er sich an die Volksmenge und an seine Jünger mit den Worten:

> Auf Moses Lehrstuhl haben sich die Schriftgelehrten und die Pharisäer gesetzt. Alles nun, was sie euch sagen, tut und haltet; aber handelt nicht nach ihren Werken! Denn sie sagen es und tun es nicht. Sie binden aber schwere und schwer zu tragende Lasten zusammen und legen sie auf die Schultern der Menschen, sie selbst aber wollen sie nicht mit ihrem Finger bewegen. Alle ihre Werke aber tun sie, um sich vor den Menschen sehen zu lassen.
>
> MATTHÄUS 23,1-5

Wenig später richtet er seine Worte direkt an sie: »Wehe aber euch, Schriftgelehrte und Pharisäer, Heuchler!« (Vers 13), und dann folgt eine Aufzählung von Vorwürfen, bei denen er diese Anrede – »ihr Heuchler« – immer wiederholt und teilweise noch ergänzt durch Worte wie »Narren« (Vers 17) und »Blinde« (Verse 16, 17 und 24). Zum Schluss seiner Rede langt er dann sozusagen verbal richtig zu und nennt sie »Schlangen« und »Otternbrut« (Vers 32). Man bekommt den Eindruck, dass Jesus sich hier richtig hineinsteigert in seinen Ärger, und von Sanftmut und einem gelassenen »In-sich-Ruhen« ist nicht mehr viel wahrzunehmen. Was genau ist es nun, was ihn so »auf die Palme bringt«? Folgende Verse machen es gut deutlich.

> Wehe euch, Schriftgelehrte und Pharisäer, Heuchler! Denn ihr verzehntet die Minze und den Dill und den Kümmel und habt die wichtigeren Dinge des Gesetzes beiseitegelassen: das Recht und die Barmherzigkeit und den Glauben ... So scheint auch ihr von außen zwar gerecht vor den Menschen, von innen aber seid ihr voller Heuchelei und Gesetzlosigkeit.
>
> MATTHÄUS 23,23.28

Jesus hält es kaum aus, wenn Menschen ihre Frömmigkeit durch äußere Handlungen regelrecht zur Schau stellen und sich für besonders gottgefällig halten, weil sie vermeintlich alles richtig machen. Sie sind sehr schnell mit dem Gesetz zur Hand, wenn es darum geht, das Verhalten anderer zu verurteilen (z.B. das der Ehebrecherin in Johannes 8), haben aber den Kern des Gesetzes nicht verstanden, der nämlich lautet:

> »Du sollst den Herrn, deinen Gott, lieben mit deinem ganzen Herzen und mit deiner ganzen Seele und mit deinem ganzen Verstand.« … Das zweite aber ist ihm gleich: »Du sollst deinen Nächsten lieben wie dich selbst.« An diesen zwei Geboten hängt das ganze Gesetz und die Propheten.
>
> MATTHÄUS 22,37-40

Ein roter Faden, der sich durch die Evangelien zieht, ist, dass Jesus den Menschen liebevoll und gnädig begegnet, ihnen dient und sogar Wunder an ihnen tut. Regelmäßig mischen sich dabei Pharisäer und Schriftgelehrte ein und weisen ihn entweder direkt zurecht oder »murren« untereinander, dass er nicht tun dürfe, was er tut: »Wie kann er an einem Sabbat heilen?!« – »Wie kann er sich nur mit diesen Menschen an einen Tisch setzen?!« – »Was maßt er sich an, Sünden zu vergeben!« Sie ihrerseits ertragen nicht, wie selbstverständlich er sich über Regeln hinwegsetzt und altbewährte Ordnungen auf den Kopf stellt. Sie empören sich darüber und suchen irgendwann ganz bewusst nach Gelegenheiten, ihm eine Falle zu stellen, um ihn endlich offiziell und endgültig verurteilen und bestrafen zu können.

Ich glaube, die Tatsache, dass diese Frommen mit ihrer Religiosität quasi »das Thema verfehlen« und am eigentlichen Anliegen Gottes vorbeileben, ist noch nicht einmal das Haupt-Ärgernis für Jesus. So wie ich ihn einschätze, sieht er das eher mit einigem Bedauern. Dass sie sich selbst aber immer wieder über andere (»die Sünder«) erheben, selbstgerecht und selbstgefällig auf ihre Mitmenschen herabschauen und sie verurteilen, das macht Jesus richtig wütend und treibt ihn zu solchen Äußerungen wie den oben beschriebenen. Denn sie überschreiten damit bei ihren Mitmenschen eindeutig eine Grenze. Hinter den Worten, die Jesus spricht, kann man sich Gedanken vorstellen wie: »Es reicht! Ich kann euer selbstgerechtes, frommes Geschwätz nicht mehr hören! Ihr wisst ja gar nicht, wie sehr ihr auf dem Holzweg seid mit dem, worauf ihr so stolz seid! Kommt doch endlich zur Besinnung und begreift, dass ihr kein Stück besser seid als alle anderen und dass ihr Gnade und Erlösung genauso dringend braucht wie die Verbrecher, die Betrüger, die Prostituierten und alle, auf die ihr mit dem Finger zeigt!«

Entscheidend ist, dass sein Ärger sich gegen ein großes Unrecht richtet, das tagtäglich passiert. Jesus ist nicht etwa ärgerlich darüber, dass man seine Wunder nicht ausreichend bestaunt, ihm nicht zuhört oder ihn ablehnt. Damit kann er tatsächlich souverän umgehen. Aber die krasse Ungerechtigkeit, gekleidet in ein frommes Gewand, weckt einen Ärger in ihm, den man wohl auch als »heiligen Zorn« bezeichnen könnte.

Apropos heiliger Zorn: Ich bin überzeugt, dass Gott sich auch heute jeden Tag maßlos ärgert über das, was seine Kinder einander und seiner Schöpfung antun – erst recht, wenn sie sich dabei noch als besonders fromm, besonders gut oder gottgefällig über andere erheben. Lassen Sie uns also niemals vergessen, wie dringend wir auf Gnade angewiesen sind!

Eine zweite Textstelle, die vielen einfällt, wenn sie an einen ärgerlichen Jesus denken, ist die sogenannte »Tempelreinigung«. Hier wird er sogar einmal richtig handgreiflich.

> Und Jesus trat in den Tempel ein und trieb alle hinaus, die im Tempel verkauften und kauften, und die Tische der Wechsler und die Sitze der Taubenverkäufer stieß er um. Und er spricht zu ihnen: Es steht geschrieben: »Mein Haus

wird ein Bethaus genannt werden«; ihr aber macht es zu einer »Räuberhöhle«.

MATTHÄUS 21,12-13

Was ist hier der Grund für Jesu Ärger? Im Prinzip ist es auch wieder eine Form von Grenzüberschreitung, diesmal vonseiten der Händler und Wechsler. Sie haben einen Ort des Gebets für sich eingenommen und ihn zweckentfremdet, um dort ihre Geschäfte abzuwickeln. Etwas härter formuliert könnte man sagen: Sie haben die Gebetsstätte für ihre materiellen Interessen missbraucht. Sie hatten keinen Respekt vor der Heiligkeit dieser Stätte und vielleicht auch keinen Respekt vor dem, dem dieser Ort eigentlich gewidmet war, nämlich Gott selbst. Das aber kann Jesus nicht akzeptieren und auch nicht »sanftmütig und demütig« lösen. Nein, hier muss er sehr deutlich werden und eine ganz klare Grenze setzen.

Sicher kennen Sie das auch: Es gibt Themen, über die dulden Sie keine Witze. Und Gegenstände, die Sie niemals in fremde Hände geben würden. Menschen, auf die Sie nichts kommen lassen und über die Sie auch kein böses Wort hören wollen. In solchen Fällen sprechen wir oft davon, dass uns etwas »heilig« ist. Was uns heilig ist, das schützen wir besonders, und wenn es beschädigt, beschmutzt oder völlig zweckentfremdet wird, tut uns das besonders weh und verärgert uns. Vielleicht möchten Sie sich einen Augenblick Zeit nehmen, um zu überlegen: Was ist mir heilig? Und wie würde ich reagieren, wenn jemand dieser Sache, diesem Thema oder dieser Person nicht mit dem gebührenden Respekt begegnet, sondern seine eigenen Interessen daran auslebt? So können Sie ein Gefühl für den Ärger bekommen, den Jesus empfunden hat, als er die Geldwechsler und Taubenhändler im Tempel antraf.

TRAURIGKEIT

Es gibt nicht allzu viele Textstellen, die von einem traurigen Jesus berichten. Zwei Geschichten sind uns aber überliefert, wo ausdrücklich davon gesprochen wird, dass Jesus weint.

Eine lesen wir im 11. Kapitel des Johannesevangeliums, wo vom Tod und der Auferweckung des Lazarus erzählt wird. Lazarus war der Bruder von Marta und Maria, und von diesen dreien lesen wir, dass Jesus mit ihnen eng verbunden war (»Jesus aber liebte die Marta und ihre Schwester und den Lazarus«, Johannes 11,5). Als er in den Wohnort von Lazarus kommt, ist sein Freund schon seit vier Tagen tot, und Jesus trifft Maria und Marta in großer Trauer und Verzweiflung an. Es haben sich auch schon einige andere Leute dort versammelt, um mit ihnen zu trauern. Marta und Maria machen Jesus beide unabhängig voneinander den Vorwurf: »Herr, wenn du hier gewesen wärest, mein Bruder wäre nicht gestorben« (Verse 21 und 32). Marta gegenüber macht Jesus zunächst die Zusage: »Dein Bruder wird auferstehen« (Vers 23). Als dann aber Maria mit derselben Anklage und Trauer auf ihn zukommt, vor seinen Füßen zusammenbricht und weint, geschieht Folgendes:

> Als nun Jesus sah, wie sie weinte, und wie die Juden, die mit ihr gekommen waren, weinten, seufzte er im Geist und wurde bewegt und sprach: Wo habt ihr ihn hingelegt? Sie sprechen zu ihm: Herr, komm und sieh! Jesus weinte. Da sagten die Juden: Seht, wie hatte er ihn so lieb! Etliche von ihnen aber sprachen: Konnte der, welcher dem Blinden die Augen geöffnet hat, nicht dafür sorgen, dass auch dieser nicht gestorben wäre? Jesus nun, indem er wieder bei sich selbst seufzte, kam zum Grab. Es war aber eine Höhle, und ein Stein lag darauf.
>
> JOHANNES 11,33-38 (SLT)

Diese Verse berühren mich sehr, weil sie Jesus einmal von einer ganz anderen Seite zeigen. Besonders interessant finde ich, in welchen Kontext sie eingebettet sind: Jesus sagt vorher schon zu Marta, dass Lazarus auferstehen wird, und wenig später lässt er ihn tatsächlich vom Tod auferstehen und ruft ihn aus seiner Höhle heraus. Dazwischen aber »seufzt« er und weint. Er trauert um seinen Freund. Er lässt sich von der Trauer der umstehenden Menschen, einschließlich seiner Freundinnen Maria und Marta, berühren und lässt auch eigene Trauer zu. Wie einfach wäre es gewesen, zu sagen: »Kein Grund zu trauern! Ich bin die Auferstehung und das Leben und ich werde Lazarus auferwecken. Führt mich zu ihm!«, und dann zur Tat zu schreiten. Ich weiß nicht, warum es anders geschieht, und ich möchte auch gar nicht darüber spekulieren. Aber ich nehme wahr, dass Jesus offenbar um Lazarus' Auferweckung weiß *und* gleichzeitig auch um ihn weint! Das möchte ich in der Bibel am liebsten dick und leuchtend markieren, weil ich es so tröstend finde! Offenbar schließt ein Glaube an die Auferstehung die Trauer um einen Menschen nicht aus. Offenbar kann man weinen, einen Menschen vermissen und seiner Trauer durch »Seufzen« und Weinen Ausdruck geben, auch wenn man gleichzeitig weiß, dass der Abschied nicht für immer und das letzte Wort noch nicht gesprochen ist. Wenn aber Jesus selbst, der die Auferweckung seines Freundes schon innerlich auf seiner »To do-Liste« hatte, sich Zeit genommen hat, um zu trauern, dürfen doch auch wir trauern, wenn ein lieber Mensch von uns geht. Dann müssen wir uns nicht entscheiden: »Bin ich traurig oder glaube ich an ein Leben nach dem Tod und an ein Wiedersehen?« Denn beides ist möglich, beides ist erlaubt und beides tut gut!

Eine kleine Randbemerkung noch zu dieser Textstelle: Es berührt mich, wie die anderen Trauergäste auf Jesu Weinen reagieren. Sie formulieren zwar auch den Vorwurf »Hätte er nicht verhindern können, dass Lazarus stirbt?«, zuallererst aber sind sie von den Tränen Jesu berührt und sagen: »Seht, wie lieb er ihn hatte!« Sie sehen die Tränen Jesu als Zeichen seiner Liebe zu Lazarus und schließen von seinem Weinen auf seine Zuneigung zu ihm. Es ist kein neuer oder überraschender Gedanke, dass unsere Trauer um einen Menschen auch etwas darüber aussagt, was wir für ihn empfunden haben und wie nah er uns war. Aber ich finde es wichtig, uns das immer wieder bewusst zu machen, weil wir dadurch neben dem Schmerz der Trauer auch mehr Zugang zu Dankbarkeit haben und der Trauer vielleicht sogar etwas »Schönes« abgewinnen können. Ich habe mir schon in mancher Trauer ganz bewusst gesagt: »Irgendwie doch schön, dass ich so traurig bin, denn das bedeutet, wir waren uns wirklich nah und das, was wir miteinander geteilt haben, war wertvoll!«

Eine zweite Textstelle, in der wir erfahren, dass Jesus weint, steht in Lukas 19,41-44:

> Und als er sich näherte und die Stadt sah, weinte er über sie und sprach: Wenn auch du an diesem Tag erkannt hättest, was zum Frieden dient! Jetzt aber ist es vor deinen Augen verborgen. Denn Tage werden über dich kommen, da werden deine Feinde einen Wall um dich aufschütten und dich umzingeln und dich von allen Seiten einengen; und sie werden dich und deine Kinder in dir zu Boden werfen und werden in dir nicht einen Stein auf dem anderen lassen, dafür, dass du die Zeit deiner Heimsuchung nicht erkannt hast.

Jesus kommt zum Passahfest nach Jerusalem, sieht die Stadt und ihre Bewohner und weint. Er ist berührt und betroffen darüber, dass die Menschen dort zum größten Teil nicht verstanden haben, dass Gott ihnen in Jesus das lange ersehnte Friedensangebot gemacht hat. Er war »gekommen, zu suchen und zu retten, was verloren ist« (Lukas 19,10), aber die Menschen haben nicht gesehen, wie verloren sie sind, und haben sich nicht retten lassen. In einer anderen Situation, am Ende einer Rede zu den Pharisäern und Schriftgelehrten, gebraucht Jesus dafür ein eindrückliches Bild: »Jerusalem, Jerusalem, die da tötet die Propheten und steinigt, die zu ihr gesandt sind! Wie oft habe ich deine Kinder versammeln wollen, wie eine Henne ihre Küken versammelt unter ihre Flügel, und ihr habt nicht gewollt!« (Matthäus 23,37). Jesus weiß in dem Moment, als er auf Jerusalem schaut, schon, dass er bald sterben wird. Seine Tränen drücken aus: »Ich liebe euch, ihr Menschen von Jerusalem, und ich wollte euch Frieden und Rettung bringen. Aber jetzt kann ich bald nichts mehr für euch tun.« Außerdem sieht er schon kommen, was im Jahr 70 n. Chr. mit der Stadt passieren wird: Die Römer werden sie mit Gewalt einnehmen, werden den Tempel und die gesamte Stadt zerstören, und die Menschen werden reihenweise sterben.

Vielleicht ist die Trauer Jesu über Jerusalem zu vergleichen mit der Trauer einer Mutter, deren Kind auf dem Weg ist, sein Leben zu zerstören, und dem sie nicht helfen kann. Wenn das Kind in Kriminalität oder Sucht verstrickt ist, dann möchte die Mutter alles tun, um es da herauszuholen. Sie streckt immer wieder die Hand aus, um zu helfen, versucht es über Liebe und Empathie, über Konsequenz und Härte, organisiert vielleicht professionelle Hilfe … aber das Kind lässt sich auf nichts ein und schlägt jedes Hilfsangebot aus. Ich habe schon einige Mütter und Väter über so eine Situation weinen sehen, weil sie ihre Kinder lieben, sie aber nicht gegen deren Willen retten können.

Die Traurigkeit Jesu zeugt auf jeden Fall von einer großen Liebe zu den Menschen, und ich bin überzeugt, dass Gott ganz genau so empfindet. Manchmal stelle ich mir vor, wie Gott diese Erde und uns als seine Geschöpfe ansieht und was er wohl dabei fühlt. Da steht über allen anderen Gefühlen sicherlich die Liebe. Und genau diese Liebe bringt ihn bestimmt auch oft dazu, über uns zu weinen, weil wir uns selbst, einander und unseren Lebensraum zerstören. Gott hat so gute Gedanken über uns, möchte uns nah sein, uns die Lasten des Lebens abnehmen und uns Frieden, Liebe und Freiheit schenken. Aber wir gehen lieber unseren eigenen Weg, halten an dem fest, was wir für klug und richtig halten, und merken dabei gar nicht, wie es uns kaputt macht. Einen liebenden Vater kann das doch nur traurig machen!

ANGST

Wenn Jesus Gott ist – wie kann er dann Angst haben? Gott ist doch über alles erhaben, ist stark und mächtig und niemand kann ihm etwas tun!? Das stimmt, aber gleichzeitig war Jesus ja auch ganz Mensch und als dieser hatte er große Angst, als es auf seine Verurteilung und Kreuzigung zuging. In der Bibel wird uns dazu Folgendes überliefert:

> Und sie kommen an ein Gut mit Namen Gethsemane, und er spricht zu seinen Jüngern: Setzt euch hier, bis ich gebetet habe! Und er nimmt den Petrus und Jakobus und Johannes mit sich und fing an, sehr bestürzt und geängstigt zu werden. Und er spricht zu ihnen: *Meine Seele ist sehr betrübt, bis zum Tod.* Bleibt hier und wacht! Und er

ging ein wenig weiter und fiel auf die Erde; und er betete, dass, wenn es möglich sei, die Stunde an ihm vorüberginge. Und er sprach: Abba, Vater, alles ist dir möglich. Nimm diesen Kelch von mir weg! Doch nicht, was ich will, sondern was du willst!

MARKUS 14,32-36 (HERVORH. D. A.)

Im Lukasevangelium lesen wir: »Und als er in Angst war, betete er heftiger. Es wurde aber sein Schweiß wie große Blutstropfen, die auf die Erde herabfielen« (Lukas 22,44). Das ist nicht nur ein leichtes Unwohlsein, ein ungutes Bauchgefühl – nein, das hört sich nach echter Panik und Verzweiflung an. Jesus wusste ja schon lange, was ihm bevorstand, aber jetzt ging er unmittelbar darauf zu und es packte ihn die nackte Angst. Und wieder finden wir dieses »Sowohl-als-auch« von tiefem Gottvertrauen und echter menschlicher Not! Jesus sucht die Nähe zu seinem Vater. »Abba« – vergleichbar mit unserem »Papa« – ist ein Ausdruck einer innigen und herzlichen Beziehung. Jesus redet also mit seinem »Papa« und spricht ihm sein volles Vertrauen aus: »Alles ist dir möglich.« Er hat keinen Zweifel an der Vollmacht und den Fähigkeiten seines Vaters und legt sein Schicksal ganz in seine Hand: »Doch nicht, was ich will, sondern was du willst.« Und gleichzeitig fleht er auch darum, diesen Leidensweg nicht gehen zu müssen.

Ich lade Sie ein zu einem kleinen Gedankenspiel. Angenommen, Jesus würde sagen: »Abba, mein Vater, alles ist dir möglich! Ich weiß, du bist groß und wirst mich am dritten Tag vom Tod auferstehen lassen! Im Vertrauen auf deine Liebe gehe ich nun mutig und entschlossen dem Kreuz entgegen. Ich fürchte mich nicht und habe keine Angst, denn du bist bei mir!« Er könnte sich dabei auf viele Textstellen in der Schrift (z. B. aus Jesaja) berufen und dann tapfer und furchtlos seiner Hinrichtung entgegengehen. Möglicherweise würden wir das sogar als »stimmiger« für den Sohn Gottes empfinden. Es wäre nach unserer Vorstellung vielleicht eher »Messias-gemäß« und würde besser in das Bild eines Jesus passen, der so tief und eng mit seinem Vater verbunden ist. Aber wie würde es Ihnen damit gehen? Was würden Sie empfinden, wenn Sie das so lesen würden?

Ich kann für mich sagen: Ich würde wahrscheinlich nur staunen und in Ehrfurcht erstarren vor so viel innerer Stärke. Es würde mich Jesus aber nicht näherbringen – im Gegenteil. Es käme mir übermenschlich vor und so weit weg von meiner Lebenswirklichkeit, dass ich mir nicht vorstellen könnte, wie dieser Jesus in mein Leben passen sollte. Wie könnte ich mein Leben mit jemandem teilen und ihm meine lächerlich kleinen Ängste anvertrauen, der selbst nicht einmal im Angesicht von Folter und Tod Angst verspürt? Nein, das Wunder der Menschwerdung Gottes soll ja genau diese Distanz und Kluft überwinden! Weil Jesus selbst Panik und Schmerzen durchlitten hat, weiß er ganz genau, wie sich das anfühlt, und kann uns in unseren Ängsten und Schmerzen ein echtes Gegenüber sein. Wir brauchen ihm nicht zu erklären, was Angst mit uns macht und warum wir am liebsten vor ihr davonlaufen würden. Er hat es selbst am eigenen Leib erfahren und kann uns deshalb in unserer Not abholen und verstehen. Und er lebt uns vor, dass ein tiefes Vertrauen in »Papa« nicht gleich jede Angst vertreibt. Jesus hat beides: Angst und Vertrauen. Er scheut sich auch nicht, diese Angst seinem Vater gegenüber offen anzusprechen und ihn zu bitten, dass er ihn aus der Situation befreit: »Nimm diesen Kelch von mir.« Schlussendlich entscheidet er sich wieder, sich ganz dem Willen seines Vaters anzuvertrauen und unterzuordnen, aber er tut das nicht fröhlich und gelassen, sondern voller Angst und Sorge, was auf ihn zukommt.

Wir können festhalten: Auch wenn Gott selbst manche unserer Gefühle nicht hat, weil er sie nicht braucht, kennt er sie trotzdem nur zu gut! Nicht nur, weil er sie geschaffen und sie uns gegeben hat, sondern auch, weil er sie in der Person von Jesus Christus, in seinem Menschsein, selbst durchlebt und durchlitten hat. Er weiß daher ganz genau, wie sich Ärger, Traurigkeit und Angst anfühlen. Er kennt Panik, seelische Not und körperliche Schmerzen. Er weiß, wie es sich anfühlt, zu trauern und zu weinen. Er weiß, was Ungerechtigkeit mit einem macht, und kennt das Gefühl, vor Wut ausrasten zu können. Und dadurch ist er für uns ein echtes, mitfühlendes Gegenüber, das uns in jedem Gefühl willkommen heißt, versteht und begleitet.

»Mit-Gefühl« – Wie Gott unseren menschlichen Gefühlen begegnet

Es ist nun das eine, dass Gott uns als »Gefühlsmenschen« geschaffen hat und unsere Gefühle kennt, weil er sie selbst empfindet oder sie in Jesus durchlebt hat. Eine andere Frage ist aber, wie er zu unseren Gefühlen steht. Wir geht er damit um, wenn wir emotional aufgewühlt – ärgerlich, traurig oder ängstlich – sind?

ANNAHME

Zuallererst lädt er uns ein, zu ihm zu kommen, und heißt uns mit offenen Armen herzlich willkommen! In Lukas 18 fordert Jesus seine Jünger auf: »Lasst die Kinder zu mir kommen und wehrt ihnen nicht! Denn solchen gehört das Reich Gottes.

Wahrlich, ich sage euch: Wer das Reich Gottes nicht annehmen wird wie ein Kind, wird nicht hineinkommen« (Lukas 18,16-17). Es wird nicht weiter ausgeführt, warum Jesus die Kinder in besonderer Weise willkommen heißt und sie den Zuhörern sogar als Vorbild vor Augen hält. Aber eine ganz wesentliche Eigenschaft, die Kinder grundlegend von Erwachsenen unterscheidet, ist ihre Echtheit und Authentizität. Ein kleines Kind macht keine »gute Miene zum bösen Spiel« und keine »Faust in der Tasche«. Es reißt sich nicht zusammen, schluckt Tränen nicht herunter und verkneift sich auch kein Lachen, wenn etwas lustig ist. Nein, Kinder lassen uns sehr unmittelbar wissen, wie es ihnen geht und was sie gerade fühlen. Und sie sind dabei manchmal so direkt und ehrlich, dass wir wiederum »schlucken« müssen oder uns in der Öffentlichkeit dafür schämen (»Mama, warum ist der Mann da drüben so dick?«). Ganz bestimmt hat die Einladung Jesu »Werdet wie die Kinder« auch viel mit Vertrauen, Unvoreingenommenheit, Sorglosigkeit usw. zu tun – Wesenszüge, in denen wir von Kindern einiges lernen können. Aber bestimmt hatte Jesus bei seinem Appell auch die Ehrlichkeit und Echtheit von Kindern im Blick, die er uns in der Beziehung mit Gott wünscht.

Im Matthäusevangelium lesen wir die Einladung Jesu »Kommt her zu mir, alle, die ihr mühselig und beladen seid« (Matthäus 11,28; LUT). Das ist nun eine eindeutige und direkt ausgesprochene Einladung an uns, mit unseren Lasten zu Jesus zu kommen. »Mühselig und beladen« können wir sein, wenn wir Sorgen und Ängste mit uns herumtragen, aber auch Schuldgefühle, Traurigkeit, Groll oder was sonst noch schwer auf unserem Herzen lastet. Wir sind eingeladen, damit zu Jesus zu kommen und unsere Last zu ihm zu bringen. Und wenn wir verletzt sind und uns innerlich zerbrochen fühlen, dann wendet Gott sich uns zu und ist für uns da. In Psalm 34,19 heißt es: »Nahe ist der HERR denen, die zerbrochenen Herzens sind, und die zerschlagenen Geistes sind, rettet er.«

Wir dürfen also Gottes Nähe suchen – mit Last, mit Mühsal und innerer Zerbrochenheit. Und nicht nur das: Gott selbst kommt uns sogar entgegen! Der Kern der ganzen Geschichte Gottes mit uns Menschen ist ja, dass er sich in der Person von Jesus zu uns auf den Weg gemacht hat, um »zu suchen und zu retten, was verloren ist« (Lukas 19,10). Im Gleichnis von den verlorenen Söhnen in Lukas 15,11-32 wartet der Vater eben *nicht* auf der Türschwelle, bis sein beschämter, dreckiger und stinkender jüngerer Sohn vor ihm zu Kreuze kriecht: »Als er aber noch fern war, sah ihn sein Vater und wurde innerlich bewegt und lief hin und fiel ihm um seinen Hals und küsste ihn« (Vers 20). In diesem Gleichnis möchte Jesus deutlich machen, wie groß die Liebe und Barmherzigkeit des Vaters ist: so groß, dass er uns mit offenen Armen entgegenkommt, egal, wie schmutzig wir uns fühlen oder welcher »Dreck« an uns klebt. Hier geht es zwar ursprünglich darum, wie barmherzig Gott uns begegnet, wenn wir umkehren und mit unserer Schuld zu ihm kommen. Aber wenn schon Schuld und Sünde kein Hindernis für ihn darstellen, um uns in die Arme zu schließen und zu küssen, wie viel weniger sollten ihm dann unsere ehrlichen Gefühle im Weg stehen?

VALIDIERUNG

Bestimmt haben Sie schon einmal mitbekommen, dass die Qualität eines Tests daran gemessen wird, wie *valide* er das misst, was er messen soll. Validen Zeugenaussagen wird vor Gericht eine hohe Bedeutung eingeräumt. In beiden Fällen geht es um die Gültigkeit und den *Wert* des Testergebnisses bzw. der Aussage. Dementsprechend bedeutet das Verb *vali-*

dieren: »die Wichtigkeit, die Gültigkeit, den Wert von etwas feststellen, bestimmen«.[30] Der psychologische Fachbegriff *Validierung* hängt damit eng zusammen, bezeichnet sehr einfaches und wertvolles Instrument in der Kommunikation und ist aus therapeutischen oder seelsorgerlichen Gesprächen nicht wegzudenken. Sehr vereinfacht bedeutet er, meinem Gegenüber zu vermitteln, dass ich ihn gehört und verstanden habe und dass seine Gedanken und Gefühle nachvollziehbar sind bzw. dass ich sie wert achte. Validierung tut der Beziehung gut, baut Brücken in der Kommunikation und schafft eine Atmosphäre der Wertschätzung. Ich wette, Sie haben in Ihren Freundschaften, Gesprächen mit Partnern oder Kindern intuitiv schon sehr oft validiert, ohne zu wissen, dass Sie es tun und dass es dafür ein Fachwort gibt. Und Sie sind sicherlich auch schon oft validiert worden, ohne es zu merken, haben aber den wohltuenden Effekt gespürt: Man fühlt sich wahrgenommen, angenommen, verstanden. Typische validierende Äußerungen sind: »Dir geht es nicht so gut, oder?«, »Das muss wirklich schlimm für dich sein«, »Ich verstehe total gut, dass dich das aufregt!«, »Na ja, nach dem, was du schon erlebt hast, ist es kein Wunder, dass du jetzt verunsichert bist«, »An deiner Stelle hätte ich wahrscheinlich weinen müssen« usw. Sicher kommt Ihnen das bekannt vor, und in meiner Psychotherapieausbildung musste ich ein wenig schmunzeln, als uns die »Validierungstechniken V6« (es werden sechs Stufen der Validierung unterschieden) vorgestellt wurden. Für mich war und ist das ein gutes Beispiel für etwas, was man als zu erlernende »Technik« oder »Instrument« vermittelt, was aber eigentlich ganz selbstverständlich passiert, wenn ich aufmerksam, zugewandt und mitfühlend mit jemandem im Gespräch bin.

Auch Jesus musste nicht erst ein Seminar belegen, um das Validieren zu beherrschen. Schon im Zusammenhang mit Akzeptanz haben wir die Textstelle betrachtet, in der Jesus sich kurz vor seinem Tod von seinen Jüngern verabschiedet (Johannes 16,20-22). Er fordert sie nicht etwa auf: »Weint nicht! Seid nicht traurig! Ich werde wieder zu euch kommen«, sondern er akzeptiert und validiert ihre Traurigkeit: »Ich sage euch, dass ihr weinen und wehklagen werdet.« Er weiß, wie schwer es seinen Jüngern fallen wird, ohne ihn weiterzugehen. Wie sehr sie ihn vermissen werden und wie schmerzhaft dieser Verlust sein muss. Es war ja eine sehr enge Bindung zwischen ihm und den Jüngern entstanden und wir wissen: Wenn eine Bindung verloren geht oder zerbricht, ist Traurigkeit das absolut passende, angemessene Gefühl! Genau das vermittelt Jesus hier, indem er die Gefühle der Jünger benennt und validiert.

Ein paar Verse später sagt er noch einmal Ähnliches: »In der Welt habt ihr Angst; aber seid getrost, ich habe die Welt überwunden« (Johannes 16,33; LUT). Er erkennt an, dass seine Jünger Angst haben, und holt sie in diesem Gefühl ab. Aber er lässt sie nicht darin verharren, sondern führt sie einen Schritt weiter.

TROST UND PERSPEKTIVWECHSEL

Wahrscheinlich ist Ihnen aufgefallen, dass ich manche Verse nur zur Hälfte zitiert habe oder nur auf den ersten Satzteil eingegangen bin. Mir war es wichtig aufzuzeigen, wie Gott bzw. Jesus uns mit unseren Gefühlen erst einmal willkommen heißt und annimmt. Dann erkennt, benennt und validiert er unsere Gefühle. Danach hilft er uns aber auch, nicht in Traurigkeit und Angst stecken zu bleiben, indem er uns die Hand reicht und uns einen Weg hinaus zeigt.

Der Vers »Kommt her zu mir, die ihr mühselig und beladen seid« lautet weiter: »Ich will euch erquicken« (Matthäus 11,28;

LUT). Das bedeutet nichts anderes als »Ich will euch ermutigen, stärken, aufrichten, erfrischen«. Jesus lädt uns ein, mit allen emotionalen Lasten zu ihm zu kommen, und sagt uns zu, dass er uns neue Kraft geben möchte.

Auch im Alten Testament lesen wir davon, dass Gott sein Volk auferbauen, stärken und trösten möchte: »Mit Weinen kommen sie, und unter Flehen führe ich sie. Ich bringe sie zu Wasserbächen auf einem ebenen Weg, auf dem sie nicht stürzen. Denn ich bin Israel zum Vater geworden, und Ephraim ist mein Erstgeborener«, lesen wir bei Jeremia (Jeremia 31,9). Und in Jesaja 66,13 verspricht Gott: »Wie einen, den seine Mutter tröstet, so will ich euch trösten« (Jesaja 66,13).

In beiden Versen wird die Parallele zu einer Vater-Kind-Beziehung oder Mutter-Kind-Beziehung hergestellt. Für viele Menschen ist leider genau das das Problem, denn sie haben bei ihren Eltern nicht erfahren, was liebevoller Trost ist. In meiner psychotherapeutischen Arbeit gehört es für mich im ersten Gespräch unbedingt zum Kennenlernen dazu, die Patientinnen und Patienten zu fragen: »Zu wem konnten Sie als Kind gehen, wenn Sie traurig waren oder irgendeine Not oder Kummer hatten? Mit wem konnten Sie darüber reden? Wer war für Sie da?« Traurigerweise ist es eher eine Minderheit, die mir dann von einem tröstenden Elternteil erzählen kann, bei dem sie Geborgenheit, Ermutigung und Halt gefunden hat. Sehr häufig berichten die Patientinnen und Patienten, dass sie mit ihren Gefühlen alleine waren und es »irgendwie mit sich selbst ausmachen« mussten. Dabei spielen ganz unterschiedliche Gründe eine Rolle: »Meinen Eltern ging es selbst schlecht und ich wollte sie nicht noch zusätzlich belasten«, »Es wurde bei uns generell nicht über Persönliches gesprochen und man war darauf fokussiert, zu funktionieren und seine Pflichten zu erfüllen«, »Wir waren viele Kinder. Meine Eltern waren immer beschäftigt und hatten gar keine Zeit für so was«, »Mein Vater hat gesagt: ›Ein Indianer kennt keinen Schmerz‹«, »Wenn ich geweint habe, wurde ich angeschrien und verprügelt. Das hab ich mir sehr schnell abtrainiert« oder »Meine Schwester war schon das Sorgenkind in der Familie und hat meinen Eltern genug Kummer gemacht. Ich habe deshalb immer versucht, der Sonnenschein zu sein und gute Laune zu verbreiten«. Das sind viele gute und nachvollziehbare Gründe, die ein Kind beim Heranwachsen dazu bringen, sich mit seinen Gefühlen irgendwann nicht mehr an die Eltern zu wenden und sie stattdessen herunterzuschlucken, sich zusammenzureißen, zu schauspielern oder sich zu verstecken.

Wer so aufgewachsen ist, tut sich oft auch schwer damit, sich vorzustellen, dass Gott ein guter Ansprechpartner für unsere Gefühle ist. Warum sollte er sich dafür interessieren? Hat er nicht anderes, Wichtigeres zu tun? Ist es nicht lächerlich, den großen Gott mit so einer Kleinigkeit zu belästigen? Nun, wenn es wirklich eine Kleinigkeit ist, dann ist es ja auch keine Belastung für Sie. Aber wenn es Sie belastet, dann ist es schon deshalb keine Kleinigkeit mehr. Und wenn es Sie umtreibt, dann möchte Gott davon erfahren und für Sie da sein. Er sagt es ja ausdrücklich: »Ich will euch trösten.«

In den Abschiedsworten Jesu an seine Jünger steckt neben dem Mitfühlen und dem Validieren auch schon sehr viel Trost: »In der Welt habt ihr Angst; aber seid getrost, ich habe die Welt überwunden« (Johannes 16,33; LUT). Er spricht ihnen zu: »Ihr werdet traurig sein, aber eure Traurigkeit wird zur Freude werden. … Auch ihr nun habt jetzt zwar Traurigkeit; aber ich werde euch wiedersehen, und euer Herz wird sich freuen, und eure Freude nimmt niemand von euch« (Johannes 16,20.22). Der Trost, den Jesus hier anbietet, besteht in einem Perspektivwechsel bzw. in einer Erweiterung des Blickwinkels. Jesus erkennt das Gefühl im Hier und Jetzt an, zeigt aber auch schon, dass es nicht so bleiben wird. Er richtet den Blick auf eine positive Zukunft. Sein Trost ist jedoch kein pauschales »Alles wird gut«, sondern er knüpft ihn an seine Zusage, wiederzukommen. Das Versprechen, bald wieder bei ihnen zu sein, soll seine Jünger über den Abschied hinwegtrösten. Und bis es so weit ist, bis das große Wiedersehen stattfindet, sorgt er für sie, indem er ihnen den Heiligen Geist als Tröster und »Beistand« schickt:

> Ich werde den Vater bitten, und er wird euch einen anderen Beistand geben, dass er bei euch ist in Ewigkeit, den Geist der Wahrheit, den die Welt nicht empfangen kann, weil sie ihn nicht sieht noch ihn erkennt. Ihr erkennt ihn, denn er bleibt bei euch und wird in euch sein. Ich werde euch nicht verwaist zurücklassen, ich komme zu euch. ... Der Beistand aber, der Heilige Geist, den der Vater senden wird in meinem Namen, der wird euch alles lehren und euch an alles erinnern, was ich euch gesagt habe.
>
> JOHANNES 14,16-18.26

Auch hier wage ich noch einmal ein kleines Gedankenspiel. Hätte Jesus nicht auch sagen können: »Meine Lieben, wir waren jetzt drei Jahre lang 24/7 zusammen. Ihr habt so viel von mir gelernt und habt verstanden, worum es geht. Das schafft ihr jetzt auch ohne mich! Wir sehen uns ja wieder und bis dahin kommt ihr auch alleine klar. Seid gesegnet, macht's gut, bis demnächst!«? Wäre das nicht auch legitim gewesen? Aus einer menschlichen Perspektive vielleicht schon. Oder aus der Perspektive eines Lehrer-Schüler-Verhältnisses. Ein Lehrer hat ja – ebenso wie ein Psychotherapeut – eigentlich den Auftrag, sich selbst überflüssig zu machen und dafür zu sorgen, dass seine »Schützlinge« ihn nicht mehr brauchen. Anders ist es bei

Gott. Wir brauchen ihn ein Leben lang, und wenn wir glauben, dass wir auch ohne ihn zurechtkommen, wird es gefährlich für uns. Jesus weiß, dass seine Jünger, auch wenn sie noch so gut aufgepasst und von ihm gelernt haben, jemanden brauchen, der sie »bei der Stange hält«. Der ihnen Kraft, Mut und Weisheit gibt, sie an seine Worte erinnert und sie stärkt, wenn Widerstände und Schwierigkeiten kommen. Er wartet nicht ab, wie seine Jünger sich ohne ihn schlagen, sondern bittet schon vorab um einen starken Beistand und Tröster für sie. Das ist liebevolle Fürsorge, wie wir sie von Gott kennen: »Denn euer Vater weiß, was ihr benötigt, ehe ihr ihn bittet« (Matthäus 6,8).

Wenn ich mir diese drei Haltungen bzw. Angebote anschaue, mit denen Gott unseren Gefühlen begegnet, dann entdecke ich eins zu eins das wieder, was wir Psychotherapeutinnen und -therapeuten heute zum Thema »therapeutische Beziehungsgestaltung« lernen. Wir sind erst einmal aufgerufen, unsere Patientinnen und Patienten unvoreingenommen und mit einer Haltung der Akzeptanz und Annahme willkommen zu heißen. Dann ist Validierung unser wichtigstes Werkzeug, um Vertrauen zu schaffen und Ehrlichkeit und Offenheit bei den Patientinnen und Patienten zu fördern. Und darüber hinaus ist es natürlich unsere Aufgabe, Hoffnung zu machen, dass der aktuelle Zustand nicht so bleiben muss, und Perspektiven aufzuzeigen, wie unser Gegenüber aus seiner aktuellen Not herausfinden kann. Ich muss immer ein bisschen schmunzeln, wenn Psychologinnen und Psychologen meinen, etwas entdeckt oder gar erfunden zu haben, was Jesus schon vor über 2000 Jahren ganz selbstverständlich so gelebt hat. Gott als unser Schöpfer und Vater weiß genau, wie wir »ticken« und was wir brauchen.

Und in Sachen Beziehungsgestaltung tun wir Therapeutinnen und Therapeuten, Seelsorgerinnen und Seelsorger sicher sehr gut daran, nicht nur Lehrbücher zu studieren, sondern von ihm selbst und von Jesus zu lernen.

»FÜRCHTE DICH NICHT«

Sosehr ich auch dahinterstehe, dass Gott unsere Gefühle – auch Angst – willkommen heißt und versteht, so kann und möchte ich auch nicht darüber hinweggehen, dass wir unzählige Male in der Bibel lesen: »Fürchte dich nicht«, »Hab keine Angst«, »Macht euch keine Sorgen« usw. Hier beispielhaft ein paar bekannte und beliebte Textstellen:

> Fürchte dich nicht, denn ich bin mit dir! Habe keine Angst, denn ich bin dein Gott! Ich stärke dich, ja, ich helfe dir, ja, ich halte dich mit der Rechten meiner Gerechtigkeit.
>
> JESAJA 41,10

> So spricht der HERR, der dich geschaffen, Jakob, und der dich gebildet hat, Israel: Fürchte dich nicht, denn ich habe dich erlöst! Ich habe dich bei deinem Namen gerufen, du bist mein.
>
> JESAJA 43,1

> Habe ich dir nicht geboten: Sei stark und mutig? Erschrick nicht und fürchte dich nicht! Denn mit dir ist der HERR, dein Gott, wo immer du gehst.
>
> JOSUA 1,9

Fürchte dich nicht, du Erdboden! Juble und freue dich! Denn der HERR hat Großes getan.

JOEL 2,21

Jesus aber hörte nicht auf das, was da gesagt wurde, und sprach zu dem Vorsteher: Fürchte dich nicht, glaube nur!

MARKUS 5,36 (LUT)

Und der Engel sprach zu ihr: Fürchte dich nicht, Maria! Denn du hast Gnade bei Gott gefunden.

LUKAS 1,30

Wie lesen Sie diese Verse? Wie kommen sie bei Ihnen an? Einige von ihnen finden wir häufig zusammen mit schönen Fotomotiven auf Postkarten und sie werden häufig als Tauf- oder Konfirmationsspruch ausgewählt. Wir geben sie gerne als Ermutigung oder Trost weiter, und ich selbst habe auch schon Kraft und Mut aus Worten wie diesen gezogen.

Aber stehen sie nicht im Widerspruch zu allem, was ich bisher über den Wert von Gefühlen und die Akzeptanz von Angst geschrieben habe? »Fürchte dich nicht« – das ist doch unmissverständlich, oder? Es ist doch eine ganz klare Aufforderung Gottes, keine Angst zu haben! Oder nicht?

Ich kenne Menschen, die das tatsächlich so verstehen. Sie lesen »Fürchte dich nicht« als Gebot, als Anweisung oder – noch schärfer formuliert – als Befehl. Das sind oft Menschen, die sehr intensiv darum bemüht sind, nach Gottes Willen zu leben und nach christlichen Maßstäben alles richtig zu machen. Und auf dieser Grundlage vertreten sie die Überzeugung: »Gott sagt: ›Fürchte dich nicht.‹ Wenn ich also Angst habe, ist das Ungehorsam, entspricht nicht dem Willen Gottes und ist damit Sünde!« Und ehe sie sich versehen, haben sie neben einer heimlichen, unterdrückten Angst auch noch Schuld- und Versagensgefühle. Wir haben uns zu Anfang ja schon ausführlich damit beschäftigt, dass damit ein echter »Teufels-Kreis« entsteht, der nicht in Gottes Sinne sein kann. Gott selbst ist der Schöpfer unserer Gefühle und hat uns die Angst als lebenswichtiges Instrument, als Messfühler für Gefahren, gegeben. Daher verlangt er von uns nicht, dass wir sie möglichst schnell ausschalten oder gar nicht erst zulassen. Und es kann keine Sünde sein, ein Gefühl zu erleben, das Gott selbst uns zur Verfügung stellt und das – davon abgesehen – sogar sein eigener Sohn intensiv empfindet.

Wie ist es also nun zu verstehen, wenn wir lesen: »Fürchte dich nicht«, »Hab keine Angst« usw.? Rein sprachlich sind das alles sogenannte Imperative, also Befehlsformen. Aber Befehl und Gehorsam ist hier wirklich nicht das, worum es geht! Um das deutlich zu machen, gebe ich Ihnen noch ein paar mehr Beispiele aus unserem Alltag, wo Sie und ich ständig die »Befehlsform« gebrauchen, ohne dass wir tatsächlich etwas befehlen oder fordern wollen: »Lass es dir gut gehen«, »Hab einen schönen Abend«, »Komm gesund wieder«, »Genieß deinen Urlaub«, »Erhol dich gut«, »Lass dich nicht stressen«, »Sei gesegnet« und, und, und … Ich gehe jede Wette ein, dass Sie, wenn Ihnen so etwas einmal gesagt oder geschrieben wurde, nicht unter Druck geraten sind. Sie haben sich wahrscheinlich nicht beim Ungehorsam erwischt gefühlt, weil Sie den Urlaub bisher zu wenig genossen haben oder nur einen mittelmäßig schönen Abend hatten. Genauso wenig haben Sie vermutlich gedacht: »Okay, der Auftrag ist klar. Jetzt Ärmel hoch und mal sehen, wie ich das hinkriege!« Nein, es ist uns völlig klar, dass uns hier keine Befehle erteilt werden und wir dem anderen Gegenüber keine Verpflichtung haben, seine Erwartungen zu erfüllen. Es sind gute Wünsche, Ermutigungen oder liebevolle Ermahnungen. Wenn ich meiner Freundin vor einer langen

Reise sage: »Pass auf dich auf«, dann ist das durchaus eine Art von »Ermahnung«. Aber nicht als Kritik oder Anweisung, sondern als herzliche Bitte mit dem dahinterstehenden Wunsch, dass ihr nichts passieren möge.

Wenn ich also in der Bibel lese: »Hab keine Angst« oder »Fürchte dich nicht«, dann nehme ich darin keinen erhobenen Zeigefinger Gottes wahr, der mich zum Gehorsam ruft. Nein, ich sehe vielmehr einen liebevollen Vater, der sein verunsichertes Kind in den Arm nimmt, ihm über den Kopf streicht und liebevoll ins Ohr flüstert: »Ganz ruhig! Hab keine Angst. Ich bin bei dir.« Mit anderen Worten: »Ich bin da. Du darfst dich beruhigen. Du bist bei mir in Sicherheit. Deshalb gibt es keine Gefahr und du brauchst keine Angst zu haben.«

Wenn wir uns die oben genannten Verse noch einmal genau anschauen, dann stellen wir fest, dass sie uns schon sagen, warum wir uns nicht zu fürchten brauchen. Da heißt es nicht: »Fürchte dich nicht, denn du bist kein Feigling« oder »Hab keine Angst, denn dazu gibt es überhaupt keinen Grund« – wie manch einer das vielleicht aus dem Elternhaus kennt. Nein, Gott bringt sich immer selbst ins Spiel:

> Fürchte dich nicht, denn *ich* bin mit dir! Habe keine Angst, denn *ich* bin dein Gott! *Ich* stärke dich, ja, *ich* helfe dir, ja, *ich* halte dich mit der Rechten meiner Gerechtigkeit.
>
> JESAJA 41,10

> Fürchte dich nicht, denn *ich* habe dich erlöst; *ich* habe dich bei deinem Namen gerufen; du bist *mein*!
>
> JESAJA 43,1

> Erschrick nicht und fürchte dich nicht! Denn mit dir ist *der HERR*, dein Gott, wo immer du gehst.
>
> JOSUA 1,9 (Hervorhebung der Autorin)

Wenn ich weiß, dass Gott, mein Helfer und Retter, mit mir ist, dann kann mir das Sicherheit, Trost und Kraft geben, und meine Angst kann sich beruhigen. Ich brauche also nicht wie das berühmte Kaninchen vor der Schlange in Angst zu erstarren und mich davon lähmen zu lassen. Nein, ich darf erkennen, dass Gott größer ist als das, wovor ich Angst habe, und dass er »mein Fels, meine Burg und mein Erretter« ist, »mein Gott, mein Hort, bei dem ich mich berge, mein Schild und das Horn meines Heils, meine Festung« (Psalm 18,3). In diesem Sinne kann ich dann meine Angst auch wieder loslassen und neuen Mut schöpfen. Aber das erfahre ich nicht, wenn ich mir jede Angst im Ansatz verbiete, sondern wenn ich *mit* meiner Angst Gottes Nähe suche und mich ihm anvertraue.

Wer sich mit dem Thema Angst im Neuen Testament beschäftigt, der stößt früher oder später auf eine Geschichte, in der Jesu Jünger mit ihm unterwegs sind und plötzlich große Angst bekommen:

> Und an jenem Tag sagt er zu ihnen, als es Abend geworden war: Lasst uns zum jenseitigen Ufer übersetzen! Und sie entließen die Volksmenge und nehmen ihn im Boot mit, wie er war. Und andere Boote waren bei ihm. Und es erhebt sich ein heftiger Sturmwind, und die Wellen schlugen in das Boot, sodass das Boot sich schon füllte. Und er war hinten im Boot und schlief auf dem Kopfkissen; und

> sie wecken ihn auf und sprechen zu ihm: Lehrer, kümmert es dich nicht, dass wir umkommen? Und er wachte auf, bedrohte den Wind und sprach zu dem See: Schweig, verstumme! Und der Wind legte sich, und es entstand eine große Stille. Und er sprach zu ihnen: Warum seid ihr furchtsam? Habt ihr noch keinen Glauben? Und sie fürchteten sich mit großer Furcht und sprachen zueinander: Wer ist denn dieser, dass auch der Wind und der See ihm gehorchen?
>
> MARKUS 4,35-41

Ich muss ehrlich sagen, dass ich mich mit dieser Geschichte lange etwas schwergetan habe, denn Jesus erscheint hier wenig empathisch, verständnisvoll oder tröstend gegenüber seinen verängstigten Jüngern. Er klingt ja eher vorwurfsvoll, wenn er fragt: »Warum seid ihr furchtsam? Habt ihr noch keinen Glauben?« (Vers 40). Und regelrecht gefährlich finde ich es, aus diesem Text für sich selbst abzuleiten: »Wenn ich nur richtig glauben würde, hätte ich keine Angst. Da ich aber Angst habe, stimmt offensichtlich mit meinem Glauben etwas nicht.« Wie oft habe ich das schon von Menschen gehört! »Wer richtig glaubt, hat keine Angst. Und wer Angst hat, der glaubt nicht genug.« Und schon sind wir wieder mittendrin – im Teufelskreis aus Angst, Schuldgefühl, Scham und Rückzug aus der Gottesbeziehung.

Ich bin überzeugt, dass Glaube und Angst, wie wir sie erleben, nicht in einem Widerspruch stehen. Ein Familienvater kann glauben und vertrauen, dass Gott ihn versorgt, und gleichzeitig Angst haben, dass er bei der nächsten Kündigungswelle seinen Job verliert. Eine Schülerin kann glauben, dass Gott sie liebt und für sie da ist, und gleichzeitig Angst haben, am nächsten Tag auf dem Pausenhof wieder angegriffen und gedemütigt zu werden. Und eine krebskranke Frau kann einen unerschütterlichen Glauben haben, dass Gott sie heilen kann, und gleichzeitig bei der nächsten Untersuchung voller Angst sein, dass der Krebs sich weiter ausgebreitet hat. Denn Tatsache ist, auch wenn wir das manchmal nicht wahrhaben wollen: Glaube schützt nicht vor Leid! Hingegebene Christinnen erkranken und sterben an Krebs. Große Glaubensmänner verunglücken tödlich. Tiefgläubige Menschen verlieren ihre Arbeit, werden gemobbt oder werden Opfer von Ungerechtigkeit und Gewalt. Das ist traurig, aber es passiert. Warum sollten wir also nicht auch Angst vor solchen Erfahrungen haben dürfen? Im nächsten Abschnitt gehe ich im Zusammenhang mit den Psalmen noch etwas genauer darauf ein, dass wir aufgrund unseres Glaubens keinen Garantieschein für ein unbeschwertes, leichtes und glückliches Leben haben.

Aber schauen wir noch einmal zu den Jüngern im Boot. Angesichts des schweren Sturms, in den sie mit ihrem Boot geraten sind, ist es absolut nachvollziehbar, dass sie Angst haben. Sie sind Menschen wie wir, und auch bei ihnen wirken Stresshormone und setzen Angstreaktionen in Gang, wie wir alle sie erleben, wenn wir in Gefahr sind. Allerdings sagen sie nicht: »Meister, wir haben Angst«, was eine ehrliche und transparente Gefühlsmitteilung gewesen wäre. Nein, sie wecken Jesus mit den Worten: »Lehrer, kümmert es dich nicht, dass wir umkommen?« (Vers 38). Das heißt, sie rechnen fest damit, dass sie umkommen werden, und nehmen das schon als gegeben hin. Außerdem werfen sie Jesus Gleichgültigkeit vor, weil er sich offenbar überhaupt nicht darum schert. Das mutet, ehrlich gesagt, schon etwas hysterisch an. Was sie dabei offenbar ganz aus dem Blick verloren haben, ist, dass Jesus selbst zu ihnen gesagt hatte: »Lasst uns zum jenseitigen Ufer übersetzen!« (Vers 35). Er hatte einen Plan für den Abend. Er hatte ein

Ziel und wusste, wo er hinwollte. Und auf einer viel höheren Ebene war sein Auftrag auf der Erde ja noch lange nicht erfüllt. Jesus hatte in Gottes Auftrag noch viel zu sagen und zu wirken. Sollte dieser Plan etwa an einem Sturm scheitern? Wenn die Jünger ernsthaft davon ausgehen, dass der Sohn Gottes sein Vorhaben leider kurzerhand abbrechen muss, weil er im Sturm kentert und ertrinkt, dann ist die Frage nach ihrem Glauben schon gerechtfertigt.

Ich bin überzeugt, dass Jesus nicht den Glauben seiner Jünger infrage gestellt hätte, wenn sie alleine und auf eigene Faust losgefahren wären und dann im Sturm Angst um ihr Leben bekommen hätten. Vielleicht hätte er dann eher in gewohnter Weise reagiert und gesagt: »Fürchtet euch nicht.« In dieser Situation aber, wo er selbst mit an Bord ist und zuvor den Impuls zum Überqueren des Sees gegeben hat, steht für mich im Subtext seiner Äußerung: »Wenn *ich* sage, wir fahren auf die andere Seite, dann kommen wir auch da drüben an. Habt ihr kein Vertrauen, dass ich das, was ich sage, auch tun kann? Glaubt ihr nicht, dass Gott mit seinem Vorhaben zum Ziel kommt und dabei mächtiger ist als Wind und Wellen?« Aus meiner Sicht ist die Kernbotschaft dieses Textes also nicht: »Wer Angst hat, hat zu wenig Glauben«, denn wir haben ja in der Abschiedsszene Jesu gesehen, dass er seinen Jüngern Traurigkeit und auch Angst zugesteht (Johannes 16,22). Nein, es ist eher eine Ermahnung, Gott zu vertrauen, dass er weiß, was er tut, und dass er alles im Griff hat – auch wenn es sich für uns turbulent und stürmisch anfühlt. Gott lässt sich in seinem Vorhaben nicht aufhalten, und »was er zusagt, das hält er gewiss« (Psalm 33,4; LUT). Wenn Gott uns Wege führt und wir unzweifelhaft »in seiner Spur« sind, dann bringt er uns auch ins Ziel (*sein* Ziel!) – darauf dürfen wir vertrauen und unsere Ängste ablegen!

Ich persönlich habe meinen Weg durch Studium, Weiterbildung und Beruf manchmal durchaus als eine Kombination aus Marathon und Hindernisparcours empfunden: anstrengend, kräftezehrend und, ja, manchmal auch von Zweifeln und Ängsten begleitet. Aber demgegenüber stand und steht eine so deutliche Berufung, dass ich in Krisenzeiten schon oft gebetet habe: »Gott, du weißt schon, dass das alles hier nicht ursprünglich *meine* Idee war, oder? Du hast mich auf diesen Weg geschickt, deshalb vertraue ich jetzt ganz fest, dass du mich auch durchhalten und ankommen lässt.« Ich habe an *seine* Möglichkeiten geglaubt und ihm vertraut. Und gleichzeitig habe ich auch Frust, Erschöpfung, Zweifel und Ängste zu ihm gebracht und bin damit liebevoll aufgefangen worden.

Wir leben in einer unperfekten Welt und gehen durch turbulente Zeiten. Deshalb wird die nächste Gelegenheit, Angst zu bekommen, für Sie und mich wahrscheinlich nicht lange auf sich warten lassen. Ich möchte Ihnen Mut machen, diese Angst anzunehmen und anzuschauen. Prügeln Sie sie nicht mit dem »Fürchte-dich-nicht«-Knüppel nieder, sondern sehen Sie hin, was Ihnen Angst macht, und sprechen Sie mit Gott darüber. Er kommt Ihnen entgegen und heißt Sie willkommen. Er versteht Ihre Angst und hält sie mit Ihnen aus. Und er hebt Ihren Blick hin zu seiner Größe, seinen Möglichkeiten und seinem Segensplan mit Ihnen.

Die Psalmen – harter Tobak großer Beter

Die Psalmen sind sicherlich die emotional intensivsten Texte in der Bibel. Nirgendwo sonst steckt so viel Gefühl in so vergleichsweise kurzen Texten. Zum Einstieg lade ich Sie ein, einige ausgewählte Psalmworte in Ruhe zu lesen und auf sich wirken zu lassen.

> Der HERR ist mein Licht und mein Heil, vor wem sollte ich mich fürchten? Der HERR ist meines Lebens Zuflucht, vor wem sollte ich erschrecken?
>
> PSALM 27,1

> Der HERR ist mein Hirte, mir wird nichts mangeln. Er lagert mich auf grünen Auen, er führt mich zu stillen Wassern. Er erquickt meine Seele. Er leitet mich in Pfaden der Gerechtigkeit um seines Namens willen.
>
> PSALM 23,1-3

> Gott ist uns Zuflucht und Stärke, als Beistand in Nöten reichlich gefunden. Darum fürchten wir uns nicht, wenn auch die Erde erbebt und die Berge mitten ins Meer wanken.
>
> PSALM 46,2-3

> Ich liebe dich, HERR, meine Stärke! Der HERR ist mein Fels und meine Burg und mein Retter, mein Gott, mein Hort, bei dem ich mich berge, mein Schild und das Horn meines Heils, meine Festung.
>
> PSALM 18,2-3

Sei mir gnädig, HERR, denn ich bin bedrückt; vor Gram verfällt mein Auge, meine Seele und mein Leib. Denn in Kummer schwindet mein Leben dahin und meine Jahre in Seufzen; meine Kraft wankt durch meine Schuld, und es verfallen meine Gebeine.

PSALM 31,10-11

Reiße mich nicht weg mit den Gottlosen und mit den Übeltätern, die friedlich reden mit ihren Nächsten, aber Böses in ihrem Herzen haben! Gib ihnen nach ihrem Tun und nach der Bosheit ihrer Taten; nach dem Werk ihrer Hände gib ihnen, vergilt ihnen ihre Tat!

PSALM 28,3-4

Es stinken, es eitern meine Wunden wegen meiner Torheit. Ich bin gekrümmt, sehr gebeugt; den ganzen Tag gehe ich trauernd einher. Denn voll Brand sind meine Lenden, und keine heile Stelle ist an meinem Fleisch. Ich bin ermattet und ganz zerschlagen, ich schreie aus dem Stöhnen meines Herzens. Herr, vor dir ist all mein Begehren, und mein Seufzen ist nicht vor dir verborgen. Mein Herz pocht, verlassen hat mich meine Kraft; und das Licht meiner Augen, auch das habe ich nicht mehr.

PSALM 38,6-11

Durch dich werden wir niederstoßen unsere Bedränger; durch deinen Namen werden wir zertreten, die gegen uns aufstehen. ... Erwache! Warum schläfst du, Herr? Wache auf! Verwirf uns nicht auf ewig! Warum verbirgst du dein Angesicht, vergisst unser Elend und unsere Bedrückung?

PSALM 44,6.24-25

An dem Tag, da ich mich fürchte – ich, ich vertraue auf dich. … auf Gott vertraue ich, ich werde mich nicht fürchten; was könnte ein Mensch mir tun?

PSALM 56,4.12

Hier zeigt sich die ganze Bandbreite menschlicher Gefühle. In den Psalmen begegnen uns Angst und Vertrauen, Verzweiflung und Hoffnung, Ärger und Freude. Aber haben Sie in einer Buchhandlung oder im Katalog eines christlichen Verlags schon einmal eine Postkarte mit folgendem Text gefunden: »Es stinken, es eitern meine Wunden wegen meiner Torheit. Ich bin gekrümmt, sehr gebeugt; den ganzen Tag gehe ich trauernd einher« (Psalm 38,6-7)? Oder mit diesen Worten: »Warum, HERR, verwirfst du meine Seele, verbirgst du dein Angesicht vor mir? Elend bin ich und todkrank von Jugend auf. Ich trage deine Schrecken, bin verwirrt« (Psalm 88,15-16)? Nein? Ich auch nicht. Aber warum eigentlich nicht? Psalmworte sind doch sehr beliebt auf Postkarten, in Kalendern, Aufstellbüchern usw. Ich selbst habe schon einmal einen Kalender mit eigenen Naturfotografien und Versen aus den Psalmen gestaltet und verschenkt. Und ich habe mich bei der Auswahl der Verse natürlich an den »Top 20« der beliebtesten Psalmen bedient: »Der Herr ist mein Hirte«, »Der Herr ist mein Licht und mein Heil« … Das Wort Gottes soll doch ermutigen, trösten und aufbauen, oder? Wir möchten uns darüber freuen, möchten Hoffnung schöpfen, unsere Gedanken zum Positiven lenken usw. Und wenn ich sage »wir«, dann schließe ich mich da vollkommen mit ein. Ich freue mich über Verse, in denen Gott gelobt wird, als gnädig, barmherzig, treu, mächtig und gut gepriesen wird. Es ermutigt und inspiriert mich zu lesen, wie jemand Gott vertraut und Hilfe von ihm erfährt. Mein absoluter Lieblingspsalm, den ich auch einmal auswendig gelernt habe, um ihn in jeder Situation gedanklich »hervorholen« zu können, ist Psalm 103:

> Lobe den Herrn, meine Seele, und was in mir ist, seinen heiligen Namen! Lobe den Herrn, meine Seele, und vergiss nicht, was er dir Gutes getan hat! Der dir all deine Sünde vergibt und heilt alle deine Gebrechen. ... Barmherzig und gnädig ist der Herr, geduldig und von großer Güte!
>
> PSALM 103,1-3.8 (LUT)

Es ist ein einziges Loblied auf die Güte Gottes und erinnert mich daran, was Gott schon Gutes getan hat – an mir, in meinem Leben und im Leben von Menschen, die ich kenne. Und es ist ungeheuer wichtig, dass wir diese Dinge nicht vergessen! Dass wir dankbar auf das Gute schauen, das wir erlebt haben und erleben.

Die Psychologie hat sich in den letzten Jahren auch verstärkt mit dem Thema Dankbarkeit beschäftigt und hat durch Studien belegen können, dass Menschen mit Depressionen, die z. B. ein Dankbarkeitstagebuch führen und jeden Abend als Tagesabschluss aufschreiben, wofür sie dankbar sind, einen nachhaltigen Rückgang ihrer Depressivität erleben.[31] In diesem Sinne ist die »Ermahnung« an sich selbst »Und vergiss nicht, was er dir Gutes getan hat« in Psalm 103 fast eine therapeutische oder präventive Maßnahme, um Niedergeschlagenheit und Verbitterung vorzubeugen.

Und auch die anderen Psalmen, die voller Lob und Dank sind, tun uns gut, weil sie unseren Blick wieder auf das richten, was uns stärkt und ermutigt: die Liebe Gottes, seine Treue, seine Schöpferkraft, seine Barmherzigkeit und vieles mehr.

Gleichzeitig sehe ich aber auch Gefahren, wenn wir uns im Buch der Psalmen nur die »Rosinen rauspicken«. Eine Gefahr ist, zu glauben, dass nur diese Art zu beten gut und richtig ist und Gott gefällt. Ja, wenn ich nicht selbst einmal bewusst und mit offenem Blick die Psalmen durchlese, sondern überwiegend Verse aus Predigten, Kalendern und Postkarten aufschnappe, dann kann ich sogar den Eindruck gewinnen, ein Psalm bzw. ein Gebet müsse grundsätzlich Gott loben, ihm danken und Freude über ihn ausdrücken. Aber wehe, ich gerate dann mal in eine persönliche Krise oder es geht mir schlecht und mir steht überhaupt nicht der Sinn nach Lob, Dank und Freude. Dann ziehe ich mich zurück, vergrabe mich mit meinen »schlechten« Gefühlen und schlucke sie herunter mit dem Ziel, irgendwann schon wieder »klarzukommen«. Und wenn ich so weit bin, kann ich auch wieder beten, Gott danken und ihn loben, dass er mich aus dem Tal herausgeführt hat, und bin damit wieder »auf dem richtigen Kurs«.

Eine andere große Gefahr sehe ich darin, dass wir aus positiv klingenden Psalmworten Ansprüche ableiten. Ansprüche an uns selbst, an unser Leben und auch an Gott. Der berühmteste aller Psalmen, Psalm 23, wird oft auf diese Weise gelesen und verstanden:

> Der HERR ist mein Hirte, mir wird nichts mangeln. Er lagert mich auf grünen Auen, er führt mich zu stillen Wassern. Er erquickt meine Seele. Er leitet mich in Pfaden der Gerechtigkeit um seines Namens willen. Auch wenn ich wandere im Tal des Todesschattens, fürchte ich kein Unheil, denn du bist bei mir; dein Stecken und dein Stab, sie trösten mich. Du bereitest vor mir einen Tisch angesichts

meiner Feinde; du hast mein Haupt mit Öl gesalbt, mein Becher fließt über. Nur Güte und Gnade werden mir folgen alle Tage meines Lebens; und ich kehre zurück ins Haus des HERRN für immer.

Sehr häufig habe ich schon erlebt, dass z. B. der erste Vers, »Der Herr ist mein Hirte, mir wird nichts mangeln«, herausgegriffen und als Wahrheit definiert wird, die ich »nur noch glauben« muss. Die Argumentation ist dabei nicht selten folgende: »Die Bibel ist Gottes Wort. Gottes Wort ist grundsätzlich wahr und wird nicht infrage gestellt. Also ist auch die Aussage ›Mir wird nichts mangeln‹ wahr, und meine Aufgabe ist jetzt, diese Aussage zu glauben und über meinem Leben auszusprechen. Wenn ich das von ganzem Herzen tue, dann bin ich glücklich und zufrieden und erlebe tatsächlich keinen Mangel.«

Ich bin beeindruckt, wenn Menschen das so erleben, muss aber gestehen, dass meine Lebenswirklichkeit eine andere ist. Es gab schon Zeiten, da habe ich gelesen: »Mir wird nichts mangeln«, und habe spontan gedacht: »Äh … nein.« Wenig später kam ich zu dem Vers »… fürchte ich kein Unglück«, und mein Gedanke war: »Hm … doch!« Und was dann?! Wenn ich auf solche inneren Widersprüche zwischen Bibelworten und meinem persönlichen Erleben stoße, dann gerate ich schnell in den Gedankenkreis, den ich hier schon ein paar Mal beschrieben habe, und frage mich, was mit mir und mit meinem Glauben nicht in Ordnung ist. Warum empfinde ich sehr wohl Mangel, wenn der Psalm mir doch vermeintlich zuspricht, dass mir nichts mangeln wird? Und wenn doch geschrieben steht: »… fürchte ich kein Unglück«, und das die Wahrheit ist, warum habe ich dann trotzdem Angst? Was mache ich falsch, und wie kann ich es überhaupt wagen, Gottes Wort anzuzweifeln? Ich höre in solchen inneren Kämpfen dann von Geschwistern manchmal die

Empfehlung, die Verse nicht zu hinterfragen, sondern sie einfach immer und immer wieder über meinem Leben oder über der Situation, in der ich stecke, auszusprechen. Aber das macht mir dann noch mehr Mühe, weil es sich verkrampft, aufgesetzt und unehrlich anfühlt.

Noch größere innere Widerstände spüre ich, wenn ich z. B. in einer Gemeinschaft dazu eingeladen werde, meinem Gegenüber einige Psalmworte persönlich zuzusprechen. Zweimal war ich schon in einer Runde, wo wir uns Psalm 91,11-12 gegenseitig und sogar mit Namensnennung zusprechen sollten – als Verheißung Gottes, die jeder von uns in Anspruch nehmen dürfe: »Denn er bietet seine Engel für dich auf, dich zu bewahren auf allen deinen Wegen. Auf den Händen tragen sie dich, damit du deinen Fuß nicht an einen Stein stößt.« Wow, was für eine Zusage! Was für ein Versprechen! Das geht doch runter wie Öl! … oder etwa nicht? Ich muss ehrlicherweise sagen, dass mir diese Verse damals buchstäblich »im Hals stecken geblieben« sind. Nicht, weil ich meinem Gegenüber nicht von Herzen Gottes Schutz und Bewahrung gewünscht hätte. Aber es kam mir falsch vor, es ihm in Gottes Namen zu versprechen, nur weil es in diesem Psalm so stand. Es ist jetzt über 20 Jahre her, doch ich weiß noch, dass mir beim Lesen die Tränen kamen und ich dachte: »Aber das stimmt einfach nicht! Gläubige Menschen sind doch nicht vor allem Unheil geschützt! Jeden Tag sterben so viele Menschen an Krebs, haben schlimme Schmerzen, verunglücken und werden sogar getötet! Und viele von ihnen leben sogar mit Jesus! Sie beten, vertrauen auf Gott und nehmen die Bibel ernst. Aber sie stoßen sich nicht nur ›den Fuß an einem Stein‹, sondern sie gehen durch schlimme Qualen und Schmerzen oder verlieren sogar ihr Leben! Wie kann das sein, wenn Gott angeblich seinen Engeln befohlen hat, sie zu behüten?!« Ich war sehr aufgewühlt und im wahrsten Sinne des

Wortes ver-*zweifel*t, also voller Zweifel, weil ich gerne – wie alle anderen – die Verse einfach dankbar und als Ermutigung aufnehmen wollte. Gleichzeitig wehrte sich aber ein Teil von mir heftig dagegen und berief sich dabei auf die Wirklichkeit, die ich jeden Tag in meiner Umgebung und in den Nachrichten erlebte. Dabei hatte ich das Gefühl, dass es überhaupt nicht angebracht wäre, meine Zweifel laut auszusprechen, weil ich damit die Andacht sprengen und die ganze schöne Atmosphäre kaputt machen würde. Also zog ich mich mit einem dicken Kloß im Hals zurück …

Ganz schwierig wird es dann (und davon bin ich bisher Gott sei Dank verschont geblieben), wenn wir selbst einen schweren Schicksalsschlag erleben, der mit der vermeintlichen »Verheißung« aus Psalm 91 nun gar nicht mehr zu vereinbaren ist. Was liegt dann näher, als Gott sein eigenes Wort vorzuhalten: *»Du* hast doch gesagt, ich würde mir den Fuß nicht an einem Stein stoßen!« – so, als hätten wir ein Recht auf Bewahrung, das wir dann bei Gott einklagen. Hier liegt nach meiner Erfahrung eine große Quelle von Verbitterung und Rückzug von Gott. Keine Sorge, das Fass mit der Aufschrift »Warum lässt Gott das zu?« mache ich jetzt nicht auf. Aber ich glaube, für unsere Vertrauensbeziehung zu Gott ist es sehr gefährlich, aus ausgewählten Bibelversen Versprechen oder Zusagen abzuleiten und sie, wenn sie sich nicht erfüllen, im Sinne einer Anklage gegen Gott zu verwenden.

Um hier kein Missverständnis aufkommen zu lassen: Ich liebe und schätze die Psalmen! Ich zitiere sie, bete sie und schreibe sie auf Glückwunsch- oder Ermutigungskarten. Wir sollten uns nur darüber im Klaren sein, was sie sind – und was eben auch nicht.

Kehren wir noch einmal zu dem Anfangsgedanken dieses Kapitels zurück: Warum finden wir viele Verse aus den Psalmen (wie z. B. aus dem oben zitierten Psalm 31) auf keiner Postkarte, in keinem Kalender und nur selten in Predigten? Um warum nehmen wir sie nicht genauso als Wahrheit an und sprechen sie über unserem Leben aus? Sie sind doch genauso Psalmen, viele sogar von David, derselben Person, die den wunderschönen Psalm 23 verfasst hat, und sie sind doch genauso Wort Gottes! Warum lassen wir sie eher links liegen, während wir uns mit den anderen, »schönen« Versen gerne und intensiv beschäftigen?

Zum einen geben sie uns einfach kein »gutes Gefühl«. Sie erfreuen uns nicht, ermutigen uns nicht und erzeugen keine positiven Bilder in unserem Kopf. Stattdessen wecken sie eher sehr negative, unangenehme Assoziationen und wir empfinden sie als störend und unbequem – so, wie wenn wir barfuß über groben Schotter laufen und es bei jedem Schritt an einer anderen Stelle schmerzt. Wir bringen es lieber schnell hinter uns und atmen auf, wenn wir auf der saftigen grünen Wiese (z. B. von Psalm 23) angelangt sind, wo wir wieder entspannen und das satte, weiche Polster unter unseren Füßen genießen können.

Zum anderen neigen wir dazu, diese Psalmen – eben weil sie ungemütlich sind – eher dem jeweiligen Verfasser und seinem persönlichen Befinden zuzuordnen, statt sie auf uns zu beziehen. Wir sehen die Situation, in der der Psalm geschrieben wurde (falls wir etwas darüber erfahren), und ordnen die Worte in diesen Kontext ein. Oder wir nehmen zumindest wahr, dass David, Asaf, die Brüder Korach oder wer auch immer den Psalm geschrieben hat, in einer echten Krise und Not war. Das hat mit uns doch nichts zu tun! Aber ist es nicht sehr inkonsequent, den einen Psalm als persönliche Verheißung für mich in

Anspruch zu nehmen und den anderen ganz klar als persönliches Erleben des Psalmbeters einzuordnen, das für mich keine Bedeutung hat?

Ich persönlich bin überzeugt, dass es den Psalmen am ehesten gerecht wird, wenn wir sie als das lesen, was sie sind: Lieder und Gebete, die unterschiedliche Menschen zu unterschiedlichen Anlässen und in unterschiedlichen Gefühlslagen getextet bzw. formuliert haben. Was aber keinesfalls heißen muss, dass sie für uns keine Bedeutung haben – im Gegenteil! Wir können ganz viel daraus lernen und für uns mitnehmen! Aber eher in dem Sinne: »Wie erlebt der Psalmbeter Gott? Was erlebt er mit ihm? Was fühlt er Gott gegenüber? Wie spricht er mit ihm?«, und nicht: »Wie steht Gott zu mir? Was tut Gott in meinem Leben? Was verspricht er mir und was werde ich noch mit ihm erleben?«

Wenn wir aus einer Art Vogelperspektive auf die Psalmen schauen, dann sehen wir eine unglaubliche Vielfalt, was die Inhalte angeht. Da wird Gott als Schöpfer der Erde und des Universums gepriesen und auch als ganz persönlicher Tröster und Beschützer angesprochen. Da wird Gott gelobt für seine Treue, Güte und Liebe, und dann wird er verzweifelt angeschrien, warum er nicht endlich eingreift und hilft. Da wird davon geschwärmt, wie gut es tut, in Gottes Nähe zu sein und sein Wort zu studieren. Ja, und nicht selten wird heftig über »die Gottlosen« oder »die Feinde« geklagt, der Beter wünscht ihnen buchstäblich »die Pest an den Hals« und bittet Gott um Rache und ein hartes Durchgreifen.

Daraus lerne ich auf jeden Fall schon einmal, dass auch Menschen, die ganz intensiv mit Gott unterwegs waren, die eng mit ihm verbunden waren und ihr Leben nach Gott ausgerichtet haben, durch schlimmste Krisen gegangen sind. David – der große Glaubensheld, der »Mann nach dem Herzen Gottes« (vgl. Apostelgeschichte 13,22), aus dessen Stamm Jesus kommt –, dieser David betet: »Bis wann, HERR? Willst du für immer mich vergessen? Bis wann willst du dein Angesicht vor mir verbergen? Bis wann soll ich Sorgen hegen in meiner Seele, Kummer in meinem Herzen bei Tage? Bis wann soll sich mein Feind über mich erheben?« (Psalm 13,2.3). Und ja, es ist derselbe David, der gebetet hat: »Der HERR ist mein Hirte, mir wird nichts mangeln. … Auch wenn ich wandere im Tal des Todesschattens, fürchte ich kein Unheil, denn du bist bei mir; dein Stecken und dein Stab, sie trösten mich« (Psalm 23,1.4). Streng genommen könnte man sich David doch jetzt vorknöpfen und fragen: »Also, wie ist das jetzt mit Gott?! Ist er nun dein Hirte und dein Tröster oder vergisst er dich und kehrt dir den Rücken zu? Und du – was ist mit dir? Du sagst doch, es mangelt dir an nichts und du fürchtest dich nicht! Und dann auf einmal klagst du über Kummer und Sorgen. Das passt doch alles nicht zusammen!« Tatsächlich aber passt es sehr gut zusammen. Es sind verschiedene Mosaiksteine eines großen Mosaiks mit dem Titel »Leben«. Auch David bekommt die schmerzhaften und schrecklichen Seiten des Lebens zu spüren. Er fühlt sich verlassen, angefeindet, traurig, hat Todesangst und ist sogar mehrfach unmittelbar vom Tod bedroht. Warum er all das erleben muss, wird nicht gesagt, aber ganz bestimmt nicht, weil er einen zu kleinen Glauben gehabt oder nicht genug gebetet hätte. Spätestens jetzt kann uns doch klar sein: Ein Leben mit Gott und ein noch so starker Glaube sind keine Allround-Versicherung gegen Leid, Kummer und Schicksalsschläge.

Ein Zweites, was ich lerne, ist, dass Gebet viele verschiedene Formen haben kann und sich nicht nur im positiven Bereich meiner Stimmungskurve abspielen muss. Es öffnet meinen Blick und weitet meinen Horizont für Gespräche mit Gott. Denn David und auch die anderen Psalmbeter (Asaf, die Söhne Korahs usw.) erleben Ärger, Angst, Traurigkeit, Verzweiflung, Hass, Rachegelüste, Schuldgefühle usw., und all das drücken sie in ihren Psalmen aus. Ich muss ehrlich sagen: Bei manchen Psalmen bleibt mir ein bisschen die Spucke weg und ich denke: »Na, der traut sich was! Ganz schöner harter Tobak!« Aber wenn ein Mann, von dem Gott sagt, er sei »ein Mann nach meinem Herzen«, so mit Gott reden darf, warum sollten wir es dann nicht auch dürfen? Ich ermutige Sie von Herzen dazu, vor Gott im Gebet nichts zurückzuhalten, sondern auszupacken! Die Psalmisten kannten offenbar keine Tabus. Sie lobten, dankten, jubelten und priesen Gott. Und sie schrien, weinten, schimpften und klagten Gott an.

Ich habe den Eindruck, wir Christinnen und Christen heute haben uns selbst viele Tabus auferlegt, was unsere Gefühle, unsere Gedanken und unser Gebet angeht. Wir sagen Gott oft nicht mehr frei und offen, was wirklich in uns ist, sondern pressen es in bewährte, »akzeptable« Formulierungen und ringen um schöne Worte. In der Psychologie spricht man in so einem Fall von »sozialer Erwünschtheit«, wenn wir so sprechen oder uns so verhalten, wie wir denken, dass es gern gesehen wird. Oder wir proklamieren so lange unseren Lieblingsvers, bis er dann hoffentlich irgendwann Realität wird und unser ursprüngliches Gefühl in den Hintergrund geschoben wird.

Ich bin überzeugt: Gott möchte kein weichgespültes Gebet, das in unserem Sinne »sozial erwünscht« ist. Er möchte eine ehrliche Begegnung! Deshalb ist unser Klagen, Wüten, Zweifeln und Poltern bei ihm ganz genauso »erwünscht« wie unser Lob und unser Dank! Ein deprimiertes, verzweifeltes oder wütendes Gebet ist nicht weniger »geistlich« als ein dankbar anbetendes. Denn es ist authentisches Gespräch mit Gott und gelebtes Vertrauen in ihn als unseren Vater. Und wenn Sie Sorge haben, sich dann in unangenehmen Gefühlen zu verlieren, sich hineinzusteigern und den Weg heraus nicht mehr zu finden, dann schauen Sie mit mir doch noch einmal in die Psalmen.

Ist Ihnen schon einmal aufgefallen, wie häufig sich die Gefühlslage der Psalmisten innerhalb eines Psalms ändert? Wir finden nicht nur in den verschiedenen Texten höchst unterschiedliche Stimmungen und Gefühle, sondern auch oft innerhalb eines Textes. Psalm 13, von dem wir eben schon einige Verse gelesen haben, ist ein sehr gutes Beispiel dafür:

> Dem Vorsänger. Ein Psalm Davids. Wie lange, o Herr, willst du mich ganz vergessen? Wie lange verbirgst du dein Angesicht vor mir? Wie lange soll ich Sorgen hegen in meiner Seele, Kummer in meinem Herzen tragen Tag für Tag? Wie lange soll mein Feind sich über mich erheben? Schau her und erhöre mich, o Herr, mein Gott! Erleuchte meine Augen, dass ich nicht in den Todesschlaf versinke, dass mein Feind nicht sagen kann: »Ich habe ihn überwältigt«, und meine Widersacher nicht frohlocken, weil ich wanke! Ich aber vertraue auf deine Gnade; mein Herz soll frohlocken in deinem Heil. Ich will dem Herrn singen, weil er mir wohlgetan hat!
>
> PSALM 13,1-6 (LUT)

David steigt hier direkt ziemlich vorwurfsvoll ein und konfrontiert Gott. Er fragt nicht: »Herr, hast du mich vielleicht vergessen?«, sondern mit einer deutlichen Anklage: »Wie lange, o Herr, willst du mich ganz vergessen?« (Vers 2). Und diese Anklage verstärkt er noch dreimal – immer mit einem etwas anderen Fokus, doch die vorwurfsvolle Frage bleibt: »Wie lange …?«

Haben Sie schon einmal so gebetet? Würden Sie es wagen, Gott vorzuwerfen, dass er sich von Ihnen abgewendet und Sie vergessen hat? Selbst wenn wir das Empfinden haben, dass Gott vor uns sein »Angesicht verbirgt« und uns vergessen hat, sprechen wir es doch nicht aus, oder? Wir seufzen vielleicht tief, schlucken kräftig und ringen uns dann Worte ab wie »Herr, du machst keine Fehler und ich danke dir, dass du gut bist«. Vielleicht drücken wir sogar noch Dankbarkeit aus für die Gelegenheit, jetzt Geduld lernen zu dürfen … Das ist grundsätzlich überhaupt nicht verkehrt, bitte verstehen Sie mich nicht falsch. Die entscheidende Frage ist aber: Ist es ehrlich? Oder ist es bloß das, von dem wir meinen, dass es gute Christinnen und Christen beten sollten?

Schauen wir, wie der Psalm weitergeht: »Schau her und erhöre mich, o Herr, mein Gott! Erleuchte meine Augen« (Vers 4). Nachdem David seinen Frust, seine Enttäuschung und seinen Vorwurf gegenüber Gott losgeworden ist, wendet er sich jetzt wieder mit einer Bitte an ihn. Dabei spricht er ihn nicht nur als »Herrn«, sondern als »mein Gott« an. Daraus lese ich, dass er sein Vertrauen in Gott noch nicht weggeworfen hat, sondern sich wieder darauf besinnt, dass Gott für ihn da ist und ihm helfen kann. Und er bittet ihn konkret, einzugreifen und seine Perspektive zu verändern (»Erleuchte meine Augen«). Danach spricht David Gott ganz ausdrücklich noch einmal sein Vertrauen aus: »Ich aber vertraue auf deine Gnade; mein Herz soll frohlocken in deinem Heil. Ich will dem Herrn singen, weil er mir wohlgetan hat!« (Vers 6). Ich glaube nicht, dass wir es hier mit extremen Stimmungsschwankungen zu tun haben und David sich plötzlich wieder ganz vertrauensvoll *gefühlt* hat. Aber er *entscheidet* sich, auf Gottes Gnade zu vertrauen. Vertrauen ist eine Entscheidung, die Mut kostet, Risiken birgt und sich nicht wie ein Gefühl plötzlich einstellt. Nein, sie will bewusst getroffen werden – immer wieder aufs Neue.

Jedes Mal, wenn Sie jemandem etwas sehr Persönliches von sich erzählen, entscheiden Sie sich, dieser Person zu vertrauen. Jedes Mal, wenn eine Patientin sich im Gespräch mit mir öffnet und mich an ihren Gedanken und Gefühlen Anteil nehmen lässt, entscheidet sie sich, mir zu vertrauen. Und jedes Mal, wenn Sie eine Person um Hilfe bitten, entscheiden Sie sich, dieser Person zu vertrauen – aufgrund ihrer Verlässlichkeit, ihrer Kompetenz, ihrer Hilfsbereitschaft usw. Und worauf gründet sich dieses Vertrauen? Auf Ihre früheren Erfahrungen mit der Person! Sie vertrauen, weil sie Ihnen früher schon geholfen hat, sich als zuverlässig, verschwiegen oder schlichtweg Ihres *Vertrauens würdig* erwiesen hat.

Genau das finden wir auch in diesem Psalm wieder. David betet: »Ich aber vertraue auf deine Gnade … Ich will dem Herrn singen, weil er mir wohlgetan hat!« (Vers 6). Und hier schließt sich der Kreis wieder zu Psalm 103: »… und vergiss nicht, was er dir Gutes getan hat!« Die Rückbesinnung darauf, wie David Gott in der Vergangenheit schon erlebt hat, der Blick auf Gottes Güte, Treue und Gnade helfen ihm, ihm auch jetzt wieder zu vertrauen. Und das verändert seine Gefühlslage sehr deutlich! Vielleicht nicht in derselben kurzen Zeit, in der wir heute diesen Psalm lesen. Es war wahrscheinlich ein längerer Prozess, als es dieser kurze Text vermuten lässt. Aber es ist schon eindrucksvoll, wie sich Davids Gefühle und seine Haltung gegenüber Gott verändern.

Ich weiß nicht, wie nachvollziehbar diese innere Wandlung für Sie ist. Aber mich erinnert es an Streitgespräche zwischen

Menschen, die sich sehr nahestehen (Eheleute, Paare, Geschwister, Eltern-Kind-Beziehungen, gute Freunde usw.). Da lässt man zu Beginn vielleicht einmal richtig Dampf ab, es fliegen die Fetzen und man vergisst vielleicht auch alle Regeln der Gewaltfreien Kommunikation und macht sich Vorwürfe. Dann aber besinnt man sich darauf, wen man vor sich hat (»mein Kind«, »meine Schwester«, »meine Frau«, »mein Partner« usw.) und dass man die Beziehung nicht leichtfertig aufgeben will. Man richtet den Blick wieder darauf, was man schon miteinander gemeistert hat, was man am anderen liebt oder schätzt, und spricht ihm vielleicht auch noch einmal neu sein Vertrauen und seine Liebe aus. Ich glaube, dass so eine positive Wendung – egal, ob in der Gottesbeziehung oder in einer zwischenmenschlichen Beziehung – nur möglich ist, wenn der Ärger oder die Enttäuschung, die zunächst »in der Luft liegen,« auch angesprochen werden. Je mehr Gefühle und Gedanken unausgesprochen bleiben, desto mehr steht im wahrsten Sinne des Wortes »zwischen uns«. Aber versuchen Sie mal, jemandem nahzukommen, wenn der Weg versperrt ist durch etwas, was zwischen Ihnen steht …

Psalm 13 ist keine Ausnahme unter den Psalmen. Nein, wir finden dieses Muster – Klage und Wut, dann Hinwendung zu Gott und schließlich Lob und Dank – sehr häufig, und es zeigt uns, dass wir keine Angst haben müssen, in Ärger, Enttäuschung oder Klage stecken zu bleiben, wenn wir ihnen Raum geben. Im Gegenteil: Wenn wir vor Gott die Karten auf den Tisch legen und Klartext sprechen, wie es uns wirklich geht, kann es die Beziehung zu ihm klären, und er kann unsere Situation zum Positiven verändern.

Gefühle brauchen frische Luft

Ich möchte Sie gedanklich in folgende Szene mitnehmen: Stellen Sie sich vor, Sie haben eine 8-jährige Tochter, kommen eines Nachmittags zu ihr ins Zimmer und sehen sie auf ihrem Bett sitzen. Die Knie angezogen, die Arme um die Beine geschlungen, das Gesicht zwischen den Knien vergraben. Sie guckt Sie nicht an und Sie wissen ganz genau: »Hier liegt irgendetwas im Argen.« Sie gehen auf Ihre Tochter zu, berühren sie sanft an der Schulter, doch sie dreht sich weg. Sie sprechen sie an: »Hey, was ist los? Wie geht es dir?« Daraufhin atmet Ihre Tochter einmal tief durch und sagt ganz ruhig: »Mir geht's gut. Alles okay.« Sie wissen ganz genau, dass das nicht stimmt, und fragen noch einmal nach: »Aber dich bedrückt doch irgendwas! Ist was passiert? Bist du traurig? Oder bist du wegen irgendwas sauer?« Und Ihre Tochter antwortet wieder ganz gefasst: »Mama, danke, dass du für mich da bist. Du versorgst mich mit allem, was ich brauche. Ich darf bei dir wohnen, du passt auf mich auf und ich weiß, dass du mich lieb hast. Du bist eine tolle Mutter! Danke, dass ich dein Kind sein darf!«

Ich gehe jede Wette ein, dass Sie dann nicht zufrieden und beruhigt aus dem Zimmer gehen würden mit den Worten: »Na, dann ist ja gut, mein Kind. Schön, dass du das so siehst!« Nein, Sie würden sich vermutlich ernsthaft Sorgen machen und sich fragen, was mit Ihrer Tochter nicht in Ordnung ist! Es wäre Ihnen regelrecht unheimlich, wenn Ihre Tochter sich so verhalten würde, und Sie hätten allen Grund, an ihrer emotionalen Gesundheit und vor allem auch an Ihrer Beziehung zueinander zu zweifeln! Sie würden doch wahrscheinlich alles dafür tun, dass Ihr Kind endlich rausrückt mit der Sprache und sagt, was wirklich los ist, oder? Und selbst wenn es Ihnen dann an den Kopf werfen würde: »Du bist so gemein! Gestern hast du mir versprochen, dass wir ins Schwimmbad gehen, und jetzt kommst du schon wieder so spät von der Arbeit, dass wir überhaupt keine Zeit mehr haben! Immer ist alles andere wichtig, aber ich bin dir doch total egal! Lass mich in Ruhe!«, dann wäre Ihnen auch das doch ungleich lieber als die Floskeln »Alles in Ordnung! Du bist eine gute Mutter und ich bin dankbar für alles«. Oder etwa nicht?! Wünschen Sie sich nicht Ehrlichkeit und Vertrauen von Ihrem Kind? Möchten Sie von Ihrem Kind Lob und Dank hören oder wünschen Sie sich nicht vielmehr, dass es Ihnen offen sagt, wie es ihm geht und was es gerade denkt und fühlt? Ich jedenfalls wäre sehr traurig, wenn ich mein Kind unglücklich antreffen und es mich dann mit Dankbarkeits-Floskeln abspeisen würde.

Aber ist Ihnen schon einmal aufgefallen, dass wir manchmal im Gebet nichts anderes tun, als uns zusammenzureißen und uns an solchen Floskeln und Phrasen festzuklammern? Dabei glauben wir sogar, dass wir Gott damit eine Freude machen, wenn wir ihn in jeder Situation und unabhängig von unserem Gefühl ausschließlich loben und ihm danken. Wenn Gott als unser Vater aber nur ansatzweise so denkt und fühlt wie wir gegenüber Menschen, die uns wichtig sind, dann wünscht er sich nichts mehr, als dass wir ihn anschauen und ehrlich aussprechen, was wir tief drinnen denken und fühlen. Natürlich nicht, um ihn zu informieren oder in Kenntnis zu setzen, was mit uns los ist. Das weiß er ja schon lange, bevor wir es überhaupt selbst erkennen und verstehen können. Aber als gelebte Beziehung, als Ausdruck von Vertrauen und Nähe, auf die wir uns damit einlassen. Gott möchte uns nah sein! Das war von Anfang an sein Plan, und das ist jeden Tag aufs Neue sein Wunsch für uns.

Wenn wir jetzt noch einmal blitzlichtartig die wichtigsten Punkte aus den bisherigen Kapiteln aufleuchten lassen, sehen wir, dass Gott von seiner Seite aus alle Türen für einen gesunden und authentischen, ehrlichen Umgang mit unseren Gefühlen aufgemacht hat:

- Gott selbst ist ein leidenschaftlicher und emotionaler Gott. Er ist die Liebe in Person und kann gar nicht anders, als uns zu lieben. Aus dieser Liebe heraus empfindet Gott manchmal Freude über uns, manchmal Ärger, Traurigkeit, Eifersucht, Abscheu, Bedauern und noch manches mehr. Er ist souverän und gleichzeitig voller Gefühl!
- Wir Menschen sind nach seinem Bild geschaffen und haben sogar noch mehr Gefühle in unserem Repertoire als er selbst. Unser Schöpfer hat uns vom ersten Moment unseres Lebens an mit Gefühlen ausgestattet, die uns befähigen, mit ihm und miteinander in Beziehung zu leben und mit den Widrigkeiten des Lebens fertigzuwerden.
- Unangenehme Gefühle sind mindestens so gut und wertvoll wie angenehme Gefühle. Sie gehören ganz genauso zu unserer psychischen Grundausstattung und geben uns wichtige Hinweise, Handlungsimpulse und manchmal auch Mut und Kraft für unser Handeln und unsere Entscheidungen.
- Unser Schöpfer hat uns so »konstruiert«, dass unsere Bedürfnisse sich über unsere Gefühle bemerkbar machen. Sofern wir sie nicht blockieren oder unterdrücken, geben die Gefühle uns selbst und uns gegenseitig Hinweise darauf, was wir brauchen und wie wir gut für uns bzw. füreinander sorgen können.

- Im Gegensatz zu Pflanzen und Tieren sind wir fähig, über unsere Gefühle nachzudenken, sie zu hinterfragen, zu verstehen und darüber zu sprechen. Dadurch sind wir ihnen nicht ausgeliefert und müssen uns nicht von ihnen beherrschen lassen, sondern können aktiv und verantwortungsbewusst mit ihnen umgehen.
- Jesus fordert uns immer wieder zu Wahrhaftigkeit auf und verurteilt Heuchelei. In Beziehungen dürfen wir lernen, wahrhaftig zu sein und z. B. über die »Giraffensprache« unsere Gefühle, Bedürfnisse und Wünsche auszudrücken.
- Jesus hat als Mensch auf dieser Welt tiefe emotionale Täler durchlebt. Er hat Ärger, Traurigkeit, Angst, Enttäuschung, Schmerzen und vieles mehr am eigenen Leib erfahren und weiß genau, wie es sich anfühlt. Obwohl er eins war mit seinem Vater und ihm bedingungslos vertraute, hat er all diese Gefühle durchlebt und hat sich nie dafür geschämt.
- Jesus hat uns gezeigt, wie wir wertschätzend und gesund mit Gefühlen (unseren eigenen oder denen anderer) umgehen können: durch Willkommenheißen, Annehmen, Validieren (Wertschätzen) und das Aufzeigen neuer Perspektiven.
- Die Psalmen öffnen unseren Blick dafür, was im Gebet alles möglich ist. Große Glaubenshelden nehmen dort kein Blatt vor den Mund, sondern klagen, schimpfen, hadern und zweifeln. Sie toben sich im Gespräch mit Gott emotional aus, und das führt nicht zu einer Distanz in der Beziehung, sondern letztlich zu neuem Vertrauen.
- Gottes allerwichtigstes Herzensanliegen ist, dass wir seine Liebe annehmen, ihm vertrauen und das Leben mit ihm leben! Deshalb möchte er keine Performance von

> uns, kein Schauspiel und keine schöne, glänzende Fassade. Er wünscht sich, dass wir ihm zu 100 Prozent echt begegnen und ihm selbst die »hässlichen« Inhalte unseres Herzens zumuten, damit er uns auch genau da abholen, berühren und lieben kann.

Sie haben nun eine Menge über den gesunden Umgang mit Gefühlen erfahren. Manches war sicher bekannt, manches hoffentlich auch neu, aber es waren bis hierhin »nur« Worte. Und es werden Worte, Gedanken und theoretische Überlegungen bleiben, wenn Sie sie nicht mit Leben füllen. Ich möchte Sie daher einladen und Sie dazu ermutigen, sich auf den Weg zu machen und Neues auszuprobieren. Vielleicht erst einmal in der Art und Weise, wie Sie Ihre eigenen Gefühle wahrnehmen, vielleicht auch schon im Gespräch mit anderen. Drücken Sie aus, was Sie empfinden, brauchen oder sich von Ihrem Gegenüber wünschen. Vor allem aber wünsche ich Ihnen den Mut, vor Gott »die Hüllen fallen zu lassen«. Wagen Sie eine neue, radikale Ehrlichkeit, wenn Sie beten, und sprechen Sie aus, was Sie bewegt!

Um eines noch einmal klarzustellen: Sie dürfen natürlich herzlich gerne auch weiterhin »in allem Dank sagen« (1. Thessalonicher 5,18) und Gott loben, auch wenn Sie sich nicht danach fühlen! Ich tue das selbst oft genug und habe damit schon sehr gute und wertvolle Erfahrungen gemacht. Aber ich ermutige Sie, eben nicht *nur* Lob und Dank auszudrücken, sondern auch Ihre echten und unangenehmen Gefühle mit Gott zu besprechen und sie nicht zugunsten eines »schönen Gebets« zurückzuhalten.

Lassen Sie uns im besten Sinne des Wortes »un-verschämt« sein, so wie Kinder es bis zu einem gewissen Alter sind. Sie sind nicht »verschämt« angesichts ihrer Gefühle, sondern bringen sie sehr deutlich zum Ausdruck. Sie hinterfragen nicht, ob es angemessen ist, sich zu ärgern, ob sie einen Grund haben, traurig zu sein, oder ob es ihnen nicht eigentlich sehr gut geht und sie dankbar sein sollten. Verzichten wir doch im Umgang mit unseren Gefühlen auf Scham und Schuldgefühle und vertrauen wir Gott ehrlich und »un-verschämt« alles an, was wir denken und fühlen! Die Psalmisten und auch Jesus im Garten Gethsemane haben es uns vorgemacht.

Gebet mal anders

Ich bin begeistert davon, wie wunderbar sich die Fertigkeiten der Akzeptanz- und Commitment-Therapie mit christlichen Prinzipien oder Glaubenshaltungen vereinbaren lassen, und ich hoffe, dass das im dritten Kapitel auch für Sie deutlich geworden ist. Wir müssen uns nicht entscheiden, ob wir mit unseren Gefühlen nun »ACT-mäßig« umgehen oder doch den christlichen Weg wählen und sie mit ins Gebet nehmen bzw. mit Gott besprechen. Ich bin überzeugt, dass beides bestens zusammenpasst, und möchte mich hier gerne als »Brückenbauerin zwischen ACT und Gebet« versuchen. Warum nicht die sechs ACT-Fertigkeiten (Gegenwärtigkeit, Bereitschaft, Defusion/Entschärfung, das beobachtende Ich, Werte und engagiertes Handeln) auch im Gebet anwenden bzw. dort mit einbinden?

An dieser Stelle fühle ich mich einmal beispielhaft in eine Person hinein, die etwas erlebt hat, was sie sehr aufwühlt und traurig macht. Neben passenden Psalmen, die sie lesen könnte, oder natürlich einem ganz freien »Herz-Ausschütten vor Gott« könnte folgendes Gebet vielleicht eine Anregung sein, um mit der Traurigkeit umzugehen:

Herr, da bin ich, aber ehrlich gesagt weiß ich noch gar nicht, was ich jetzt beten soll! Ich bin so aufgewühlt und in meinem Kopf wirbelt so vieles durcheinander. Bitte hilf mir erst einmal, ruhiger zu werden und bei mir selbst und bei dir anzukommen. All das, was mich von den letzten Tagen noch beschäftigt, soll jetzt in den Hintergrund treten. Und das, was ab morgen auf mich zukommt, möchte ich noch in der Zukunft lassen. Bitte hilf mir, im Hier und Jetzt zu sein und in deiner Gegenwart zur Ruhe zu kommen.

Herr, wenn ich so dasitze, merke ich, dass ich mich richtig schwer fühle. Es fühlt sich an, als läge ein Stein auf meiner Brust. Ich habe einen Kloß im Hals, und eigentlich ist mir echt zum Weinen zumute. Vielleicht lasse ich das jetzt auch einfach mal zu, weil ich mich schon viel zu lange zusammengerissen habe. Es ist doch okay zu weinen, oder? Danke, dass ich dir nichts vormachen muss und dass ich einfach so sein darf, wie ich bin!

Herr, ich merke: Ich bin total traurig, und irgendwie fühle ich mich auch hilflos und alleingelassen. Immer wieder kommt mir der Gedanke: »Tja, wenn's drauf ankommt, ist keiner für dich da, und du bist eben doch alleine!« Das fühlt sich so schlimm an und, ehrlich gesagt, hilft es mir dann gar nicht, dass ich weiß, dass DU für mich da bist! Denn ich brauche jetzt eigentlich eine Umarmung, ein Lächeln oder dass mir jemand was Tröstendes sagt. Es ist immer so leicht gesagt, dass »du allein genug« für mich bist. Aber ich kann dich nun mal nicht sehen, nicht hören und nicht spüren, und genau das bräuchte ich gerade! – So, jetzt ist es raus. Es fühlt sich alles schon ein kleines bisschen leichter an … Danke, Herr, dass ich dir so etwas sagen darf! Du weißt ja sowieso, wie es mir geht, und ich muss dir auch gar nicht erklären, was mich so traurig macht! Das tut gut, danke dafür!

Ich will übrigens wirklich gerne glauben, dass das, was passiert ist, zu irgendetwas Gutem führen kann, das ich vielleicht irgendwann verstehe. Gleichzeitig weiß ich beim besten Willen nicht, was an der Situation hier gerade gut sein soll, und ich entdecke mal wieder den Gedanken bei mir: »Ob Gott es auch *wirklich* gut mit dir meint?«

Aber den Gedanken habe ich schon oft gehabt, und schon oft habe ich erlebt, wie du geholfen hast. Du hast mir in meinem Leben so viel Gutes getan! Egal, wie ich mich fühle, ich *weiß*, dass du mich liebst und mich nicht fallen lässt. Ich weiß auch, dass du ein großer, kreativer Gott bist, der mit seinen Möglichkeiten und Ideen noch lange nicht am Ende ist. Herr, bitte hilf mir, das zu glauben und darauf zu vertrauen! Ich möchte mein Leben im Vertrauen auf dich leben. Und ich möchte nicht als Einzelkämpferin unterwegs sein, sondern gute, wertvolle Beziehungen haben. Gerade jetzt merke ich, wie sehr ich Menschen, Freunde und Beziehungen brauche. Schenk mir deshalb bitte eine Portion Mut, damit ich aus meinem Loch herauskrabbeln und meine Freundin anrufen und mich mit ihr verabreden kann. Ich weiß, dass mich das aufbauen würde, und ich will es jetzt auch tun. Danke, Herr, dass du da bist und mich liebst, auch wenn ich dich nicht fühlen kann! Bitte mach diese Wahrheit für mich zu einem Fels in der Brandung, der mir Halt gibt, auch in allen inneren Stürmen. Du hast zugesagt, »alle Tage bis ans Ende der Welt«[32] bei uns zu sein, und darauf vertraue ich. Amen.

Das ist nur ein Beispiel für ein Gebet aus einer Situation der Traurigkeit heraus gebetet. Verstehen Sie es als Anregung, Ihre eigenen Sorgen, belastenden Gedanken oder unangenehmen Gefühle auf eine ähnliche Weise mit ins Gebet zu nehmen. Aber egal, ob nun mit oder ohne ACT im Hinterkopf: Finden Sie Ihre eigenen Worte, um Ihre inneren Kämpfe und Ihr Ringen vor Gott offenzulegen! Vertrauen Sie ihm *alles* an. Ich verspreche Ihnen: Er hält es aus! Ich spreche aus Erfahrung …

Mehr Sein als Schein – Eine persönliche Erfahrung

Die Frage, wie wir authentisch und vor allem gesund mit unseren Gefühlen umgehen können, begleitet mich durch meinen Beruf schon viele Jahre. Allerdings hatte ich mich die meiste Zeit eher theoretisch und fachlich damit beschäftigt und nicht den Eindruck, dass ich selbst in diesem Punkt etwas zu lernen hätte. Doch dann wurde ich vor einigen Jahren durch eine persönliche Erfahrung »mit der Nase darauf gestoßen« und lernte eine meiner wertvollsten Lektionen für mein Leben mit Gott! Seitdem brenne ich für dieses Thema und erzähle gerne von diesem Schlüsselerlebnis – auch wenn es zugegebenermaßen schmerzhaft war und mich nicht gerade sehr rühmlich dastehen lässt.

Ich hatte vor einigen Jahren regelmäßigen und intensiven Kontakt zu einer Person, die mich mit ihrem Verhalten und ihren Worten immer wieder sehr irritiert, verunsichert, verärgert und richtiggehend verletzt hat. Ich fühlte mich bei jeder Begegnung mit ihr persönlich angegriffen, entwertet und herabgesetzt, sodass ich ihr am liebsten einfach konsequent aus dem Weg gegangen wäre. Die Möglichkeit gab es aber nicht; ich musste irgendwie mit ihr auskommen und investierte viel Energie in »klärende« Gespräche. Leider waren diese Gespräche jedoch nie wirklich klärend, sondern führten nur wieder zu neuen Anschuldigungen und Verletzungen. Was auch immer ich sagte, die Worte wurden mir im Mund herumgedreht und zu neuen Angriffen gegen mich geformt. Ich hatte den Eindruck, mit meinem Ringen um eine sachliche Konfliktlösung genauso wie mit meinen Friedensangeboten und Versöhnungsversuchen gar nicht gehört zu werden und mir nur immer wieder neue emotionale Ohrfeigen abzuholen. Vielleicht klingt das für Sie jetzt sehr nach Selbstmitleid und Opferrolle, aber ich muss ganz ehrlich sagen, dass es für mich eine emotionale Grenzerfahrung war. Ich wusste mich nicht mehr zu wehren oder zu schützen, konnte mit der Person keine konstruktive Gesprächsebene mehr finden und fühlte mich ihren Aggressionen schutzlos ausgeliefert. Nicht nur einmal kamen mir deshalb die Tränen und meine Gedanken kreisten darum, wie ich »aus dieser Sache herauskommen« könnte.

Als Psychologin habe ich alles versucht, um das Verhalten der Person zu verstehen, einzuordnen und nicht persönlich zu nehmen. Ich habe viel mit Kolleginnen und Kollegen, mit Freundinnen und Freunden darüber gesprochen und auch mit ihrer Hilfe immer wieder versucht, emotional Abstand zu gewinnen und mir »ein dickes Fell zuzulegen«. Sogar eine professionelle und sehr kompetente Supervisorin hat mit mir das Ganze analysiert und mir aus psychotherapeutischer Sicht Impulse gegeben. Nichts davon hat mir geholfen.

Als »gute Christin« hat man natürlich auch noch einige Ideen, wie mit solchen Situationen umzugehen ist. Also habe ich gebetet – ausdauernd und zunächst auch leidenschaftlich und voller Vertrauen, dass Gott Frieden in die Situation bringen würde. Ich habe ausgesprochen, dass ich der Person vergebe, habe sie gesegnet und Gott um Heilung gebeten – für die andere Person in ihrer Aggressivität und für mich in meiner Verletztheit. Ja, sogar gedankt habe ich Gott für die ganze Situation, denn ich kannte den Vers aus dem ersten Thessalonicherbrief »Sagt in allem Dank! Denn dies ist der Wille Gottes in Christus Jesus für euch« (1. Thessalonicher 5,18). Und oft genug hatte ich in Predigten schon gehört, dass man manchmal einfach aus Gehorsam danken und loben solle, auch wenn man sich nicht danach fühlt. Also lobte ich Gott und dankte ihm – nicht, weil ich es wollte, sondern weil ich meinte, dass ich es sollte.

»Und siehe da – plötzlich konnte ich die Person mit ganz anderen Augen sehen. Wie durch ein Wunder kam sie eines Tages freundlich auf mich zu, wir sprachen uns aus, vergaben einander und wurden gute Freundinnen.« Das wäre das Klischee-Happy-End einer solchen Geschichte. Wenn Sie so etwas erwartet haben, muss ich Sie leider bitter enttäuschen! Nichts dergleichen ist passiert. In der Beziehung zwischen mir und der Person hat sich überhaupt nichts verändert – nicht mithilfe von psychologischem Know-how und nicht durch christliche Tugenden. Der Kontakt zu dieser Person war zwar irgendwann beendet und wir hatten faktisch nichts mehr miteinander zu tun. Aber das, was ich mit ihr erlebt hatte, wirkte noch intensiv in mir nach, sodass ich noch Wochen später völlig erschöpft war. Ich fühlte mich kraftlos und leer, bewältigte meinen Alltag in einer Art »Autopilot-Modus« und konnte mich über nichts mehr richtig freuen. Es fühlte sich an, als hätte mir jemand den Energie-Stecker gezogen und die Leitung zu meiner Gefühlswelt gekappt. Am schlimmsten empfand ich aber, dass ich scheinbar auch den Kontakt zu Gott verloren hatte. Ich brachte beim Singen im Gottesdienst keinen Ton heraus, obwohl Lobpreis für mich immer *der* Weg gewesen war, um Gottes Nähe zu suchen und zu erleben. Wenn ich betete, kam es mir vor, als hantierte ich mit hohlen Phrasen und Floskeln. Gute Predigten und Ermutigungen von Geschwistern zogen gleichgültig an mir vorbei. Und in Gebetsgemeinschaften erschrak ich immer häufiger über mich selbst, weil ich innerlich vollkommen kalt war und dachte: »Ich kann dieses ganze fromme Zeug nicht mehr hören!« Ich kann nicht sagen, dass ich meinen Glauben verloren hatte. Aber alles, was bisher mein Glaubensleben ausgemacht hatte – Gebet, Lobpreis, Gottesdienste, Andachten, Bibellese, Stille Zeit, geistliche Gemeinschaft –, ließ mich jetzt entweder völlig leer zurück oder weckte sogar starken Widerstand in mir. Verstehen konnte ich das alles nicht, denn ich hatte ja ursprünglich gar kein Problem mit Gott, sondern »nur« einen unlösbaren Konflikt mit einem anderen Menschen.

Eines Abends fuhr ich von einem Beratungsgespräch mit meiner Supervisorin nach Hause und war enttäuscht und frustriert, weil ich auch dort nicht wirklich weitergekommen war. Das Gespräch hallte noch etwas in mir nach und plötzlich kam mir der Gedanke: »Wenn selbst meine Supervisorin, die ich menschlich und fachlich so schätze, mir nicht richtig helfen kann, dann wende ich mich jetzt an den Chef persönlich! Ich werde Gott einen gesalzenen Beschwerdebrief schreiben und ihn fragen, ob ihm eigentlich klar ist, was manche seiner Kinder mir antun. Ich werde mich bei ihm über das Verhalten der Person beschweren und ihm schreiben, dass ich es satthabe, in Demut, Barmherzigkeit und Liebe immer alles zu ertragen!« Es sprudelte nur so aus mir heraus: »›Liebt eure Feinde; tut wohl denen, die euch hassen; segnet, die euch verfluchen; betet für die, die euch beleidigen.‹[33]… gehe die zweite Meile mit[34] … halte die andere Wange auch noch hin[35] … ›Die Frucht des Geistes aber ist Liebe, Freude, Friede, Langmut, Freundlichkeit, Güte, Treue, Sanftmut, Selbstbeherrschung[36] … Die Liebe ›erträgt alles, sie glaubt alles, sie hofft alles, sie erduldet alles‹[37] … ›in Demut achte einer den anderen höher als sich selbst‹[38] … ›dass ihr einander liebt, wie ich euch geliebt habe‹[39] … siebenmal siebzigmal vergeben[40]. – Was für eine Zumutung!!!«

Ich konnte es kaum erwarten, nach Hause zu kommen und diesen Brief zu schreiben. Und mir war auch klar, dass ich keine Nacht mehr darüber schlafen durfte. Es musste raus und ich durfte meiner Vernunft keine Zeit lassen, um zu hinterfragen, ob so eine Beschwerde Gott gegenüber wohl angemessen wäre. Also schnappte ich mir zu Hause gleich Papier und Stift und begann zu schreiben. Es fühlte sich an, als hätte jemand den Staudamm meines Herzens geöffnet, und ein Schwall von Gefühlen und Gedanken würde nun aufs Papier fließen. Ich versuchte nicht mehr, ihn zu kanalisieren oder zu ordnen. Ich bemühte mich auch nicht mehr um sachliche oder diplomatische Formulierungen, sondern mutete Gott sehr direkt und ungefiltert zu, was in mir vorging: All die Bibelstellen, die mir im Auto durch den Kopf gegangen waren, hielt ich ihm vor und sagte, dass ich es satthätte, all das befolgen zu müssen. Ich sei es leid, immer »den unteren Weg zu gehen«, und fragte ihn, ob er eigentlich wüsste, was er da von mir bzw. von seinen Kindern verlangte. Alle Frustration, Hilflosigkeit, Verletztheit und Bitterkeit, die sich in den letzten Wochen angesammelt hatten, entluden sich in meinem Brief, und immer wieder tropften dabei auch Tränen aufs Papier. Mein »emotionaler Dammbruch« gipfelte schließlich darin, dass ich schrieb: »Ich weiß, ich sollte der Person vergeben, aber ich kann es nicht. Und ich werde dich jetzt auch nicht darum bitten, dass du mir dabei hilfst, denn ehrlich gesagt: Ich *will* ihr im Moment gar nicht vergeben! Sie hat mich über Wochen so fertiggemacht, dass ich viel zu wütend und viel zu verletzt bin, um ihr zu vergeben!« Noch heute kann ich mich daran erinnern, wie ich beim Schreiben dieses Satzes ins

Stocken geriet. Das ging doch wohl zu weit! Nicht vergeben zu *können* – okay, das ist eine Schwäche, die mir Gott bestimmt nachsieht. Aber nicht vergeben zu *wollen* – das ist doch Sünde! »Wenn ihr aber den Menschen nicht vergebt, so wird euer Vater eure Vergehungen auch nicht vergeben« (Matthäus 6,15). Das kann ich jetzt echt nicht bringen, dachte ich … Aber ich schrieb es trotzdem genau so auf – wenn auch mit Scham und Schuldgefühlen. Kurz darauf machte ich einen Punkt, denn ich hatte das Gefühl, alles gesagt zu haben.

Ich hielt inne, atmete durch und erlebte dann etwas, was sich nur schwer beschreiben lässt: Ich sah vor meinem inneren Auge jemanden mit ausgebreiteten Armen stehen und »hörte« eine Stimme sagen (nicht akustisch, vielmehr als ganz klarer, präsenter Gedanke): »Na, endlich!!! Danke, mein Kind, dass du endlich ehrlich bist und mit dem ganzen religiösen Getue aufhörst! Danke, dass du mir endlich sagst, wie es dir *wirklich* geht! Ich habe es doch schon die ganze Zeit gesehen. Aber du hast deine fromme Maske angehabt und christliche Pflichten abgearbeitet. Jetzt komm mal her! Ich liebe dich, mein Kind!!! Ich liebe dich mit deiner ganzen Wut, mit deiner Verletztheit, mit deiner Scham und deiner Bitterkeit. Nichts davon musst du vor mir verstecken. Ich weiß genau, was du kannst und was du nicht kannst. Ich weiß, wer du bist, was du denkst und was du fühlst. Und ich wünsche mir nichts mehr, als dass du mit alldem zu mir kommst. Lass uns bitte immer ehrlich miteinander sein! Ich wünsche mir, dass du mir vertraust und dass du mir auch die dunklen und stinkenden Ecken deines Herzens zeigst. Genau dafür habe ich doch meinen Sohn – mein Leben – gegeben, dass du frei bist von Schuld und Verurteilung. Du darfst echt und wahrhaftig sein und musst dich nicht verbiegen, um mir zu gefallen! Und jetzt komm in meinen Arm! Ich bin für dich da. Ich hab dich lieb!«

An diese Stelle gehört nun eigentlich eine Pause. Wenn Sie jetzt innehalten, können Sie vielleicht das Gepolter der Last hören, die in diesem Moment von mir abgefallen ist. Es waren ja eigentlich keinen neuen Gedanken: dass Gott mich liebt, wie ich bin, dass ich mit allem zu ihm kommen darf, dass er mich kennt und versteht, dass er mir vergibt usw. All das hatte ich schon Hunderte Male gehört und auch selbst ausgesprochen und gepredigt. Aber es war noch einmal etwas ganz Besonderes, Gottes offene Arme zu sehen und seine Liebe zu spüren, nachdem ich mich unmittelbar vorher so vor ihm »ausgekotzt« hatte. Ich hatte sogar die Gedanken ausgesprochen, die mir schon vor mir selbst peinlich waren, und Gott bedankte sich für meine Ehrlichkeit und schenkte mir eine liebevolle Umarmung! Das berührte mich sehr, sehr tief! Es befreite mich, machte mich glücklich und dankbar. Und auf einmal hörte ich mich selbst sagen: »Weißt du was, Gott? Von mir aus segne diese Person! Schenke ihr ein glückliches, gesundes Leben! Tue ihr Gutes, so wie du mir Gutes getan hast! Sie muss ja nicht meine Freundin werden, aber ich lasse alles los, was zwischen uns war. Es hat keine Macht mehr über mich und soll mich nicht mehr belasten!« Ich meinte es absolut ernst – es war kein Zynismus und keine Ironie in meinen Worten. Im Gegenteil – es war mir wichtig, den »Rucksack« dieses Konflikts, den ich die ganze Zeit schwer geschleppt hatte, abzustellen und hinter mir zu lassen. Und ich konnte es plötzlich, weil ich mich in Gottes Liebe so getragen und aufgehoben fühlte, dass es auf einmal völlig unwichtig war, was ich in dem Konflikt mit der Person erlebt hatte. Die Erfahrung, dass Gott mir eine liebevolle Umarmung schenkt und sich sogar freut, wenn ich meine gemeinsten und dunkelsten Gedanken mit ihm teile, war so befreiend, dass nichts anderes mich noch gefangen halten konnte.

Und diese Befreiung wirkte sich ganz automatisch auf meinen Alltag aus. Als hätte jemand den Stecker wieder eingesteckt, hatte ich auf einmal wieder Energie, konnte wieder lachen, mich freuen, Lobpreislieder genießen und aus vollstem Herzen mitsingen. Gebete fühlten sich wieder an wie echte, vertraute Gespräche, und ich fühlte mich in mir selbst wieder zu Hause. Ich war lebendig und ich war im Frieden. Mit mir selbst, mit den Menschen um mich herum und mit Gott!

Im Nachhinein habe ich viel darüber nachgedacht, was da eigentlich passiert war. Was hatte dieser Konflikt mit mir gemacht und vor allem: Was hatte er mit meiner Beziehung zu Gott gemacht? Heute habe ich verstanden: Meine größte Last in dem ganzen Konflikt waren nicht die verletzenden Worte der anderen Person, war nicht ihr manipulatives und entwertendes Verhalten mir gegenüber. Die größte Last habe ich mir selbst auferlegt, indem ich den Anspruch hatte, souverän mit der Situation umgehen zu können. Ich meinte, als Psychologin müsste ich die Kommunikations- und Beziehungsmuster der anderen Person fachlich betrachten und mich davon distanzieren können. Ich dachte, als gestandene Frau müsste ich in meinem Selbstwertgefühl so gefestigt sein, dass solche Angriffe mir gar nichts anhaben könnten. Und ich erwartete von mir als Christin, großzügig und nachgiebig zu sein, zu vergeben, zu lieben, zu segnen … und mich selbst nicht so wichtig zu nehmen. Um all diesen Idealen und Erwartungen an mich selbst gerecht werden zu können, musste ich zwangsläufig den fühlenden und lebendigen Teil meines Ichs in die Abstellkammer sperren und leugnen. Übrig blieb ein funktionierender Apparat im »Autopilot-Modus«, der wusste, was sich gehörte, und der auswendig gelernte Phrasen nachplapperte, ohne etwas dabei zu fühlen. Indem ich Gott gegenüber nur meine fromme Fassade zeigte, zog ich mich innerlich von ihm zurück und versperrte ihm die Tür zu meinem Herzen. Ich selbst war es, die mir »den Stecker gezogen« hatte, indem ich unbewusst die Verbindung zwischen Gottes Herzen und meinem Herzen gekappt hatte und nur noch eine formelle Beziehung zu ihm pflegte. Meine eigentlichen und echten Gedanken und Gefühle hielt ich gut unter Verschluss, sodass Gott mit seiner Liebe und seiner Lebenskraft mich darin gar nicht erreichen konnte.

Die Kehrtwende kam dadurch, dass ich vor mir selbst und vor Gott irgendwann »die Hüllen fallen ließ« und ihm ungeschminkt und radikal ehrlich vor die Füße warf, was in mir vorging. Damit öffnete ich ihm die Tür zu meiner emotionalen Abstellkammer und erlebte tiefe Annahme und Vergebung – selbst mit all dem, was ich innerlich so ablehnte und wofür ich mich schämte. Die Herz-zu-Herz-Beziehung war wiederhergestellt und damit war ich wieder »angeschlossen« an die Quelle des Lebens und die Quelle meiner Kraft.

Letztendlich ist zwischen mir und der Person, die diesen ganzen Prozess angestoßen hatte, genau das passiert, was ich anfangs von mir erwartet hatte: Ich habe ihr vergeben! Ich wünsche ihr wirklich von Herzen ein glückliches und gesegnetes Leben! Aber während ich zunächst aus Pflichtgefühl und im Rahmen meiner »christlichen Tugenden« Vergebung ausgesprochen hatte, ohne es ehrlich zu meinen, habe ich es schließlich ehrlich und authentisch getan. Und dabei zählten nicht die Formulierung, nicht die expliziten Worte, sondern die Herzenshaltung, die ich hatte. Es klingt vielleicht kitschig und überzogen, aber mit dem Abstand von heute empfinde ich sogar tatsächlich Dankbarkeit für die ganze Geschichte. Sie hat mich eine so zentrale und nachhaltige Lektion gelehrt, dass ich nur staunen kann, was aus diesem schmerzhaften Erlebnis für eine wertvolle Frucht gewachsen ist.

Thomas Härry weist in seinem Buch »Das Geheimnis deiner Stärke« darauf hin, dass es im Leben eines Christen oder einer Christin nicht darum geht, fehlerlos und perfekt zu sein, sondern »ganz« oder »ungeteilt«: »Gott will ungeteilte, ganze Menschen. Ihr äußeres Verhalten soll das widerspiegeln, was in ihrem Inneren ist.«[41] Und er schreibt weiter: »Ungeteilt sein und glauben heißt, Gottes Geist zu erlauben, den Abstand zwischen unserem religiösen Verhalten und unseren tatsächlichen Überzeugungen und Empfindungen zu überwinden. Er möchte uns zu Menschen machen, die echt und ehrlich zu beten beginnen.«[42]

Vielleicht kennen Sie Lobpreislieder, in denen es heißt: »Mein ganzes Leben gebe ich dir«[43], oder: »Alles, was mich bewegt, lege ich vor dich hin.«[44] Vielleicht haben Sie, wie ich, diese Lieder auch schon Dutzende Male gesungen und wirklich ernst gemeint. Ich persönlich habe jetzt erkannt, dass ich das, was darin ausgedrückt wird, zwar gesungen und auch gemeint, aber nicht wirklich gelebt habe. So, als wenn es eine Art Kleingedrucktes gegeben hätte: »Alles*, was mich bewegt, lege ich vor dich hin« (*ausgenommen sind: bösartige und gemeine Gedanken, aggressive Gefühle wie Hass, Wut usw. und jegliche Herzensinhalte, die vor einem heiligen Gott unangemessen sind). Mein »Alles« hatte also ganz gehörige Einschränkungen, über die ich mir gar nicht im Klaren war. Wenn ich diese und ähnliche Liedzeilen heute singe, nehme ich es zum Anlass, genau hinzuschauen, ob es wieder irgendwo etwas Kleingedrucktes gibt oder ob ich Gott tatsächlich *alles* zumute.

Eines habe ich jetzt hoffentlich ein für alle Male verstanden: Das, was ich an mir selbst als »Zumutung« erlebe, ist für Gott das Kostbarste, was ich ihm geben kann. Denn es ist »100 Prozent Ich« – pur, echt und ungefiltert. Und Gott weiß, was es mich kostet: Überwindung, Mut und vor allem bedingungsloses Vertrauen in ihn! Was könnte sich ein Vater von seinem Kind mehr wünschen?!

Mein größter Wunsch

Nachdem ich jetzt so intensiv für ehrliche und offene Kommunikation geworben habe, möchte ich zum Schluss auch noch ein ehrliches Wort loswerden: Ich hoffe, dass dieses Buch Sie ein bisschen durcheinandergebracht hat! Ich hoffe, dass Sie über den einen oder anderen Gedanken gestolpert sind und er Ihnen vielleicht sogar ungemütlich vorkam.

Denn manchmal müssen wir unser vertrautes und gemütliches Zuhause verlassen, um die Schätze zu entdecken, die im »unbekannten Terrain« vergraben sind. Wir alle haben uns im Laufe unseres Lebens ein Zuhause eingerichtet, in dem wir uns gut auskennen und wo alles seinen Platz hat: Überzeugungen, Glaubenssätze, Denkgewohnheiten und »Werkzeuge« für den Umgang mit Gefühlen, mit Beziehungen, mit Herausforderungen und Krisen. Und es gibt uns ein Gefühl von Sicherheit, in diesem Zuhause zu bleiben und an unserer inneren Ordnung festzuhalten.

Vielleicht haben Sie aber zu diesem Buch gegriffen, weil Sie geahnt haben, dass es dran sein könnte, mit der einen oder anderen Denkgewohnheit oder Glaubensüberzeugung aufzuräumen. Vielleicht haben Sie bisher im Umgang mit Ärger, Angst oder Traurigkeit aus Gewohnheit immer zu ganz bestimmten »Werkzeugen« gegriffen, die Ihnen früher einmal an die Hand gegeben wurden, und haben gar nicht hinterfragt, ob diese Werkzeuge eigentlich wirklich helfen und zu Ihnen passen. Dann gratuliere ich Ihnen zu Ihrem Mut, aus dem Vertrauten herauszutreten, und hoffe, dass Sie etwas Neues für sich entdecken konnten.

Mein größter Wunsch ist, dass Sie erleben, wie befreiend es ist, vor sich selbst und vor Gott schonungslos ehrlich zu sein und ihm ohne Schminke und Verkleidung zu begegnen. Außerdem wünsche ich mir, dass wir in unseren Familien, Freundeskreisen, Kleingruppen und Gemeinden genauso frei und offen über akute Krisen und emotionale Unwetter sprechen können wie über Gebetserhörungen, Dankbarkeit und überwundene Herausforderungen.

Ermutigen wir doch einander, immer wieder die Fenster und Türen unseres Herzens aufzumachen und unsere Gefühle rauszulassen – an die frische Luft!

Dank

Dieses Buch war eine spannende Reise und ich möchte meinen Mitreisenden von Herzen danken:

Danke an meine Familie und meine Patentante! Der Austausch mit euch, euer tiefes Interesse an meinen Gedanken und euer Mitgehen geben mir immer kräftigen Rückenwind.

Vielen Dank, Christine & Jochen Hasenburger, Beate & Johannes Janke, Anke & Manfred Pagel und Eduard Friesen! Die Gespräche mit euch haben mich sehr ermutigt, inspiriert und meinen Blick geweitet.

Meine lieben Freundinnen Dani, Wibke, Dany, Gracia, Anke, Albena, Gülcin und Anne – ihr habt mich begleitet, angefeuert und mitgefiebert. Danke dafür!

Danke auch an Rolf Senst, Rainer Kloß und Rainer Oberbillig! Unter eurer Anleitung bin ich in meinen Beruf hineingewachsen und durfte lernen, wie wunderbar Psychotherapie und Glaube sich ergänzen.

Vielen Dank an meine Lektorin Esther Schuster und an Anna Müller vom SCM Verlag für die gute und konstruktive Zusammenarbeit.

Und Gott, meinem Herrn, danke ich, dass er mich überhaupt auf diese Reise geschickt hat und jeden Meter treu an meiner Seite war!

Anhang

Wortschatz der Gefühle

GEFÜHLSZUSTÄNDE, DIE WIR ALS ANGENEHM ERLEBEN:

aktiv, albern, amüsiert, angeregt, angezogen, attraktiv, aufgehoben, aufgeräumt, ausgeglichen, ausgelassen, ausgeruht, beflügelt, befreit, befriedigt, begeistert, behaglich, behütet, belebt, belustigt, beruhigt, berührt, beschwingt, beseelt, dankbar, eifrig, energiegeladen, enthusiastisch, entschlossen, entspannt, entzückt, erfreut, erfrischt, erfüllt, erheitert, erleichtert, ermuntert, ermutigt, erwartungsfroh, euphorisch, fasziniert, frei, freudig, froh, fröhlich, geborgen, geehrt, gelassen, geliebt, gelöst, gerührt, glücklich, glückselig, heiter, himmelhochjauchzend, hocherfreut, hoch motiviert, hoffnungsvoll, inspiriert, interessiert, kraftvoll, lebendig, lebensfroh, lebhaft, leicht, leidenschaftlich, leistungsstark, locker, lustig, mächtig, motiviert, munter, mutig, neugierig, optimistisch, ruhig, satt, schwungvoll, sehnsüchtig, selbstsicher, selig, sexy, sicher, siegessicher, sorglos, souverän, stark, stolz, tapfer, tatkräftig, triumphierend, überglücklich, überlegen, übermütig, überzeugt, unbekümmert, unbeschwert, vergnügt, verknallt, verliebt, vertrauensvoll, vertraut, verzaubert, verzückt, vorfreudig, wach, warmherzig, weichherzig, wissbegierig, zufrieden, zugehörig, zugeneigt, zuversichtlich

GEFÜHLSZUSTÄNDE, DIE WIR ALS ANGENEHM ODER UNANGENEHM ERLEBEN KÖNNEN:

ahnungslos, ambivalent, aufgedreht, aufgekratzt, aufgeregt, beeindruckt, bewegt, demütig, elektrisiert, ergriffen, erregt, erstaunt, gespannt, gleichgültig, hellwach, melancholisch, nachdenklich, sensibel

GEFÜHLSZUSTÄNDE, DIE WIR ALS UNANGENEHM ERLEBEN:

abgespannt, abhängig, abwesend, aggressiv, alarmiert, allein, angeekelt, angespannt, angestrengt, angewidert, angsterfüllt, ängstlich, antriebsarm, antriebslos, apathisch, ärgerlich, atemlos, aufgebracht, aufgewühlt, ausgebrannt, ausgelaugt, ausgeliefert, ausweglos, bedrückt, befangen, beklommen, bekümmert, beladen, belastet, beleidigt, benebelt, beschämt, besorgt, bestürzt, entmutigt, entrüstet, entsetzt, enttäuscht, erledigt, ernüchtert, erschlagen, erschöpft, erschrocken, erschüttert, erstarrt, ertappt, fassungslos, faul, fremd, freudlos, frustriert, gedemütigt, gefangen, gehässig, gehemmt, geknickt, gelähmt, gelangweilt, genervt, gerädert, gereizt, geschlaucht, geschockt, geschwächt, gestresst, machtlos, matt, melancholisch, missmutig, misstrauisch, mitgenommen, müde, mürrisch, mutlos, neidisch, nervös, niedergeschlagen, nutzlos, ohnmächtig, orientierungslos, panisch, passiv, peinlich berührt, pessimistisch, rasend, rastlos, ratlos, resigniert, ruhelos, sauer, schlaff, schläfrig, schlapp, schlecht gelaunt, schockiert, schüchtern, überlastet, überrumpelt, unausgeglichen, unbehaglich, unentschlossen, ungeduldig, ungehalten, unglücklich, unruhig, unschlüssig, unsicher, unterlegen, unverstanden, unwillig, unzufrieden, verängstigt, verärgert, verbittert, verkrampft, verlegen, verletzlich, verletzt, verloren, verraten, verrückt, verschreckt, verspannt, verstimmt, verstört, verunsichert, verwirrt, verzagt

Anmerkungen

KAPITEL 1:

1 Du begeisterst mich, Originaltitel: Hallelujah, Text und Melodie: Brenton Brown und Brian Doerksen, deutscher Text: Daniel Jacobi, © 2000 Vineyard Songs UK/Eire, für D, A, CH: SCM Hänssler, Holzgerlingen.

2 Lobe den Herren, Text: Joachim Neander (1650-80), Melodie: Stralsund 1665/Halle 1741.

3 Oh Happy Day, Text: Philip Doddridge (vor 1751), Melodie: Edward F. Rimbault (1854).

4 Zehntausend Gründe, Originaltitel: 10.000 Reasons (Bless the Lord), Text und Melodie: Matt Redman und Jonas Myrin, deutscher Text: David Schnitter und David Hanheiser, © 2011 Thankyou Music / Atlas Mountain Songs, für D, A, CH: SCM Hänssler, Holzgerlingen / Universal Music Publishing, Berlin.

5 Ich lieb dich, Herr, Originaltitel: I Love You, Lord, Text und Melodie: Laurie Klein, deutscher Text: Gitta Leuschner, © 1978 House Of Mercy Music, für D, A, CH: Universal Music Publishing, Berlin.

6 Ich kann nicht schweigen, Text und Melodie: Albert Frey, © 1999 D&D Medien, Grünkraut.

7 Zehntausend Gründe (s. o.).

8 https://www.duden.de/rechtschreibung/negativ (zuletzt aufgerufen am 26.03.2022).

9 Denn er hat seinen Engeln befohlen, Text (nach Psalm 91,11) und Melodie: Hella Heizmann, © 1984 SCM Hänssler, Holzgerlingen.

10 Jesus, du allein bist genug, Originaltitel: Jesus You're Everything to Me, Text und Melodie: Lothar Kosse, deutscher Text: Albert Frey und Cary Buraty, © 1990 Praize Republic, Köln.
11 Herr, ich komme zu dir, Text und Melodie: Albert Frey, © 1992 SCM Hänssler, Holzgerlingen, für Immanuel Music, Ravensburg.
12 Jesus, zu dir kann ich so kommen, wie ich bin, Text: Manfred Siebald, Melodie: Johannes Nitsch, © 1989 SCM Hänssler, Holzgerlingen.
13 Loriot: Szenen einer Ehe in Wort und Bild, Zürich, Diogenes 1983, S. 24.

KAPITEL 2:

14 Ekman, Paul: An argument for basic emotions, in: Cognition and Emotion 6, 1992, S. 169-200.
15 Ekman, Paul: Gefühle lesen, 2. Aufl., Berlin/Heidelberg, Springer 2010.
16 Grawe, Klaus: Psychologische Therapie, 2., korrigierte Aufl., Göttingen, Hogrefe 2000.
17 Epiktet: Handbüchlein der Moral, Stuttgart, Reclam 2008, S. 11.
18 Lazarus, Richard/Susan Folkman: Stress, Appraisal, and Coping, New York, Springer 1984.
19 Indianer kriesche nit, Text und Melodie: Tommy Engel, Ernst Stoklosa, Günter Lückerath, Hartmut Priess, Peter Schütten, Wilhelm Schnitzler, © 1980 De Bläck Fööss Musikverlag, Bergisch Gladbach.
20 Lammers, Claas-Hinrich: Emotionsbezogene Psychotherapie, 2., vollständig überarbeitete und erweiterte Aufl., Stuttgart, Schattauer 2011, S. 8f.

21 Jacobson, Edmund: Entspannung als Therapie, 10. Auflage, Stuttgart, Klett-Cotta 2011.

KAPITEL 3:

22 Alle theoretischen Grundlagen dieses Kapitels entstammen folgenden Büchern:
Harris, Russ: Wer dem Glück hinterherrennt, läuft daran vorbei: Ein Umdenkbuch, 12. Aufl., München, Goldmann 2013.
Rosenberg, Marshall B.: Gewaltfreie Kommunikation. Eine Sprache des Lebens, 12., überarbeitete und erweiterte Aufl., Paderborn, Junfermann 2016.
Wengenroth, Matthias: Therapie-Tools Akzeptanz- und Commitmenttherapie, 2. Aufl., Weinheim, Beltz 2017.
Vgl. Wengenroth 2017 und Harris 2013.
23 Wengenroth 2017, S. 11.
24 Harris 2013, siehe oben.
25 Wengenroth 2017, S. 190.
26 Harris 2013, S. 111.
27 Dolan, Yvonne: Schritt für Schritt zur Freude zurück: Das Leben nach traumatischen Erfahrungen meistern, Heidelberg, Carl Auer 2009, S. 45-50.
28 Wengenroth 2017, S. 184.
29 Vgl. Rosenberg 2016.

KAPITEL 4:

30 https://www.duden.de/rechtschreibung/validieren (zuletzt aufgerufen 26.03.2022).
31 https://www.klaus-grawe-institut.ch/blog/dankbarkeit/ (zuletzt aufgerufen am 26.03.2022).

KAPITEL 5:

32 Matthäus 28,20 (LUT).
33 Lukas 6,27.
34 Matthäus 5,41.
35 Matthäus 5,39.
36 Galater 5,22 (SLT).
37 1. Korinther 13,7 (LUT).
38 Philipper 2,3 (LUT).
39 Johannes 15,12.
40 Matthäus 18,22.
41 Härry, Thomas: Das Geheimnis deiner Stärke, 4. Auflage, Witten, SCM R.Brockhaus 2011, S. 17.
42 Ebd., S. 18.
43 Mein ganzes Leben, Originaltitel: Surrender, Text und Melodie: Marc James, deutscher Text: Bodo Klose, © 2000 Vineyard Songs UK/Eire, für D, A, CH: SCM Hänssler, Holzgerlingen.
44 Herr, ich komme zu dir, Text und Melodie: Albert Frey, © 1992 SCM Hänssler, Holzgerlingen, für Immanuel Music, Ravensburg.

Heike Nagel

Übergangsweise

Wie wir den Prozess zwischen Lebensphasen gut gestalten und Gott darin finden

Veränderungen. In unserem Leben begegnen sie uns immer wieder. Manche erwarten wir sehnlichst, manche überraschen uns und manche überrumpeln uns auf ganzer Linie. Wie können wir diese Phasen gut gestalten und Gott darin finden? Das Buch für einen weisen Umgang mit Übergangszeiten!

Klappenbroschur, 13,5 × 21,5 cm, 224 S.
Nr. 396.101, ISBN: 978-3-7751-6101-5
Auch als E-Book

Hänssler